Das Jahrhundert-Mixbuch

100 Jahre Cocktail-Kultur

Das Jahrhundert-Mixbuch

Peter Roth
Carlo Bernasconi
Unter Mitarbeit von
Walter Trachsler

Inhalt

Die Kunst des Augenblicks 6

Zu den Rezepten 8

1900–1909 Champagnerbäder zum Jahrhundertauftakt 9
1910–1919 Das goldene Zeitalter der Cocktails 41
1920–1929 Der Cocktail erobert Europa – definitiv 75
1930–1939 Aus der „Großen Trockenheit“ in den Weltkrieg 109
1940–1949 Die Cocktailkultur geht unter – aber sie stirbt nicht 141
1950–1959 Ein neuer Stern am Cocktailhimmel – Wodka 173
1960–1969 Der Cocktail kommt in die Hausbar 205
1970–1979 Das dunkle Zeitalter der Cocktails 239
1980–1989 Die Yuppies entdecken den Luxus und den Cocktail 273
1990–1999 Cocktail is back 305

Kleine Mixkunde 338
Barutensilien 338
Gläser 341
Mixen wie ein Profi 343

Literatur 345

Rezeptverzeichnis 346

Die Kunst des Augenblicks

Cocktails werden in einem Augenblick geboren und im nächsten ausgetrunken. Sie sind Ausdruck einer gepflegten und perfektionierten Kunst des Augenblicks. Sie sind das einzigartige Geschenk der Amerikaner an die Zivilisationsgeschichte des Westens.

Cocktails sind Abbild gesellschaftlicher Moden. Was heute in den Bars von New York, der unbestrittenen Hauptstadt des Cocktailplaneten, gemixt wird, probiert anderntags ein fixer Barkeeper am entgegengesetzten Ende der Welt aus. Waren es früher die als verschworene Gemeinschaft bezeichneten „Barflies", die die Kunde von neuen Rezepten in andere Bars brachte, fliegen heute die Rezepte über die Datenautobahnen rund um die Welt.

Cocktails kennen bei aller Flüchtigkeit des Augenblicks ihre eigene Geschichte – und nicht wenige Mixgetränke haben guten Grund, stolz darauf zu sein. Auch diese Geschichten sind zu erzählen – und nachzulesen.

Die Herkunft des Cocktails bleibt im Dunkel. Doch ab Ende des vergangenen Jahrhunderts sind erste Zeugnisse über die Kunst des Mixens nachgewiesen. Aber Achtung: alles Kolportage! Was der eine Bartender als Rezept niedergeschrieben hat, veränderte der nächste oft nur geringfügig, um es als Eigenkreation seinen staunenden Gästen vorzusetzen. Dieses Buch räumt mit falschen und falsch abgeschriebenen Rezepten auf: Alle wurden mehrfach auf Ursprung und Zusammensetzung geprüft. Diesen Anspruch will das vorliegende Buch in denkbarster Genauigkeit erfüllen, sodass für ein und allemal die über 400 wichtigsten Rezepte des Jahrhunderts richtig aufgeschrieben sind.

Begeben Sie sich mit unserem Buch aber auch auf eine kulturgeschichtliche Zeitreise durch die wechselhafte

Geschichte der Cocktails und Bars. Es gibt unzählige Fakten und Anekdoten, Historien und Histörchen zu erzählen. Damit ist das 20. Jahrhundert fürwahr reich gesegnet. Es erlebte die Geburtsstunde des „Königscocktails", des Dry Martini, heute noch Sinnbild für die Bar schlechthin. Es erlebte die erste und – bewahre! – einzige Prohibition alkoholischer Getränke und noch vieles mehr. Dies alles ruft einem recht schnell ins Bewusstsein, wie sehr die Geschichte des Cocktails auch als Geschichte der Gesellschaft und ihrem Umgang mit Mixgetränken (alkoholischen!) gelesen werden kann. Auch davon und ausführlich ist in diesem Buch die Rede.
Wir wünschen Ihnen viel Freude beim Durchblättern, Schmökern und natürlich auch Nachmixen der Cocktails.

Ihr Peter Roth und Carlo Bernasconi

Zu den Rezepten

- Wenn nicht anders angegeben, sind die Rezepte immer für 1 Glas berechnet.
- Im Rezeptkopf finden Sie jeweils einen Hinweis auf die Zubereitungstechnik (siehe Seite 343) und das zu verwendende Glas (siehe Seite 341); außerdem eine kleine Charakteristik des Getränks.
- Halten Sie sich beim Mixen bitte immer an die angegebenen Mengen. Folgende Abkürzungen werden im Buch verwendet:
  ml = Milliliter (10 ml = 1 cl)
  cl = Zentiliter (100 cl = 1 l)
  l = Liter (1 l = 100 cl = 1000 ml)
  TL = Teelöffel (ca. 5 ml)
  EL = Esslöffel (ca. 10 ml bzw. 1 cl)
- Abkürzungen in den Bildlegenden: o. = oben, u. = unten, re. = rechts, li. = links, Mi. = Mitte

1900–1909

Champagnerbäder zum Jahrhundertauftakt

Edle Feste, edle Getränke

Als das Jahrhundert jung und der Erste Weltkrieg in weiter Ferne war, als die ersten Autos noch wie Gespenster auf Rädern über die schwach beleuchteten und kaum geteerten Straßen ratterten und man elektrisches Licht in Wohnungen als angenehmen Luxus zu schätzen lernte, gehörte der Cocktail noch lange nicht zum Wortschatz der Betuchten und Weitgereisten; auch in der Welt der Bohème und der Dandys war der Begriff unbekannt – nicht mehr lange allerdings. Die ersten Ozeandampfer, denen man zutraute, die Weltmeere zu erobern, brachten Gäste aus der Neuen in die Alte Welt, aus den USA nach Europa. Und mit ihnen kamen, unmerklich erst, auch neue, bislang völlig unbekannte Getränke.
Töricht wäre es anzunehmen, man hätte in „Good old Europe“ nicht gewusst, wie man entspannt eine Soirée begann. Die Briten orderten in ihren mit rotem Plüsch und dunklen Holztäfelungen ausgestatteten Clubs in London rund um den Regent's Park einen Sherry, bevor sie zum Dinner schritten und die schweren Speisen mit feinem Bordeaux begleiteten. Die Franzosen ließen sich in den weiträumigen Salons ihrer Hotelpaläste entlang der Rue de Rivoli oder an der Place Vendôme gekonnt eine Flûte mit Champagner füllen, und in Venedig bestellte man im Danieli beim Ober mit den weißen Handschuhen ein Gläschen feinsten Likörs und blickte versonnen auf die Lagune oder betrachtete im Café Florian bei einem Tässchen Espresso die neuesten Modetorheiten. Freilich, die Idee, Schnäpse mit Fruchtsäften oder Liköre mit Champagner zu mischen – bitte sehr, meine Damen und Herren, noblesse oblige: Nicht mit uns!
Obschon: Da war reiner Dünkel mit im Spiel. Natürlich hatten die neugierigen Franzosen schon 1889 Bekanntschaft mit Getränken geschlossen, deren Zusammen-

Als die (koloniale) Welt noch in Ordnung war, traf man sich zu Sherry und Portwein in den noblen Londoner Clubs

setzung und Herkunft noch einiges Kopfzerbrechen bereitet. Der amerikanische Pavillon während der Weltausstellung in Paris im gleichen Jahr, besaß neben vielen Attraktionen auch eine, von der sie noch nicht richtig wussten, was davon zu halten sei: eine American Bar.

Cocktails der ersten Stunde

George Augustus Sala, ein britischer Journalist, hat für die Nachwelt festgehalten, was es damals an Cocktails zu trinken gab: Cobblers, Noggs, Smashes, Cocktails, Eye openers – alchemistisch anmutende Namen für Getränke, die das verwöhnte Pariser Publikum drei Jahre vorher schon hätte im „Eurêka“ bewundern können: In der Rue de Mathruins hatte ein Henry Ridgeway die erste American Bar eröffnet – wie groß der Erfolg der neuartigen Institution gewesen sein mag, ist nicht überliefert. Es dauerte noch eine lange Weile, bis die Pariser Haute

Volée und Bohémiens endlich kapierten, welche Wohltat ein gemixtes Getränk in Körper und vor allem Geist hinterlassen kann – sieht man einmal vom damals recht populären Absinth ab, den man in den Pariser Salons unter Künstlern zu sich nahm.

Bars entstehen – mit dürftigem Zulauf

Natürlich wären die Daten von Bargründungen in Paris oder London zuverlässige Hinweise auf eine entstehende Barkultur, doch sagt dies wenig aus über die Trinkvorlieben des Publikums. Darum sind für das erste Jahrzehnt die Spuren ziemlich mager. Was niemanden zu wundern vermag, der sich daran erinnert, wie mühselig und teuer eine Schiffsreise über den Atlantik für das gewöhnliche Publikum sein musste. Letztlich, das wird das Jahrhundert genau ausweisen, sind es die großen Menschenströme zu fernen Ländern, die eine breite Popularisierung verschiedenster Cocktails erst ermöglichen. Die Betuchten behielten ihre Erkenntnisse für sich und waren selten bereit, sie mit anderen zu tauschen: Das Personal saß in der Küche, hatte kaum Zutritt zu den feinen Salons – mindestens nicht, wenn Gäste empfangen wurden.

Kinder der Neuen Welt

Wie so vieles, das wir mittlerweile zum unverzichtbaren Inventar an Annehmlichkeiten zählen und nicht mehr missen möchten, kam auch der Cocktail aus der Neuen Welt. In den Hotelbars, in denen die Welt zu Hause und in Ordnung war – dem Adlon in Berlin, dem Palace in St. Moritz oder dem Ritz in Paris – bedienten die Bartender vornehmlich gut betuchte Männer. Deren Frauen verkehrten nur in Begleitung in diesen Etablissements und blieben auch an der Seite ihrer Angetrauten ein eher sel-

tener Anblick. Das Volk saß in Gasthöfen und Tavernen, in Kaschemmen und Kneipen und trank Bier und Wein und Schnäpse pur.
Höchstens an Festtagen gelangte vielleicht eine Flasche Likör auf den Tisch – der war schließlich seit Jahrhunderten ein sparsam aufgetischter Begleiter zu Mahlzeiten geworden: Wie aus Kräutern und Branntwein ein schmackhaftes Getränk zu brauen war, wussten vorab Mönche seit dem Mittelalter – aber auch die Herstellung des Champagners verdanken wir heute der Entdeckung eines gewissen Dom Perignon.

Martini *Geschichten – extra dry*

In der Bar des 1898 eröffneten Hotels Ritz in Paris saß eine gut gelaunte Gesellschaft der Pariser Haute Volée vor dem Dîner zusammen. Man verspürte noch keine große Lust, sich dem opulenten Dîner zuzuneigen.
Es war eine laue Frühsommernacht und der Kalender zeigte den 24. Juni im Jahre 1901 an. Die Gespräche drehten sich noch immer um die im Januar verstorbene englische Königin Victoria. Ganze 63 Jahre hatte sie das Königreich mit eiserner Hand und ihren Moralvorstellungen regiert – und trotzdem nicht verhindern können, dass sich die Alkoholsucht unter ihren ärmsten Untertanen weiter ausbreitete. Außerdem hatte die Gesellschaft zuvor in der Galerie Vollard die Ausstellung eines erst 18-jährigen spanischen Malers namens Pablo Picasso besucht und ihm wohlwollend Talent bescheinigt.
Man lebte, das zeigten Gestus und Geistesgegenwart, in der scheinbar besten aller Welten.

Der Fremde mit dem Stetson

Die Stimmung war aufgeräumt und heiter, als jener hoch gewachsene Mann mit dem gedrechselten Schnurrbart in die Bar trat und seinen Stetson sorgfältig auf den Barstuhl neben sich legte. Was ihn wesentlich von allen anderen Barbesuchern unterschied, war weniger die ungewöhnliche Kleidung noch andere äußere Merkmale, sondern seine Bestellung. Am Tresen und den kleinen Salontischchen aus edlen Tropenhölzern tranken die Gäste vornehmlich Champagner. Er orderte, ohne mit der Wimper zu zucken, einen Martini. In der Bar verstummten Gespräche und Gelächter – was hatte der Mann mit dem seltsamen Akzent bestellt? Einen Martini? Cocktail? Und wie spricht man das aus?

Der Bartender, durch nichts aus der Façon zu bringen, schließlich hatte er mal inkognito in diesen Etablissements namens „American Bar" herumgeschnuppert und sich seine Notizen gemacht, brachte einen kleinen konischen Kelch mit einer leicht eingetrübten Flüssigkeit, auf dessen Grund eine grüne Olive lag. Die staunende Gesellschaft klärte er, kaum hatte der Gast ausgetrunken, über das fremde Getränk auf: Eine Mixtur aus Old Tom Gin und italienischem Vermouth hatte der Bartender serviert. Und wie nannte sich das Getränk noch gleich, Cocktail? Martini? Ach so, der Name des Erzeugers dieses Vermouths – aber das wäre doch nichts im Vergleich zum einheimischen Dubonnet, natürlich nicht …

Tatsächlich wussten vor allem die wenigen Abenteurer und Reisenden aus der Neuen Welt, was unter dem Namen Cocktail zu verstehen war. Dort hatten die Männer mit den weißen Jacketts, weißem Hemd und schwarzer Fliege, Barman, Barkeeper oder Bartender genannt, schon im 19. Jahrhundert damit begonnen,

In Europa, im Paris der Jahrhundertwende, waren Cocktails und Bars noch wahre Exoten

alkoholische Getränke zu mischen. Solche „Cocktails" wurden, so ist in einem Beitrag im amerikanischen Magazin „The Balance" vom 13. Mai 1806 nachzulesen, einfach „bittered slings" genannt. Eric H. Bolsmann übersetzt das Zitat in seinem „Lexikon der Bar" so: „Cocktail ist ein anregendes Getränk, zusammengestellt aus Spirituosen irgendwelcher Art, Zucker, Wasser und Bitters. – Er wird ordinär als bittered sling bezeichnet und soll bei Wahlkämpfen als ausgezeichnetes Gebräu von Nutzen sein."

Wie der Cocktail seinen Namen erhielt

Der Oberbegriff Cocktail entstand erst später, auch weiß man nicht, woher genau er stammt: Zahlreich sind die Legenden um seine Geburtsstunde, von denen jene hartnäckig die zuverlässigste zu bleiben scheint, wonach der

Cocktail nach Hahnenkämpfen in Amerika getrunken wurde: „Let's have a drink on the cock's tail" – so begossen die Besitzer der stolzen Hähne den tödlichen Zweikampf ihres Federviehs. Die martialische Auseinandersetzung, die Abwechslung in den harten Siedleralltag brachte, endete damit, dass der Besitzer des siegreichen Kampfhahns den stolzesten Schmuck des besiegten Hahns als Trophäe beanspruchen durfte. Grund genug für einen Cocktail!

Eine Episode aus dem Jahr 1776 führt zur Barmaid Betsy Flanagan nach Elmsford, im US-Bundesstaat New York. Die Taverne war berühmt für ihre gebratenen Hähne. Betsy liebte es, ihre Bar mit den Federn des gerupften Geflügels zu dekorieren. Eines Abends bestellte ein nicht mehr ganz nüchterner Gast der Taverne „ein Glas mit diesen Hahnenfedern". Betsy mixte ihm einen Drink und dekorierte ihn mit einer Feder… – ein Mister Flanagan übrigens wird am Ende des Jahrhunderts wieder mit Cocktails zu tun haben, dann allerdings in einem ganz anderen Zusammenhang. Und wenn es nicht wahr ist, so ist es wenigstens schön erfunden.

Mint Julep – ein echter Südstaatler

Nicht aus dem Reich der Märchen stammt die Tatsache, dass in den Südstaaten noch vor dem Bürgerkrieg ein Cocktail äußerst beliebt war, der den angesäuselten Gast aus New York in den Zustand von Verzückung geführt hätte. Es geht um nichts weniger als um den Mint Julep. Ein sehr beliebter, weil im heißen Süden erfrischender Drink, bestehend aus 4 cl oder einer Portion Bourbon, 1 TL Puderzucker und 4 Pfefferminzzweigen: Die Zutaten zerstieß man mit dem Mörser im Glas und füllte es mit crushed ice auf.

Interessant bleibt die Herkunft des Namens: Julep stammt vom persischen Wort gulab ab, dem Namen für Rosenwasser – damit bezeichnete man im Altertum ein süßes Mischgetränk. Heute verwendet man diesen Begriff lediglich noch für diesen Cocktail aus Kentucky. Dass er freilich in Saloons und Bars heute kaum noch geordert wird, hängt mit zwei Tatsachen zusammen. Zum einen ist er in der Zubereitung ziemlich aufwändig, zum anderen verfügen nur noch wenige Bars das ganze Jahr durch über frische Minze.

Die Zeit der Fizzes und Noggs

Wohl besaßen Europas Barmänner schon ein reichhaltiges Repertoire an Fizzes, Sours, Toddies, Collins', Punches oder Flips – alles in allem einfache Mischgetränke für wärmere und kältere Jahreszeiten. Aber wenn es darum ging, vor einem Souper den Appetit mit einem alkoholischen Getränk anzuregen oder nach einer Mahlzeit mit Wein ein verdauungsförderndes Getränk zu sich zu nehmen, hielt man sich in Europa vor allem an das, was experimentierfreudige Mönche in ihren Weinkellern entdeckt hatten: Branntweine – vom feinen Cognac, der im Eichenholzfass reift, über den ebenso berühmten Armagnac bis zu robusteren Grappas oder Likören, trockenen Sherrys oder mastigen Portweinen und Madeiras.

Mit den Fizzes kommt der Shaker in die Bar

Fizzes sind ein „Cocktail" aus Gin oder Whisky, der mit Zitronensaft und Zucker aromatisiert und mit Sodawasser aufgefüllt wird. Oder Sours, deren Bestandteile in etwa den Fizzes gleichen. Der Barman gibt die Zutaten, einschließlich Eiswürfeln, in einen Shaker und schüttelt sie lange und kräftig, bevor er sie in ein Longdrinkglas gießt

Bier und Schnaps für den Plebo. In den Eckkneipen in Berlin gab es keinen Platz für edle Getränke – geschweige denn Cocktails

und mit Sodawasser auffüllt. Typisch an der Zubereitung dieser Getränke war das lange Schütteln des Shakers, damit sich der Zucker vollständig auflöste. Ebenso beliebt waren zur Winterzeit so genannte Toddies: Ein Getränk auf der Basis von Whisky, Rum, Calvados oder Brandy, das mit Zitronensaft und Honig im Teeglas unter Dampf erhitzt und mit heißem Wasser aufgefüllt wurde.

Noggs – Brandy und ein Ei

Vor allem bei den Amerikanern standen alle Sorten von Noggs hoch im Kurs; nichts mehr oder weniger als kalte oder warme Getränke, in denen ein Eigelb die Hauptrolle spielt. Ein Brandy Egg Nogg gehörte etwa zum Frühstück nach einer berauschenden Nacht; das kräftigende Eigelb mit dem Brandy vermischt erlaubt es, zwei Fliegen mit einer Klappe zu schlagen: Einerseits wird der rebellierende Magen wieder beschäftigt, und der Brandy darf, wieder in den Blutkreislauf eingeschleust, den benebelten Geist auf sanfte Art wecken. Der Brandy Egg Nogg wird übrigens, je nach Jahreszeit, sowohl kalt als auch warm getrunken. Den Cocktails, die wir heute kennen, waren sie aber – was die fantasiereiche Zusammensetzung von Spirituosen mit allen denkbaren Likören und Fruchtsäften betrifft – noch lange nicht ebenbürtig. Obschon der Schweizer Jacob Schweppe in London zu Beginn des 19. Jahrhunderts sein heute noch nach ihm benanntes Getränk zu verkaufen begann – allerdings in Apotheken, nicht in Bars … Bis das Getränk zum idealen Begleiter eines Gins geadelt wurde, dauerte es noch mindestens ein Jahrhundert…

Gin *Geschichten – ganz klar*

Dass sich ein Schweppes heute selig und von vielen geliebt mit dem Korn- und Wacholderschnaps Gin paart, hat nichts Zufälliges an sich. In der Tat: Gin zählt zu den Spirituosen, die das anbrechende Jahrzehnt genauso wie die weiteren beherrschen wird. Er ist das Getränk, das in den angelsächsischen Ländern zur beliebtesten Spirituose aufsteigen wird. Mit gutem Grund: Kein anderer klarer Schnaps eignet sich

so hervorragend als Grundspirituose für unzählige Mixgetränke – und kein anderer weist eine wechselvollere und atemberaubendere Geschichte auf.
Franciscus de la Boë konnte keineswegs geahnt haben, welche politischen, sozialen und mixologischen Lawinen er lostreten würde, als er, Professor an der holländischen Universität von Leiden, im Jahre 1650 mit verschiedenen Weizen und einem Destillierkessel experimentierte. Es dauerte nur sehr kurze Zeit, bis seine Spirituose die ungeteilte Aufmerksamkeit solch professioneller Destillerien wie Bols oder de Kuyper & Zoon fand. Aber auch den Franzosen schmeckte das Destillat. Sie verfeinerten es mit Gewürzen à la française und nannten es Genièvre.
Initiator der eigentlichen Gin-Schwemme war allerdings der aus dem holländischen Königreich stammende Wilhelm von Oranien nach seiner Krönung zum König von England im Jahre 1698. Er bediente sich des Wacholderschnapses, um den Einfluss Frankreichs zu verdrängen – denn die Geschichte des gebrannten Wassers ist immer verbunden mit der politischen Geschichte. Und dies bezieht sich vornehmlich auf zwei Spirituosen, die zu beherrschenden Solisten auf der Bühne der Cocktailkunst gehören: Gin und Wodka.

Vom kräftigen Bier zum Gin

Bevor die englischen Destillerien dazu übergingen, eine trockenere Variante des als Genever importierten Schnapses herzustellen, den sie der zungenbrecherischen Aussprache wegen kurzerhand Gin tauften, trank die noblere Gesellschaft Englands französische Edelbrände und Weine, die per Schiff aus dem Hafen von Bordeaux übers Meer nach England gelangten. Das einfache Volk musste sich zuvor mit Bier begnügen, bekam jetzt aber ungehinderten Zugang zu Gin. Dies führte geradeaus in die „Branntwein-Epidemie", die weite Teile der armen Bevölkerung Englands erfasste und sich erst Mitte des 18. Jahrhunderts wieder legen sollte. Denn durch die Industrialisierung der Textilherstellung entstand ein neuer Typus des Trinkens: „Nicht soziale Berauschung, sondern alkoholische Betäubung liefert der Branntwein", schreibt Wolfgang Schivelbusch in seiner Geschichte der Genussmittel: „Damit beginnt das einsame Trinken, eine auf das industrialisierte Europa und Amerika beschränkte Form des Trinkens. In allen anderen Zeiten und Kulturen ist das Trinken kollektiv".

Gin – Shootingstar in der neuen Welt

Die englische Tragödie freilich hat dem unaufhaltsamen Aufstieg des Gins in der neuen Welt überhaupt nichts anhaben können – im Gegenteil. Dort wird das Destillat aus Korn und Wacholderbeeren zum Nationalgetränk. Unter den ersten Cocktails, die im anbrechenden 19. Jahrhundert nachgewiesen werden – insbesondere in der Rezeptsammlung von Professor Jerry Thomas, 1878 unter dem Titel „Bon Vivant's Companion" veröffentlicht – finden sich zahlreiche Gin-Rezepturen und nicht zuletzt ein „Martinez" auf der Basis von Gin und Vermouth sowie anderen Ingredienzen. Falsch wäre es allerdings nun jetzt schon anzunehmen, es handle sich hierbei um die erste öffentliche Beurkundung des Königs aller Cocktails, des Dry Martini. Doch davon später mehr.

Gin – Sorgenbrecher par excellence

Den Grund für die Beliebtheit des Gins in der ersten Jahrhunderthälfte (und darüber hinaus natürlich) haben Bartender sofort erkannt – weil sie keine andere Spirituose so problemlos mit Likören mischen konnten. Aber auch Medizinern blieb nicht verborgen, weshalb der Gin so gerne getrunken wird: Vergleicht man die Wirkung von Gin und Cognac mit einem Alkoholvolumen von jeweils 43 Prozent, so genügen siebeneinhalb Cognacgläser gleichen Inhalts, während man zehn Gläser Gin kippen darf, bis man den gleichen Grad von Alkoholisierung erreicht hat. Dies die Erkenntnis der Yale School of Alcohol Studies, die zu Beginn der 50er-Jahre veröffentlicht wurde. Zudem braucht man weniger lange, um sich von einem Gin-Rausch zu erholen als von einem „Besäufnis" mit französischem Weinbrand.

Berühmte Sterne am Restaurant-Himmel

Auch wenn das erste Jahrzehnt in Europa von Cocktails noch nicht viel wissen will, so verändert sich die gastronomische Welt nachhaltig. André und Edouard Michelin beginnen damit, Restaurants in Europa mit jenen berühmten Sternen zu versehen, die noch heute einen Koch in den Ruin zu stoßen oder in den Himmel zu heben vermögen. Der Gerechtigkeit halber soll nicht verschwiegen werden, dass schon Karl Baedeker 1829 in seinem ersten Reiseführer Zensuren verteilte, freilich auch für Alte Meister in Londoner Museen …
Die Michelins beschränkten sich dagegen ausschließlich auf die Bilderwelt der Teller. Sie lasen wohl mit nicht enden wollender Aufmerksamkeit das Kochbuch eines Auguste Escoffier, damals Koch im Londoner Carlton Hotel: „Le Guide culinaire, cuisinier des petits ménages, contenant les véritables principes d'une cuisine économique, succulente & variée avec 1000 recettes (Kulinarischer Führer, Kochbuch für kleine Haushalte, einschließlich der

Auguste Escoffier revolutionierte die Küchen der Welt

echten Prinzipien einer wirtschaftlich, nahrhaften und abwechslungsreich geführten Küche mit 1000 Rezepten)", so der atemberaubende Titel dieses Kochbuchs. Es brachte sicherlich viele Köche der alten Garde zur Verzweiflung. Escoffier hielt nicht mehr viel von schweren Gerichten mit dicken Saucen, von üppigen Portionen und unendlichen Gängefolgen. Heiteren Gemüts und unbeschwert sollten die Menschen essen.

Denn so präsentiert sich das Jahrzehnt: Im Glauben, das technisch Machbare ließe sich jederzeit realisieren, wenn nur der Wille und das nötige Geld dazu vorhanden sind, verbrachte die Society unbeschwerte Jahre – für das Elend der unteren Schichten fehlten ihr Zeit und nötiges Augenmaß. Es sollte sich, später erst, noch bitter rächen.

Ein Jahrzehnt der gastronomischen Revolution

Escoffier revolutionierte die Küche, Melitta Bentz die Kaffeezubereitung: Die Dresdner Hausfrau war es leid geworden, den Kaffeesatz stets am Boden der Tasse mitzutrinken. Im Jahre 1907 durchlöcherte sie mit einem Nagel den Boden einer Konservendose und bedeckte ihn mit einem Stück Fließpapier aus dem Schulheft ihres Sohnes. Darauf legte sie Kaffeepulver und goss das brühend heiße Wasser über den Kaffee – sie musste allerdings zwei Jahre warten, bis ihrer Entdeckung auf der Leipziger Messe ein durchschlagender wirtschaftlicher Erfolg beschieden war.

Das Jahrzehnt, in ausgelassener Heiterkeit und fröhlicher Champagnerseligkeit begonnen, füllt sich zusehends mit wechselvollen Ereignissen wie dem Jahrhundertbeben in San Francisco 1906, wie den ersten Flugversuchen der Gebrüder Wright in Kitty Hawk in North Carolina. Und das Jahrzehnt endet auch mit der beredten Klage eines Managers des damals erstklassigen „Delmonico's" Restaurant in New York. Der war bitter erbost darüber, dass ein elegantes Dinner damit ruiniert würde, wenn die Gäste zunächst Cocktails tränken und das ganze Essen hindurch nur Champagner …

Fürwahr, jenseits des Atlantiks begannen trinkfeste Männer eine neue Welt zu entdecken – die der Cocktails. Anständige, der bürgerlichen Gesellschaft angehörende Frauen, nachhaltig geprägt vom viktorianischen Zeitalter, blieben (noch) Wein, Champagner und Likör treu. In den nach und nach entstehenden, auch außerhalb von Luxushotels gelegenen Bars waren weibliche Wesen nur als leichte Mädchen bekannt – noch handelte es sich um einen Ort mit zwielichtigem Ruf: Trinken ohne Essen? Das taten vielleicht – und immer noch – niedere Stände. Dennoch beginnt die amerikanische Lebensart in der Alten Welt ihre ersten Spuren zu hinterlassen.

Champagnerseelige Franzosen! Mochte die Welt um sie herum auch langsam zu Grunde gehen, sie feierten die Feste, wie sie fielen.

Weltkrieg ante portas

An den Rändern Europas indessen zogen dunkle Wolken über der politischen Landschaft auf. Noch strahlte die Sonne über den Metropolen des alten Kontinents. Das nächste Jahrzehnt würde dem Lauf der Welt eine neue Richtung geben – und dem Cocktail in der Alten Welt zum Durchbruch verhelfen.
Eine seltsame Koinzidenz? Dass die Menschen auch in politisch unsicheren Zeiten an die Verfeinerung von Nahrungsmitteln und Getränken denken – wer möchte es ihnen vergönnen?

Gin Fizz

erfrischender Fizz für jeden Tag

✦ Longdrinkglas ✦ Shaker

- ✦ 4 cl Gin
- ✦ 2 cl Zitronensaft
- ✦ 2 TL Zucker
- ✦ 6–8 Eiswürfel
- ✦ Sodawasser zum Auffüllen

Alle Zutaten außer Sodawasser im Shaker zusammen mit den Eiswürfeln schütteln und in das Longdrinkglas gießen. Mit etwas Sodawasser auffüllen und mit einem Trinkhalm servieren.

Brandy Fizz

erfrischender Fizz für den Winter

✦ Longdrinkglas ✦ Shaker

- ✦ 4 cl Brandy
- ✦ 2 cl Zitronensaft
- ✦ 2 TL Zucker
- ✦ 6–8 Eiswürfel
- ✦ Sodawasser zum Auffüllen

Alle Zutaten außer Sodawasser im Shaker zusammen mit den Eiswürfeln schütteln und in das Longdrinkglas gießen. Mit etwas Sodawasser auffüllen und mit einem Trinkhalm servieren.

Rum Fizz

süffiger Fizz für die Sommerparty

✦ Longdrinkglas ✦ Shaker

- ✦ 4 cl weißer Rum
- ✦ 2 cl Zitronensaft
- ✦ 2 TL Zucker
- ✦ 6–8 Eiswürfel
- ✦ Sodawasser zum Auffüllen

Alle Zutaten außer Sodawasser im Shaker zusammen mit den Eiswürfeln schütteln und in das Longdrinkglas gießen. Mit etwas Sodawasser auffüllen und mit einem Trinkhalm servieren.

Silver Fizz

süffiger Fizz für jeden Tag

✦ Longdrinkglas ✦ Shaker

- ✦ 4 cl Gin
- ✦ 2 cl Zitronensaft
- ✦ 2 TL Zucker
- ✦ 1 frisches Eiweiß
- ✦ 6–8 Eiswürfel
- ✦ Sodawasser zum Auffüllen

Alle Zutaten außer Sodawasser im Shaker zusammen mit den Eiswürfeln schütteln und in das Longdrinkglas gießen. Mit etwas Sodawasser auffüllen Trinkhalm servieren.

Golden Fizz

bekömmlicher Fizz
für alle Gelegenheiten

✦ Longdrinkglas ✦ Shaker

- ✦ 4 cl Gin
- ✦ 2 cl Zitronensaft
- ✦ 2 TL Zucker
- ✦ 1 frisches Eigelb
- ✦ 6–8 Eiswürfel
- ✦ Sodawasser zum Auffüllen

Alle Zutaten außer Sodawasser im Shaker zusammen mit den Eiswürfeln schütteln und in das Longdrinkglas gießen. Mit etwas Sodawasser auffüllen und mit einem Trinkhalm servieren.

Orange Fizz

fruchtiger Fizz
für jede Gelegenheit

✦ Longdrinkglas ✦ Shaker

- ✦ 4 cl Gin
- ✦ 2 cl Zitronensaft
- ✦ 4 cl Orangensaft
- ✦ 2 TL Zucker
- ✦ 6–8 Eiswürfel
- ✦ Sodawasser zum Auffüllen

Alle Zutaten außer Sodawasser im Shaker zusammen mit den Eiswürfeln schütteln und in das Longdrinkglas gießen. Mit etwas Sodawasser auffüllen und mit einem Trinkhalm servieren.

Royal Fizz

gehaltvoller Fizz
für den Abend

✦ Longdrinkglas ✦ Shaker

- ✦ 4 cl Gin
- ✦ 2 cl Zitronensaft
- ✦ 2 TL Zucker
- ✦ 1 frisches Ei
- ✦ 6–8 Eiswürfel
- ✦ Sodawasser zum Auffüllen

Alle Zutaten außer Sodawasser im Shaker zusammen mit den Eiswürfeln gut schütteln und in ein Longdrinkglas gießen. Mit etwas Sodawasser auffüllen und mit einem Trinkhalm servieren.

Pineapple Fizz

fruchtiger Fizz
für die Sommerparty

✦ Longdrinkglas ✦ Shaker

- ✦ 4 cl weißer Rum
- ✦ 2 cl Zitronensaft
- ✦ 4 cl Ananassaft
- ✦ 2 TL Zucker
- ✦ 6–8 Eiswürfel
- ✦ Sodawasser zum Auffüllen

Alle Zutaten außer Sodawasser im Shaker zusammen mit den Eiswürfeln schütteln und in das Longdrinkglas gießen. Mit etwas Sodawasser auffüllen und mit einem Trinkhalm servieren.

Dubonnet Fizz

aromatischer Fizz (Aperitif)

✦ Longdrinkglas ✦ Shaker

✦ 4 cl Dubonnet
✦ 1 cl Cherry Brandy
✦ 4 cl Orangensaft
✦ 1 cl Zitronensaft
✦ 6–8 Eiswürfel
✦ Sodawasser zum Auffüllen

Alle Zutaten außer Sodawasser im Shaker zusammen mit den Eiswürfeln schütteln und in das Longdrinkglas gießen. Mit etwas Sodawasser auffüllen und mit einem Trinkhalm servieren.

Morning Glory Fizz

würziger Fizz für den Morgen

✦ Longdrinkglas ✦ Shaker

✦ 4 cl Scotch Whisky
✦ 1 cl Pastis
✦ 2 cl Zitronensaft
✦ 2 TL Zucker
✦ 1 frisches Eiweiß
✦ 6–8 Eiswürfel
✦ Sodawasser zum Auffüllen

Alle Zutaten außer Sodawasser im Shaker zusammen mit den Eiswürfeln gut schütteln und in das Longdrinkglas gießen. Mit etwas Sodawasser auffüllen und mit einem Trinkhalm servieren.

New Orleans Fizz (Ramos Fizz)

erfrischender Fizz für jede Gelegenheit

✦ Longdrinkglas ✦ Shaker

✦ 4 cl Gin
✦ 2 cl Zitronensaft
✦ 2 TL Zucker
✦ 1 TL Curaçao orange
✦ 1 cl Sahne
✦ 1 frisches Eiweiß
✦ 6–8 Eiswürfel
✦ Sodawasser zum Auffüllen

Alle Zutaten außer Sodawasser im Shaker zusammen mit den Eiswürfeln schütteln und in das Longdrinkglas gießen. Mit etwas Sodawasser auffüllen und mit einem Trinkhalm servieren.

Whiskey Sour

aromatischer Sour für den Abend

✦ mittelgroßer Tumbler
✦ Shaker

✦ 4 cl Bourbon Whiskey
✦ 2 cl Zitronensaft
✦ 2 TL Zucker
✦ 4–6 Eiswürfel

Dekoration:

✦ 1 Zitronenscheibe
✦ 2 Cocktailkirschen

Alle Zutaten zusammen mit den Eiswürfeln im Shaker schütteln und in den Tumbler gießen. Die Zitronenscheibe und die Kirschen in den Tumbler geben.

Egg Sour

gehaltvoller Sour für den Abend

- ✦ mittelgroßer Tumbler
- ✦ Shaker

- ✦ 2 cl Brandy
- ✦ 2 cl Curaçao Triple sec
- ✦ 2 cl Zitronensaft
- ✦ 1 TL Zucker
- ✦ 1 frisches Ei
- ✦ 4–6 Eiswürfel

Dekoration:

- ✦ 1 Zitronenscheibe
- ✦ 2 Cocktailkirschen

Alle Zutaten zusammen mit den Eiswürfeln im Shaker schütteln und in den Tumbler gießen. Die Zitronenscheibe und die Cocktailkirschen in den Tumbler geben.

Rum Sour

erfrischender Sour für den Sommer

- ✦ mittelgroßer Tumbler
- ✦ Shaker

- ✦ 4 cl weißer Rum
- ✦ 2 cl Zitronensaft
- ✦ 2 TL Zucker
- ✦ 4–6 Eiswürfel

Dekoration:

- ✦ 1 Zitronenscheibe
- ✦ 2 Cocktailkirschen

Alle Zutaten im Shaker zusammen mit den Eiswürfeln schütteln und in den Tumbler gießen. Die Zitronenscheibe und die Cocktailkirschen in den Tumbler geben.

Brandy Sour

kräftiger Sour für den Abend

- ✦ mittelgroßer Tumbler
- ✦ Shaker

- ✦ 4 cl Brandy
- ✦ 2 cl Zitronensaft
- ✦ 2 TL Zucker
- ✦ 4–6 Eiswürfel

Dekoration:

- ✦ 1 Zitronenscheibe
- ✦ 2 Cocktailkirschen

Alle Zutaten zusammen mit den Eiswürfeln im Shaker schütteln und in den Tumbler gießen. Die Zitronenscheibe und die Cocktailkirschen in den Tumbler geben.

Frisco Sour

würziger Sour (After-Dinner-Drink)

- ✦ mittelgroßer Tumbler
- ✦ Shaker

- ✦ 4 cl Bourbon Whiskey
- ✦ 1 cl Bénédictine
- ✦ 2 cl Limetten- oder Zitronensaft
- ✦ 1 TL Zucker
- ✦ 4–6 Eiswürfel

Dekoration:

- ✦ 1 Zitronenscheibe
- ✦ 2 Cocktailkirschen

Alle Zutaten zusammen mit den Eiswürfeln im Shaker schütteln und in den Tumbler gießen. Die Zitronenscheibe und die Cocktailkirschen in den Tumbler geben.

California Sour (li.), Gin Sour (re.)

California Sour

fruchtiger Sour
für jede Gelegenheit

- ✦ mittelgroßer Tumbler
- ✦ Shaker

✦ 4 cl Bourbon Whiskey
✦ 2 cl Zitronensaft
✦ 2 cl Orangensaft
✦ 2 TL Zucker
✦ 4–6 Eiswürfel
Dekoration:
✦ 1 Zitronenscheibe
✦ 2 Cocktailkirschen

Alle Zutaten im Shaker zusammen mit den Eiswürfeln schütteln und in den Tumbler gießen. Die Zitronenscheibe sowie die Cocktailkirschen in den Tumbler geben.

Gin Sour

leichter, würziger Sour
für jeden Tag

- ✦ mittelgroßer Tumbler
- ✦ Shaker

✦ 4 cl Gin
✦ 2 cl Zitronensaft
✦ 2 TL Zucker
✦ 4–6 Eiswürfel
Dekoration:
✦ 1 Zitronenscheibe
✦ 2 Cocktailkirschen

Alle Zutaten im Shaker zusammen mit den Eiswürfeln schütteln. Anschließend in den Tumbler gießen. Die Zitronenscheibe sowie die Cocktailkirschen als Dekoration in den Tumbler geben.

Tom Collins

erfrischender Collins für jede Gelegenheit

✦ Longdrinkglas ✦ Gästeglas

- ✦ 3–4 Eiswürfel
- ✦ 4 cl Gin
- ✦ 2 cl Zitronensaft
- ✦ 2 cl Zuckersirup
- ✦ Sodawasser zum Auffüllen

Dekoration:

- ✦ 1 Zitronenscheibe
- ✦ 1 Cocktailkirsche

Die Eiswürfel in das Longdrinkglas geben. Gin, Zitronensaft und Zuckersirup dazugeben, mit Sodawasser auffüllen, umrühren. Zitronenscheibe und Kirsche ins Glas geben. Mit Trinkhalm servieren.

Whisky Collins

aromatischer Collins für jede Gelegenheit

✦ Longdrinkglas ✦ Gästeglas

- ✦ 3–4 Eiswürfel
- ✦ 4 cl Whisky
- ✦ 2 cl Zitronensaft
- ✦ 2 cl Zuckersirup
- ✦ Sodawasser zum Auffüllen

Dekoration:

- ✦ 1 Zitronenscheibe
- ✦ 1 Cocktailkirsche

Die Eiswürfel in das Longdrinkglas geben. Whisky, Zitronensaft und Zuckersirup dazugeben, mit Soda auffüllen und umrühren. Zitronenscheibe und Kirsche ins Glas geben. Mit Trinkhalm servieren.

John Collins

leicht würziger Collins für heiße Tage

✦ Longdrinkglas ✦ Gästeglas

- ✦ 3–4 Eiswürfel
- ✦ 4 cl Genever
- ✦ 2 cl Zitronensaft
- ✦ 2 cl Zuckersirup
- ✦ Sodawasser zum Auffüllen

Dekoration:

- ✦ 1 Zitronenscheibe
- ✦ 1 Cocktailkirsche

Die Eiswürfel in das Longdrinkglas geben. Genever, Zitronensaft und Zuckersirup dazugeben, mit Soda auffüllen und umrühren. Zitronenscheibe und Kirsche ins Glas geben. Mit Trinkhalm servieren.

Pedro Collins

erfrischender Collins für die Sommerparty

✦ Longdrinkglas ✦ Gästeglas

- ✦ 3–4 Eiswürfel
- ✦ 4 cl weißer Rum
- ✦ 2 cl Zitronensaft
- ✦ 2 cl Zuckersirup
- ✦ Sodawasser zum Auffüllen

Dekoration:

- ✦ 1 Zitronenscheibe
- ✦ 1 Cocktailkirsche

Die Eiswürfel in das Longdrinkglas geben. Rum, Zitronensaft und Zuckersirup dazugeben, mit Soda auffüllen und umrühren. Zitronenscheibe und Kirsche ins Glas geben. Mit Trinkhalm servieren.

Pierre Collins

feinherber Collins für den Abend

✦ Longdrinkglas ✦ Gästeglas

✦ 3–4 Eiswürfel
✦ 4 cl Cognac
✦ 2 cl Zitronensaft
✦ 2 cl Zuckersirup
✦ Sodawasser zum Auffüllen
Dekoration:
✦ 1 Zitronenscheibe
✦ 1 Cocktailkirsche

Die Eiswürfel in das Longdrinkglas geben. Cognac, Zitronensaft und Zuckersirup dazugeben. Mit Sodawasser auffüllen und umrühren. Die Zitronenscheibe und die Cocktailkirsche ins Glas geben. Mit einem Trinkhalm servieren.

Brandy Egg-Nogg (kalt)

sättigender Egg-Nogg für die Winterzeit

✦ Longdrinkglas ✦ Mixer

✦ 4 cl Brandy
✦ 1 frisches Ei
✦ 2 TL Zucker
✦ 10 cl Milch
✦ 3–4 Eiswürfel
Außerdem:
✦ geriebene Muskatnuss

Alle Zutaten zusammen mit den Eiswürfeln im Mixer mischen. Durch das Barsieb in das Longdrinkglas seihen und mit Muskatnuss bestreuen.

Baltimore Egg-Nogg

reichhaltiger Egg-Nogg für den Nachmittag

✦ Longdrinkglas ✦ Mixer

✦ 2 cl brauner Rum
✦ 2 cl Brandy
✦ 2 cl Madeira
✦ 1 frisches Ei
✦ 2 TL Zucker
✦ 10 cl Milch
✦ 3–4 Eiswürfel
Außerdem:
✦ geriebene Muskatnuss

Alle Zutaten zusammen mit den Eiswürfeln im Mixer mischen. Durch das Barsieb in das Longdrinkglas seihen und mit Muskatnuss bestreuen.

Rum Egg-Nogg

gehaltvoller Egg-Nogg (After-Dinner-Drink)

✦ Longdrinkglas ✦ Mixer

✦ 4 cl brauner Rum
✦ 1 frisches Ei
✦ 2 TL Zucker
✦ 10 cl Milch
✦ 3–4 Eiswürfel
Dekoration:
✦ geriebene Muskatnuss

Alle Zutaten zusammen mit den Eiswürfeln im Mixer mischen. Durch das Barsieb in das Longdrinkglas seihen und mit Muskatnuss bestreuen.

Brandy Egg-Nogg (warm)

warmer Egg-Nogg für die Winterzeit

✦ Longdrinkglas ✦ Mixer

✦ 4 cl Brandy
✦ 1 frisches Ei
✦ 2 TL Zucker
✦ 10 cl Milch
Außerdem:
✦ geriebene Muskatnuss

Alle Zutaten außer Milch zusammen im Mixer mischen und in das vorgewärmte Longdrinkglas gießen. Die Milch erhitzen und unter ständigem Rühren das Longdrinkglas damit auffüllen. Mit Muskatnuss bestreuen.

Porto Flip

ausgewogener Flip (After-Dinner-Drink)

✦ großes Cocktailglas ✦ Shaker

✦ 4 cl roter Portwein
✦ 1 cl Brandy
✦ 1 frisches Eigelb
✦ 1 TL Zucker
✦ 2 cl Sahne
✦ 5–6 Eiswürfel
Außerdem:
✦ geriebene Muskatnuss

Alle Zutaten zusammen mit den Eiswürfeln im Shaker kurz und kräftig schütteln. Durch das Barsieb in das Cocktailglas seihen. Anschließend den Porto Flip mit Muskatnuss bestreuen.

Sherry Flip

cremiger Flip für den Nachmittag

✦ großes Cocktailglas ✦ Shaker

✦ 4 cl Sherry medium
✦ 1 frisches Eigelb
✦ 1 TL Zucker
✦ 2 cl Sahne
✦ 5–6 Eiswürfel
Außerdem:
✦ geriebene Muskatnuss

Alle Zutaten zusammen mit den Eiswürfeln im Shaker kurz und kräftig schütteln. Durch das Barsieb in das Cocktailglas seihen und mit Muskatnuss bestreuen.

Brandy Flip

bekömmlicher Flip für den Abend

✦ großes Cocktailglas ✦ Shaker

✦ 4 cl Brandy
✦ 1 Eigelb
✦ 1 TL Zucker
✦ 2 cl Sahne
✦ 5–6 Eiswürfel
Außerdem:
✦ geriebene Muskatnuss

Alle Zutaten zusammen mit den Eiswürfeln im Shaker kurz und kräftig schütteln. Durch das Barsieb in das Cocktailglas seihen. Mit Muskat bestreuen.

▶ *Sherry Flip (o.), Porto Flip (u.)*

Mint Julep (li.), Dry Martini (re.)

Champagner Flip

delikater Flip für jeden Tag

✦ Champagnerkelch ✦ Shaker

- ✦ 2 cl Cognac
- ✦ 1 frisches Eigelb
- ✦ 1 TL Zucker
- ✦ 2 cl Sahne
- ✦ 5–6 Eiswürfel
- ✦ 7 cl gut gekühlter Champagner

Alle Zutaten außer Champagner im Shaker kurz und kräftig schütteln. Durch das Barsieb in den Champagnerkelch seihen. Vorsichtig mit Champagner auffüllen und leicht umrühren.

Brandy Julep

erfrischender Julep

✦ kleiner Tumbler ✦ Gästeglas

- ✦ 6–8 Minzeblätter
- ✦ 1 TL fein gemahlener Rohrzucker
- ✦ 1 cl Wasser
- ✦ 3 EL zerstoßenes Eis
- ✦ 4 cl Brandy

Dekoration:

- ✦ 1 Minzezweig

Minzeblätter, Zucker und Wasser in den Tumbler geben und die Minze zerdrücken. Mit Eis und Brandy auffüllen. Umrühren, bis das Glas beschlagen ist. Den Minzezweig ins Glas geben. Mit Trinkhalm servieren.

Mint Julep
würziger Julep für jeden Tag

✦ kleiner Tumbler ✦ Gästeglas

✦ 6–8 Minzeblätter
✦ 1 TL fein gemahlener Rohrzucker
✦ 1 cl Wasser
✦ 3 EL zerstoßenes Eis
✦ 4 cl Bourbon Whiskey
Dekoration:
✦ 1 Minzezweig

Die Minzeblätter in den Tumbler legen. Zucker und Wasser dazugeben und die Minzeblätter mit einem Stößel oder einem Barlöffel zerdrücken. Mit Eis sowie Bourbon Whiskey auffüllen. So lange umrühren, bis das Glas außen beschlagen ist. Den Minzezweig ins Glas geben. Mit Trinkhalm servieren.

Scotch Toddy
kräftiger Hot-Drink

✦ Teeglas ✦ Gästeglas

✦ 4 cl Scotch Whisky
✦ 2 cl Zitronensaft
✦ 2 TL Honig
✦ 8 cl heißes Wasser

Alle Zutaten außer Wasser im vorgewärmten Teeglas verrühren. Mit dem heißen Wasser auffüllen und umrühren.

Rum Toddy
aromatischer Hot-Drink für den Winter

✦ Teeglas ✦ Gästeglas

✦ 4 cl brauner Rum
✦ 2 cl Zitronensaft
✦ 2 TL Honig
✦ 8 cl heißes Wasser

Alle Zutaten außer Wasser im vorgewärmten Teeglas verrühren. Mit dem heißen Wasser auffüllen und umrühren.

Dry Martini
sehr trockener Aperitif

✦ Cocktailglas ✦ Rührglas

✦ 5 cl Gin
✦ 1–2 Spritzer Vermouth dry (z.B. Noilly Prat)
✦ 7–8 Eiswürfel
Dekoration:
✦ 1 Stück Zitronenschale oder 1 Olive

Alle Zutaten zusammen mit den Eiswürfeln im Rührglas verrühren und durch das Barsieb in das gekühlte Cocktailglas seihen. Die Zitronenschale oder die Olive am Sticker ins Glas geben.

Perfect Martini (Medium Martini)

trockener Aperitif

✦ Cocktailglas ✦ Rührglas

✦ 4 cl Gin
✦ 1 cl Vermouth dry
✦ 1 cl Vermouth rosso
✦ 7–8 Eiswürfel
Außerdem:
✦ 1 Stück Zitronenschale

Alle Zutaten zusammen mit den Eiswürfeln im Rührglas verrühren und durch das Barsieb in das gekühlte Cocktailglas seihen. Den Drink mit der Zitronenschale abspritzen und sie ins Glas geben.

Gin and It (Sweet Martini)

halbtrockener Cocktail für jeden Tag

✦ Cocktailglas ✦ Rührglas

✦ 4 cl Gin
✦ 2 cl Vermouth rosso
✦ 7–8 Eiswürfel
Dekoration:
✦ 1 Cocktailkirsche

Alle Zutaten zusammen mit den Eiswürfeln im Rührglas verrühren und durch das Barsieb in das gekühlte Cocktailglas seihen. Die Kirsche am Sticker in das Glas geben.

◄ *Gibson (o.), Perfect Martini (li. u.), Bijou (re. u.)*

Gibson

kräftiger Cocktail (Aperitif)

✦ Cocktailglas ✦ Rührglas

✦ 5 cl Gin
✦ 1–2 Spritzer Vermouth dry (z.B. Noilly Prat)
✦ 7–8 Eiswürfel
Dekoration:
✦ 2 Perlzwiebeln

Alle Zutaten zusammen mit den Eiswürfeln im Rührglas verrühren. Durch das Barsieb in das vorgekühlte Cocktailglas seihen. Die Perlzwiebeln am Sticker in das Glas geben.

Bijou

würziger Shortdrink (Aperitif)

✦ Cocktailglas ✦ Rührglas

✦ 2 cl Gin
✦ 2 cl Chartreuse grün
✦ 2 cl Vermouth rosso
✦ 1 Spritzer Orange-Bitter
✦ 7–8 Eiswürfel
Dekoration:
✦ 1 Cocktailkirsche

Alle Zutaten im Rührglas zusammen mit den Eiswürfeln gut verrühren und durch das Barsieb in das gekühlte Cocktailglas seihen. Die Kirsche ins Glas geben.

Gin Daisy

erfrischender Cocktail
für den Nachmittag

✦ großes Cocktailglas ✦ Shaker

- ✦ 5–6 Eiswürfel
- ✦ 4 cl Gin
- ✦ 2 cl Zitronensaft
- ✦ 1 cl Grenadine
- ✦ 1 TL fein gemahlener Rohrzucker
- ✦ 2 EL zerstoßenes Eis
- ✦ nach Belieben Sodawasser

Dekoration:

- ✦ 1 Pfefferminzzweig
- ✦ Früchte der Saison

Die Eiswürfel zusammen mit Gin, Zitronensaft, Grenadine und Zucker im Shaker gut schütteln. Das zerstoßene Eis in das Cocktailglas füllen und die Mischung durch das Barsieb darüber seihen. Auf Wunsch etwas Sodawasser dazugeben. Den Pfefferminzzweig und die Früchte der Saison an den Glasrand stecken. Mit einem Trinkhalm servieren.

Gin Rickey

(Création für Oberst Jim Rickey,
Hotel St. James, New York)
säuerlicher Drink
für den Nachmittag

✦ kleiner Tumbler ✦ Gästeglas

- ✦ ½ Zitrone oder Limette
- ✦ 3 Eiswürfel
- ✦ 4 cl Gin
- ✦ 2 cl Sodawasser

Die Zitrone oder die Limette in den Tumbler geben. Mit einem Barlöffel oder einem Stößel den Saft ausdrücken. Mit Eiswürfeln, Gin und Sodawasser auffüllen und umrühren.

Royal Cocktail

(Création Otis Mac Kinney,
Hotel Royal, Nice 1908)
halbtrockener Shortdrink
(Aperitif)

✦ Cocktailglas ✦ Shaker

- ✦ 2 cl Gin
- ✦ 2 cl Vermouth dry
- ✦ 2 cl Cherry Brandy
- ✦ 1 Spritzer Maraschino
- ✦ 5–6 Eiswürfel

Alle Zutaten im Shaker zusammen mit den Eiswürfeln schütteln und durch das Barsieb in das gekühlte Cocktailglas seihen.

1910–1919

Das goldene Zeitalter der Cocktails

Zum Abschluss einen Manhattan

Jeden Nachmittag, wenn die Aktienhändler an der New Yorker Börse ihre Aufträge in den Ring geschrien hatten, die Nachbearbeitung an den Stehpulten in den hohen, holzgetäfelten Büros erledigt war, wenn die Direktoren, aufgescheucht vom Geschepper der schweren Remington-Schreibmaschinen in ihren Vorzimmern, ihre prosperierenden Geldhäuser verließen, ging auch der Bankier J. Pierpont Morgan festen Schritts ins nahe gelegene Waldorf Astoria Hotel. Die Pagen begrüßte er, wenn überhaupt, nur mit einem knappen „Hello“, durchmaß die luxuriös eingerichtete Hotelhalle und begab sich schnurstracks in die Bar. Er setzte sich in einen der bequemen Sessel und bestellte einen Manhattan – nichts Einfallsloseres möchte man meinen, schließlich hatte Morgan den ganzen Arbeitstag im New Yorker Stadtteil gleichen Namens verbracht.

Cocktail-Bars als Zentren des Business-life

Und obwohl er zu Beginn des Jahrzehnts schon über 70 Jahre alt war, ließ es sich der Banker nicht nehmen, weiter zu verdienen – mit wem er über welche Geschäfte geredet hat, oder ob er nur versunken in sich selbst die Kursgewinne des gleichen Tages im Kopf addierte – wer weiß das heute noch? Schon eher ist anzunehmen, dass er mit Gleichgesinnten darüber stritt, welchen Lauf der Dinge die Börse am nächsten Tag nehmen würde – à la hausse oder à la baisse. Fragen, die Männer wie Morgan und Rockefeller mit Vergnügen und bis in die Puppen diskutieren konnten. Gleichfalls kann mit an Sicherheit grenzender Wahrscheinlichkeit angenommen werden, dass es bei dem einen Manhattan nicht geblieben ist, wie Zeitgenossen versichern, die damals hinter der Bar standen. Der Journalist Albert Stevens Crockett überliefert jeden-

Nervenaufreibender Börsenhandel verlangt nach entsprechender Entspannung. Kryptokapitalisten fanden sie in Manhattan

falls in seinem 1931 erschienenen Buch mit dem Titel „Old Waldorf Bar Days“, dass die Herren jeweils mindestens fünf bis sechs Martinis oder Manhattans kippten, bevor sie sich – munter weiter diskutierend – etwa ins „Delmonico's“ begaben, eines der damals nobelsten Lokale in ganz New York City. Dort ließen sie sich Menüs mit fünf Gängen auftischen; noch recht schwere Gerichte, denn die Erkenntnisse Escoffiers waren noch nicht in alle Hotelküchen Amerikas gedrungen. Verständlich, dass die Herren Bankiers & Co., die ihre Reichtümer noch im 19. Jahrhundert in der weiten Prärie angehäuft hatten, ein solches Dinner noch mit einigen Cocktails beschließen wollten.

Die Bar als „Trinkschule“

Beliebt waren etwa ein Liberty, der aus 4 cl Calvados und 2 cl Rum mit 1 Dash Zuckersirup besteht und durchaus in der Lage ist, den Verdauungsprozess zu fördern. Frei-

lich, in den USA kannte man Calvados noch nicht, der auf Apfelbasis bestehende Spiritus heißt in den Staaten Applejack. Aber auch Drinks mit Brandy oder Whiskey als Grundspirituose waren recht beliebt – Hauptsache, die Herren hatten einen kleinen in der Krone sitzen und amüsierten sich auch bei ihrer mitternächtlichen „G'schaftlhuberei."
Gesichert ist, dass in der berühmten Bar des ebenso berühmten Hotels Waldorf sowohl vor dem Dinner als auch danach ein ziemliches Gedränge am Tresen herrschen musste. Oft standen die Gäste, die kurz nach Arbeitsschluss noch vor dem Dinner einen Cocktail zu sich nehmen wollten, zehn Mann tief vor der Bar und warteten sehnlichst darauf, ihre Füße auf das runde Messingband abzustützen und die Bestellung aufzugeben. Mindestens zwölf Barmänner bedienten die manchmal ungehaltenen, manchmal schon leicht angetrunkenen Gäste, die nur schwer vom Tresen weg zu bewegen waren, wenn sie einmal einen Platz an der Bar und die Aussicht auf einen Drink ergattert hatten. Albert Stevens Crockett ist auch hier ein zuverlässiger Zeuge, der sich in seinem Buch „Old Waldorf Bar Days" daran erinnert, dass viele der Gäste auch eine regelrechte „Trinkschule" absolvierten ... was man beim Blick auf die im Buch aufgeführten Cocktails durchaus als zutreffend bezeichnen könnte.

Blühende Wirtschaft – weiter, höher, schneller – alles ist machbar

Es ist das zweite Jahrzehnt des neuen Jahrhunderts – längst ist bekannt, was es am Ende werden sollte: eine einzige Katastrophe. In Europa wütet ein Krieg, der Millionen in den Tod schickt, und am Ende des Jahrzehnts haben die Temperenzler gewonnen: Der „Volstead Act" legt am 16. Januar 1920 ein ganzes Land trocken. Die Prohibition beginnt und wird doch bis 1934 nicht verhindern können, dass die Menschen in „Speakeasies" zusammenkommen und gemeinsam einen, oft aus den wirrsten Zutaten gemixten, Cocktail trinken.

Gleichwohl: Das Jahrzehnt beginnt in einer Zeit wirtschaftlicher Blüte. Die Wunder der Technik schlagen alle Bedenken in den Wind: Weiter, höher, schneller ist das Motto des noch jungen Jahrhunderts – nur wenige kritische Geister regen sich. So zum Beispiel Ernst Jünger, der vor seinem allmächtigen Vater die Flucht in die Fremdenlegion antritt und mit seiner frühen, schwärmerischen Zuwendung zur Mystik auch gegen die aufkommende Technikeuphorie und den eigenen Vater protestiert.

Während Jünger erste Erfahrungen mit dem Krieg sammelt und sie später in seinem Erstlingswerk „In Stahlgewittern" niederschreibt (vom Vater dazu angestiftet), „befreien sich junge Intellektuelle am Ufer des Lago Maggiore von den Zwängen der Zivilisation. Anarchisten, Sozialisten, Vegetarier, Künstler, Schriftsteller und Ausdruckstänzer erproben auf dem Monte Verità bei Ascona neue Lebensformen", wie der Schweizer Historiker Mario König schreibt, und in Zürich machen sich die Dadaisten mit der lauten Deklamation von Silben und unzusammenhängenden Wörtern, begleitet von Lärm-Musik über die bürgerliche Kultur lustig.

Mythos Titanic

Ein Jahrzehnt der Widersprüche ist angebrochen: Es hindert die Menschen nicht daran, einen Luxusliner zu bauen, den die Welt noch nicht gesehen hat. Am 10. April 1912 bricht die „Titanic" vom englischen Hafen Southampton auf nach New York. In der Nacht vom 14. auf den 15. April rammt das 269 Meter lange Schiff 150 Kilometer vor der Küste Neufundlands einen Eisberg. Der Rest ist

Die Titanic: Aus Schock, Wut und Trauer wurde ein Mythos

Geschichte und Mythos zugleich, denn die Katastrophe betrachten nicht wenige Menschen damals als Fanal für den zwei Jahre später ausbrechenden Ersten Weltkrieg. Eine Katastrophe auch, die 86 Jahre später in eine Liebesgeschichte verpackt an den Kinokassen alle Rekorde brechen wird. Ein Dampfer, auf dem geliebt und gestritten, gespielt und getrunken wird. Auch wenn die Barkarte nicht mehr erhalten ist, ein Getränk wird sich auf dem Dampfer sicher befunden haben, eines, das in den tieferen sozialen Schichten auch eine regelrechte Spur der Vernichtung hinterlassen und mithin die Gestaltung des Prohibitionsgesetzes beeinflusst hat: Absinth.

Absinth *Geschichten – gar nicht bitter*

Kaum ein anderes Getränk hat die Fantasie der Dichter und Maler so stark angeregt, wie diese aus wildem Wermut und anderen Kräutern gebrannte, klare Spirituose: Absinth. Unter dem Namen „Grüne Fee“ stand sie während vieler Jahrzehnte auf den Tresen sowohl nobler Bars als auch düsterer Kneipen – in Europa genauso wie in den Vereinigten Staaten. Üblicherweise goss man eine kleine Menge Absinth in ein Weinglas. Anschließend legte man einen versilberten Filterlöffel, wenn vorhanden in Form des Eiffelturms, aufs Glas, bedeckte den Löffel mit Zucker und ließ Wasser ins Glas tröpfeln, um den bitteren Geschmack des Wermuts zu überdecken.

Liebling der Kreativen

Die Liste der Absinth-Liebhaber liest sich wie ein Who's Who der Literatur und Malerei des 19. und 20. Jahrhunderts: Edgar Allan Poe, Jack London, Edouard Manet, Charles Baudelaire, Honoré Daumier, Paul Marie Verlaine, Arthur Rimbaud, Oscar Wilde, Edgar Degas, Paul Gauguin, Henri de Toulouse-Lautrec. Von Letzterem ist ein Werk erhalten, das van Gogh in einem Café zeigt, vor sich ein Glas mit der hellgrün-milchigen Flüssigkeit, die es in sich hatte. Aber auch der Titan der Malerei des 20. Jahrhunderts, Pablo Picasso, hat einige Werke hinterlassen, die zu den intensivsten psychologischen Studien von Absinth-Trinkern zählen.

Absinth war alles andere als eine harmlose Spirituose. Die im Wermutöl enthaltene Substanz Thujon war nämlich dazu angetan, bei den Absinth-Trinkern halluzinogene Störungen auftreten zu lassen – immer vorausgesetzt, sie hatten ein vernünftiges Maß überschritten. Störungen, die sogar tödlich enden konnten – doch nicht immer für die Trinker. Zahllos sind die Berichte in denen erzählt wird, wie Absinth-Trinker im halluzinierenden Rausch gemordet haben. Folglich dauerte es nicht lange, bis die Temperenzler mit scharfen Attacken ein Verbot der „Grünen Fee" forderten.

In Maßen getrunken, belebt Absinth Geist und Körper; im Übermaß genossen, führt er ins Verderben. Auch van Gogh sprach dem Absinth zu

Dem Schrecken ein Ende

Mit Erfolg. So zeigt eine zeitgenössische Kampfschrift von 1910 einen ausgemergelten Temperenzler mit blauem Kreuz auf der Brust und flackernden Blicken, zu seinen Füßen die mit Schwerthieb ermordete „Grüne Fee" mit dem Angesicht eines Unschuldsengels. Am 7. Dezember 1910 war per Volksabstimmung Schluss mit Absinth in der Schweiz. Zwei Jahre später, am 25. Juli 1912, folgten die USA den Aufrufen der Blau-Kreuz-Bewegung und verboten das „teuflische" Getränk mit dem starken Anisgeschmack. Gleichwohl wird es im französischsprachigen Jura in der Schweiz nach wie vor – illegal natürlich – gebrannt und getrunken.

Das „Goldene" Zeitalter

Der Untergang der „Titanic" konnte die Neue Welt in ihrem ungestümen Wachstum nicht groß schrecken. Vor allem in New York, aber auch in anderen Städten zählt man das Jahrzehnt zum „Goldenen Zeitalter" des Cocktails. Es ist die Zeit, in der unzählige Cocktails erfunden werden und ebenso schnell wieder verschwinden, wie William Grimes in seinem Standardwerk „Straight up or on the rocks" feststellt: „Der Cocktail war unmittelbarer Ausdruck seiner Zeit, spiegelte sich in Berühmtheiten und den vorübergehenden Moden der Bevölkerung. Fast alle wichtigen New Yorker Hotels wie The Metropole, Normandie, Algonquin, Hoffman House oder Knickerbocker beanspruchten beispielsweise einen Drink nach ihrem Namen."

Cocktails als Spiegel ihrer Zeit

Tatsächlich kann man Cocktails auch als „Schwämme" sehen, die gesellschaftliche Ereignisse an einem Tag aufsaugen und sie am anderen wieder auspressen: Nichts ist scheinbar schneller erfunden als ein Cocktail, und gerade diese ungeheure Befähigung zum temporeichen Umwandeln von Ereignissen und Strömungen hat zu einer immensen Zahl von gemixten Getränken geführt, die heute im Orkus der Vergangenheit verschwunden sind und nie wieder auftauchen werden. Sie müssen es auch nicht, denn sie sind Kinder einer schnelllebigen Zeit, eines Jahrhunderts voller Speed und Action.

Goldene Zeiten für Feinschmecker

Auch für Gourmets brachen selige Zeiten an. Die Rede ist nicht vom ersten Selbstbedienungsladen, der 1912 im kalifornischen Ocean Park eröffnet wurde, auch nicht von Staatssekretär William Jennings Bryan, der an einem

Dinner für den britischen Botschafter in Washington Traubensaft statt Wein kredenzen ließ. Eine Vorstellung, die dem deutschen Kaiser Wilhelm II. wohl die gute Stimmung verdorben hätte. Bei Laune hielt ihn indessen folgende Szene auf dem Dampfer „Imperator", als ihm ein Diener die Feststellung zutrug, der in der Küche wirkende Auguste Escoffier sei 1870 während des Deutsch-Französischen Krieges gefangen genommen worden. Nachdem der Kaiser den Koch zu sich zitiert und sich höchstpersönlich vergewissert hatte, dass ihn Escoffier – aus Rache vielleicht – nicht vergiften wollte, ließ er den Küchenchef wissen: „Wären Sie damals mein Gefangener gewesen, ich hätte sie nie mehr freigelassen". Womit er auf die schon legendären Kochkünste des französischen Maîtres anspielte.

Das Jahrzehnt der großen Cocktails

Der Ausbruch des Ersten Weltkriegs, ausgelöst durch das Attentat des Anarchisten Gavrilo Princip auf Erzherzog Franz Ferdinand am 28. Juni 1914 in Sarajevo, stürzt ganz Europa in einen mörderischen Krieg. Am Ende werden acht Millionen Tote auf den Schlachtfeldern gezählt. Am 3. März 1918 nimmt der Krieg mit dem Frieden von Brest-Litowsk ein vorläufiges Ende; erst am 11. November werden die Waffenstillstandsabschlüsse der Alliierten mit dem Deutschen Reich getroffen.
Die Not des Krieges lässt aber auf dem Gebiet der Kulinarik die Erfinder walten. In den USA beginnt man mit der industriellen Fertigung von Nudeln, nachdem das Land, das nicht am Krieg teilgenommen hatte, zuvor alle Spaghetti und Maccheroni aus Italien importiert hatte. Nichts mehr als der Beweis dafür, welche Absurditäten Kriege hervorzurufen imstande sind.

Die Zeiten stehen auf Sturm: Die persönliche Freiheit – angegriffen durch die Prohibition – wird unter dem Jubel verknöcherter Prohibitionsanhänger verbrannt

New York – Wiege der Cocktails

Die Auswirkungen des Krieges werden trotz allem auch in den USA wahrgenommen: Die Abstinenzler gewinnen nach und nach Terrain in ihrem oft abstrus und mit wilder Entschlossenheit geführten Kampf gegen jeglichen Alkohol. So verbot der Staat Washington 1915 den Verkauf von Bier, und der Marineminister Josephus Daniels ordnete an, dass in der Navy roter Traubensaft anstelle des traditionellen Rum-Grogs serviert wurde – arme Matrosen, kann man da nur sagen. Langsam aber sicher wurde das Terrain politisch vorbereitet, auf dem sich schließlich die große Trockenheit ausbreiten sollte. Vorher aber vergnügte sich die Wall Street in den Bars um die Börse.

New York war damals unbestritten die Wiege zahlreicher Cocktails, von denen viele während der Prohibition wieder in Vergessenheit gerieten – viele Mixologisten retteten sich in andere Berufe und das einst Erlernte wurde wieder vergessen. Die Stadt am Hudson, noch weit davon entfernt, zum „Big Apple" zu mutieren, verfügte über die höchste Bardichte in den Vereinigten Staaten, nebst Städten wie New Orleans oder San Francisco – auf dem Gebiet des Cocktails durchaus Rivalen. So stammt etwa der Ramos Gin Fizz, in seiner Qualität dem traditionellen Mint Julep durchaus das Wasser reichend, aus New Orleans. Freilich, der Absinth Frappé, der im Old Absinth House in New Orleans an den Ufern des Mississippi kredenzt wurde, ist definitiv zu einer Fußnote in der Historie des Cocktails geworden.

Bronx *Geschichten – orangenfruchtig*

Dass zahlreiche Drinks im zweiten Jahrzehnt des Jahrhunderts auf Gin basieren, liegt nach wie vor in der Tradition, begründet durch jene englischen Siedler, welche neben Weinen und Bier auch diesen Schnaps in die Neue Welt brachten. Und dass Gin nach wie vor die hochprozentige Grundlage für viele weltbekannte Cocktails ist, hängt auch damit zusammen, dass man den Gin problemlos mit anderen Zutaten vermixen kann. Verständlich, dass die Bartender zuerst zum Gin griffen, wenn sie ihren Gästen einen neuen Drink vorsetzen wollten.

Zu den berühmt gebliebenen Cocktails zählt auch der Bronx (ein Teil Orangensaft, zwei Teile Gin, je ein Spritzer französischen und italienischen Vermouth). Crockett erzählt, wie der Cocktail im Waldorf Astoria entstanden ist: „Viele behaupten, den Bronx selber als Erste gemixt zu haben. Erfunden aber hat ihn Johnnie Solon, der zu den besten Mixern hinter der Bar zählte."

Aus Entrüstung geboren

Solons Version der Entstehung des Bronx: In jenen Tagen hatten wir einen Cocktail namens Duplex auf der Karte, weil er sich einer regen Nachfrage erfreute. Als ich eines Tages dabei war, einen Duplex zu mixen, kam Traverson, Chef de Service des Empire Room, zu mir – dem damals größten Speisesaal des alten Waldorf. Ein Duplex besteht zu gleichen Teilen aus französischem und italienischem Vermouth, vermischt mit einer Orangenzeste und zwei Spritzern Orange Bitter. Traverson sagte zu mir: „Mixen Sie doch mal einen neuen Cocktail. Ich habe einen Gast, der behauptet, Sie könnten das gar nicht." – „Was soll ich nicht können?", gab ich zurück. Ich mixte meinen Duplex zu Ende und hatte plötzlich eine Idee. Ich goss zwei Teile Gin und einen Teil Orangensaft in einen Shaker. Dann fügte ich je einen Spritzer französischen und italienischen Vermouth bei, schüttelte den Cocktail kurz und goss ihn in ein Cocktailglas. Ich hatte ihn nicht selber versucht und reichte ihn Traverson mit den Worten: „Sie können besser urteilen als ich!". Er nahm erst einen Schluck und trank dann den Cocktail in einem Zug aus. – „Mein Gott", sagte er, „das wird ein Hit. Machen Sie mir noch einen, und ich bringe ihn dem Gast. Ich wette, davon verkaufe ich eine ganze Menge. Haben Sie genug Orangen hier? Falls nicht, legen Sie sich welche zu, sofort."

Ein Temperenzler als Mixologist

Nachzutragen an dieser Geschichte wäre noch die Tatsache, dass Solon den Cocktail zwar gemixt, das Ergebnis hingegen nie selbst versucht hat. Er war, für einen Bartender ziemlich unüblich, sein Leben lang ein überzeugter Temperenzler gewesen und trank, das ist verbürgt, nie einen Tropfen Alkohol …

Der Singapore Sling

Das Jahrzehnt kennt aber außerdem noch die Entstehung eines anderen Drinks, der bald auf keiner Barkarte mehr fehlen wird: der Singapore Sling. Seine Geburtsstunde liegt mehr oder weniger im Dunkeln, verschiedene Quellen datieren ihn um 1916. Der Chef der Bar, Ngyang Thong Boon, im berühmten The Raffle's Hotel in Singapur mischte damals 3 cl Gin mit 1,5 cl Cherry Brandy, 1 cl Cointreau, 2 cl Ananassaft, 2 cl Zitronensaft sowie 1 Spritzer Angostura Bitter und 2 Spritzer Bénédictine im Shaker zu einem Cocktail, der bald die begeisterte Zustimmung englischer Ladys fand. Jene gut betuchten Damen fanden in der britischen Kolonie, zwischen Cricket und Tennis, nun endlich das geeignete Erfrischungsgetränk, um die Zeit totzuschlagen.

Aber auch auf der britischen Insel stieg der Singapore Sling zu Popularität auf, weil die Ladys in den Romanen von Somerset Maugham, Joseph Conrad und Rudyard Kipling von der erotisierenden Wirkung dieses Cocktails lasen. Heute wird der Singapore Sling im The Raffle's gleich eimerweise zubereitet: Selbst wer sich keine Übernachtung im Hotel leisten kann, setzt als Cocktailtourist auf seiner Südostasienreise einen Fuß in die Hotelbar.

Wie der Martini entstand

Die Geschichten um die Entstehung von Cocktails sind sehr oft zu schön, um wirklich wahr zu sein. Gleichwohl geben sich seriöse Kulturkritiker der akribischen Aufgabe hin, die Genealogie jener Cocktails aufzuzeichnen, die mindestens für die ersten Jahrzehnte dieses Jahrhunderts im Dunkeln liegen. Dabei stoßen sie auf unterschiedliche Quellen, von denen literarische manchmal zu den seriöseren zählen. Jedoch nicht nur. So ist überhaupt nicht gesichert, wie etwa der Martini oder Dry Martini zur Welt gekommen ist. Von allen Cocktailkennern wird der Martini als der König aller Cocktails betrachtet. Er hat alle Moden und vor allem die Prohibition unbeschadet überstanden und zählt für William Grimes zum „Fixstern am Himmel, mit dem sicher durch den Dschungel der Cocktailgeschichte navigiert werden kann".

Über seine Entstehung sind noch immer zahlreiche Legenden im Umlauf, von denen jedoch zumindest eine sich nach wie vor als die zuverlässigste unter den unzuverlässigen hält. Sie beginnt in den ersten Jahren des Jahrzehnts und führt zu einem italienischen Einwanderer namens Luigi, der aus der gleichen Gegend stammte wie Martini di Arma di Taggia, Barman in New Yorks Knickerbocker Hotel. Luigi wollte ursprünglich mit der Titanic über den Ozean fahren, musste aber widrigen Umständen zufolge ein anderes Schiff besteigen. Luigi sprach in den 60er Jahren später seine Entstehungsgeschichte des Dry Martini dem Journalisten James Porter auf Tonband – die Kassette – kleine Fußnote – ist zwar verloren gegangen, doch existiert eine Abschrift des Gesprächs, die Porter dem befreundeten Zunftgenossen John Doxat weitergab.

Danke, Mr. Rockefeller!

Doxat zitiert aus dem Gespräch in seinem 1989 erschienenen Werk „The Gin Book": „Luigi saß an der Bar des Knickerbockers und bewunderte seinen Kollegen Martini. Barman wollte er selbst auch werden und ist es denn auch geworden, zuletzt als Barchef im Genueser Hotel Savoia Majestic, in der gleichen Stadt, in der auch Martini di Arma di Taggia seinen Lebensabend verbrachte. Im Knickerbocker war er ein aufmerksamer Beobachter, während Martini die Reichen und Berühmten mit Cocktails bediente. Unter ihnen Enrico Caruso und John D.

Rockefeller. Letzterer schätzte die Mixkünste Martinis, der ihm einen speziellen Drink servierte. Es war aber nicht Martini di Arma di Taggia, der dem Cocktail seinen Vornamen gab, sondern die wachsende Entourage um den legendären Öltycoon, die den Vornamen des Mixologisten verwendeten, um diesem Drink einen Namen zu geben. Sie nannte ihn ‚the dry martini', weil er viel besser war als die anderen Martini Cocktails oder der süße ‚Martinez', den der legendäre Jerry Thomas erfunden hatte, und dem der Dry Martini fälschlicherweise zugeschrieben wird.
Signor Martinis Knickerbocker-Mix bestand zu gleichen Teilen aus importiertem London Dry Gin und französischem Vermouth (Noilly Prat), mit einer Spur Orange Bitters versehen. Nebst Bitters unterschied sich Martinis Cocktail noch durch eine andere Besonderheit: Er goss die Zutaten in ein mit vielen Eiswürfeln gefülltes Mixglas, rührte mit dem Barlöffel die Zutaten und seihte sie in ein vorgekühltes Cocktailglas ab. Einige besonders innovative Gäste spießten eine grüne Olive mit einem Zahnstocher auf und legten sie in den Cocktail. Eine Gewohnheit, die nachher sehr viele Bartender übernahmen. Als Alternative aber wurde eine Zitronenzeste in den Cocktail gelegt oder über dem Cocktail ausgepresst."

Vom Drink zum Symbol

Für den amerikanischen Kulturkritiker William Grimes ist der Martini der einzige Drink in der Geschichte des Cocktails, der es geschafft hat, vom reinen „drink" zum Symbol für die Bar schlechthin zu mutieren. Für den spanischen Filmemacher Luis Buñuel gehörte es zur kreativen Phase, in einer düsteren Bar zu sitzen und einen Martini zu trinken – den er, wie Grimes erzählt, allerdings nur so zubereitet haben wollte: Glas, Mixglas und Gin müssen einen Tag vorher in den Eisschrank gestellt werden. Bei

der Zubereitung sollten nur einige Tropfen Noilly Prat und ein halber Teelöffel Angostura Bitter über die Eisstücke geträufelt werden. Buñuel wollte nur die Eiswürfel im Mixglas gerührt wissen und das Wenige an Flüssigkeit war wegzuschütten. Erst dann erlaubte er, den Shaker mit Gin aufzufüllen, nochmals zu schütteln und „seinen" Martini so zu servieren.
Der Martini ist – so Grimes – „der kapitalistische Cocktail schlechthin und der offizielle Drink der amerikanischen Business-Klasse, das hochoktanige Benzin, das die Geschäfte an Wall Street und Madison Avenue bis weit in die 70er Jahre antrieb – dann brach das Zeitalter von Perrier mit Zitronenscheibe an."
Die Cocktailgeschichte ist davon freilich noch weit entfernt. Während in Russland der Zar abdanken musste und Lenins Rote Garden am 7. November 1917 (nach russischem Kalender am 26. Oktober) den Winterpalais des Zaren stürmten, entsteht im Riesenreich Russland eine Regierungsform, die während Jahrzehnten die Welt in zwei Blöcke teilen wird.

Wodka? Das fehlt noch!

Der Blick nach Russland ist für die junge Cocktailgeschichte nicht ohne Reiz. Denn die amerikanischen Cocktails kommen in ihrem „Goldenen Zeitalter" noch ohne eine Spirituose aus, die erst später die Rezepturen von Cocktails bereichern wird: Wodka. Tatsächlich finden sich in den namhaftesten Rezeptsammlungen der amerikanischen Bartender noch keine Rezepte mit dieser Spirituose. Jack Townsend, Chef der Barmänner-Vereinigung von New York, veröffentlichte 1951 sein „Bartender's Book" – also längst nach dem Zweiten Weltkrieg, in dem sich gerade zwei Wodka-Cocktails finden: Bloody Mary und

Moscow Mule. Doch während die russischen Arbeiter weder das Wort Cocktail buchstabieren können, geschweige denn jemals einen getrunken haben dürften, erfreut sich Amerika weiterhin an Cocktails, denn Wall Street sorgt noch immer für das nötige Kleingeld, um sich in den zahlreichen Bars zu tummeln – nun aber sind es nicht mehr nur die ehrenwerten Bars in den Hotels der Fifth Avenue.

„Austern suchen in der Prairie"

Der Saloon setzt sich in zahlreichen, urbaneren Arten durch. Und findige Bartender kreieren so eine Vielzahl von Drinks, wie etwa die Crustas, jene Cocktails, bei denen zuvor der Glasrand mit Zitronensaft eingerieben und danach auf einen Teller mit Zucker getupft wird. Weitere Lieblingsgetränke des Jahrzehnts sind nach wie vor die Punches, deren Entstehung aufs 19. Jahrhundert zurückgehen, und in den Sommermonaten sind es typische Coolers, die den Durst stillen und gleichzeitig die Sinne benebeln. Und wer von dieser belebenden Vielzahl von Cocktails zu viel getrunken hat, dem helfen findige Bartender mit der berühmt gewordenen Prairie Oyster auf die Beine zurück, einem alkoholfreien „Pick-me-up" mit Ketschup, Tabasco, Olivenöl, Worcestersauce, Salz, Pfeffer und 1 Eigelb.

Während Europa und insbesondere Russland hungert, eröffnet in New York das Restaurant „The Lobster" seine Türen, dessen Spezialität darin besteht, Hummer in Servietten einzuwickeln, in eine Pfanne mit kaltem Wasser einzulegen und das Wasser rasch zum Kochen zu bringen. Niemals käme ein lebender Hummer in kochendes Wasser, weil der Todesschock das Muskelfleisch des Tieres verkrampfen und das Fleisch zäh würde. Das Beispiel zeigt nur, wie weit Amerika von den Alltagssorgen der restlichen Welt entfernt war.

Ein fataler Trugschluss zu glauben, dass die Beschlagnahmung von Destilliergeräten sämtliche Amerikaner auf einen Schlag zu Abstinenzlern werden lässt

Das Gespenst der Prohibition

Bald jedoch würden sich die Amerikaner mit ganz eigenen Problemen zu plagen haben – Probleme aber, die ein ganz neues Verhältnis zur Bar entstehen lassen. Gegen das Veto von US-Präsident Woodrow Wilson verabschiedet der Kongress das Prohibitionsgesetz und lässt es am 16. Januar 1920 in Kraft treten. Es schreibt vor, dass alle Getränke, die mehr als 0,5 Volumenprozent Alkohol enthalten, als „intoxicating" (rauschfördernd) zu bezeichnen und deren Herstellung, Verkauf und Transport sowie Ein- und Ausfuhr verboten sind. Die Auswirkungen der Prohibition sind für die Cocktailgeschichte der Vereinigten Staaten verheerend. Nebenbei bemerkt, gelang es diesem Gesetz nicht, sämtliche Amerikaner auf einen Streich zu Abstinenzlern werden zu lassen – ganz im Gegenteil, wie die Geschichte zeigen wird.

Gin Sling

erfrischender Sling
für heiße Tage

✦ Longdrinkglas ✦ Gästeglas

✦ 3–4 Eiswürfel
✦ 4 cl Gin
✦ 2 cl Zitronensaft
✦ 2 cl Zuckersirup
✦ Sodawasser zum Auffüllen

Die Eiswürfel in das Longdrinkglas geben. Gin, Zitronensaft und Zuckersirup darüber gießen. Mit Sodawasser auffüllen und umrühren. Mit einem Trinkhalm servieren.

Florida Sling

fruchtiger Sling
für die Sommerparty

✦ Longdrinkglas ✦ Gästeglas

✦ 3–4 Eiswürfel
✦ 3 cl Gin
✦ 1,5 cl Cherry Brandy
✦ 1,5 cl Zitronensaft
✦ 2 Spritzer Grenadine
✦ 14 cl Ananassaft
Dekoration:
✦ 1 Ananasstück
✦ 1 Cocktailkirsche

Die Eiswürfel in das Longdrinkglas geben, alle Zutaten darüber gießen und sehr gut verrühren. Die Früchte am Sticker über den Glasrand legen. Mit einem Trinkhalm servieren.

Singapore Sling

fruchtig-lieblicher Sling
für viele Gelegenheiten

✦ Longdrinkglas ✦ Shaker

✦ 3 cl Gin
✦ 1,5 cl Cherry Heering
✦ 1 cl Cointreau
✦ 2 cl Ananassaft
✦ 2 cl Zitronensaft
✦ 1 Spritzer Angostura
✦ 6–8 Eiswürfel
✦ Sodawasser zum Auffüllen
✦ 2 Spritzer Bénédictine (Kräuterlikör)
Dekoration:
✦ 1 Cocktailkirsche
✦ 1 Stück Ananas

Alle Zutaten außer Sodawasser und Bénédictine im Shaker zusammen mit 3 bis 4 Eiswürfeln schütteln. Durch das Barsieb in das mit 3 bis 4 Eiswürfeln gefüllte Longdrinkglas seihen. Mit Sodawasser auffüllen und umrühren. Danach erst den Bénédictine dazugeben. Die Cocktailkirsche und das Ananasstück am Sticker über den Glasrand legen. Mit einem Trinkhalm servieren.

► *Singapore Sling (li.), Florida Sling (re.)*

Claret Punch

*leicht-herber Drink
für den Abend*

✦ Weinglas ✦ Gästeglas

✦ 2–3 EL zerstoßenes Eis
✦ 1 cl Curaçao Orange
✦ 1 cl Zitronensaft
✦ 10 cl roter Bordeaux
Dekoration:
✦ 1 Orangenscheibe
✦ 1 Zitronenscheibe

Das Weinglas mit dem zerstoßenen Eis füllen. Alle Zutaten darüber gießen und umrühren. Die Zitronenscheibe und die Orangenscheibe ins Glas geben. Mit einem Trinkhalm servieren.

Apricot Cooler

*süß-säuerlicher Cooler
für jede Gelegenheit*

✦ Longdrinkglas ✦ Shaker

✦ 4 cl Apricot Brandy
✦ 2 cl frisch gepresster Zitronen- oder Limettensaft
✦ 2 Spritzer Grenadine
✦ 6–8 Eiswürfel
✦ Sodawasser zum Auffüllen

Alle Zutaten außer Sodawasser im Shaker zusammen mit 3 bis 4 Eiswürfeln gut schütteln und durch das Barsieb in das Longdrinkglas seihen. 3 bis 4 Eiswürfel dazugeben, mit Sodawasser auffüllen und umrühren. Mit einem Trinkhalm servieren.

Planter's Punch

fruchtiger Longdrink

✦ Longdrinkglas ✦ Shaker

✦ 4 cl brauner Rum
✦ 1 cl Grenadine
✦ 2 cl Zitronensaft
✦ 4 cl Ananassaft
✦ 8 cl Orangensaft
✦ 6–8 Eiswürfel
Dekoration:
✦ 1 Zitronenscheibe
✦ 1 Orangenscheibe

Alle Zutaten im Shaker zusammen mit 3 bis 4 Eiswürfeln schütteln und durch das Barsieb in das mit 3 bis 4 Eiswürfeln gefüllte Longdrinkglas seihen. Die Früchte ins Glas geben. Mit einem Trinkhalm servieren.

Harvard Cooler

*aromatischer Cooler
für den Abend*

✦ Longdrinkglas ✦ Shaker

✦ 4 cl Calvados
✦ 2 cl frisch gepresster Zitronen- oder Limettensaft
✦ 1 TL Zucker
✦ 6–8 Eiswürfel
✦ Sodawasser zum Auffüllen

Alle Zutaten außer Sodawasser im Shaker zusammen mit 3 bis 4 Eiswürfeln schütteln. Durch das Barsieb in das mit 3 bis 4 Eiswürfeln gefüllte Longdrinkglas seihen. Den Drink mit Sodawasser auffüllen und umrühren. Mit einem Trinkhalm servieren.

Rum Cooler

erfrischender Cooler für die Sommerparty

✦ Longdrinkglas ✦ Shaker

- ✦ 4 cl brauner Rum
- ✦ 2 cl frisch gepresster Zitronen- oder Limettensaft
- ✦ 1 cl Grenadine
- ✦ 6–8 Eiswürfel
- ✦ Sodawasser zum Auffüllen

Alle Zutaten außer Sodawasser im Shaker zusammen mit 3 bis 4 Eiswürfeln gut schütteln und durch das Barsieb in das Longdrinkglas seihen. 3 bis 4 Eiswürfel dazugeben, den Drink mit Sodawasser auffüllen und umrühren. Mit einem Trinkhalm servieren.

Highland Cooler

leichter Cooler für den Sommer

✦ Longdrinkglas ✦ Shaker

- ✦ 4 cl Scotch Whisky
- ✦ 2 cl Zitronensaft
- ✦ 1 TL Zucker
- ✦ 2 Spritzer Angostura-Bitter
- ✦ 6–8 Eiswürfel
- ✦ Ginger-ale zum Auffüllen

Alle Zutaten außer Ginger-ale im Shaker zusammen mit 3 bis 4 Eiswürfeln kurz und kräftig schütteln. Durch das Barsieb in das Longdrinkglas seihen. 3 bis 4 Eiswürfel dazugeben. Den Drink mit Ginger-ale auffüllen und umrühren. Mit einem Trinkhalm servieren.

Whisky Crusta

säuerlicher Crusta für den Abend

✦ Weinglas ✦ Shaker

- ✦ 1 Zitronenachtel
- ✦ 1 kleiner Teller mit Zucker
- ✦ 1 Zitronenschalenspirale
- ✦ 4 cl Scotch Whisky
- ✦ 2 cl Zitronensaft
- ✦ 1 TL Maraschino
- ✦ 1 TL Zucker
- ✦ 1 Spritzer Angostura-Bitter
- ✦ 4–6 Eiswürfel

Dekoration:

- ✦ 1 Cocktailkirsche

Den Rand des Weinglases mit dem Zitronenachtel befeuchten und im Zucker drehen, damit ein Zuckerrand entsteht. Die Zitronenschalenspirale in das Weinglas geben. Die restlichen Zutaten im Shaker zusammen mit den Eiswürfeln schütteln und durch das Barsieb in das Weinglas seihen. Die Cocktailkirsche ins Glas geben.

Brandy Crusta

süß-säuerlicher Crusta (After-Dinner-Drink)

✦ Weinglas ✦ Shaker

✦ 1 Zitronenachtel
✦ 1 kleiner Teller mit Zucker
✦ 1 Zitronenschalenspirale
✦ 4 cl Brandy
✦ 2 cl Zitronensaft
✦ 1 TL Maraschino
✦ 1 TL Zucker
✦ 1 Spritzer Angostura-Bitter
✦ 4–6 Eiswürfel

Dekoration:

✦ 1 Cocktailkirsche

Den Rand des Weinglases mit dem Zitronenachtel befeuchten und im Zucker drehen, damit ein gleichmäßiger Zuckerrand entsteht. In das Weinglas die Zitronenschalenspirale geben. Die restlichen Zutaten im Shaker zusammen mit den Eiswürfeln schütteln und durch das Barsieb in das vorbereitete Weinglas seihen. Die Cocktailkirsche ins Glas geben.

Manhattan

klassischer Manhattan für den Abend

✦ Cocktailglas ✦ Rührglas

✦ 4 cl Canadian Whisky
✦ 2 cl Vermouth rosso
✦ 1 Spritzer Angostura-Bitter
✦ 7–8 Eiswürfel

Dekoration:

✦ 1 Cocktailkirsche

Alle Zutaten im Rührglas zusammen mit den Eiswürfeln verrühren. Dann durch das Barsieb in das vorgekühlte Cocktailglas seihen. Die Kirsche am Sticker dazugeben.

Perfect Manhattan (Medium Manhattan)

ausgewogener Manhattan (Aperitif)

✦ Cocktailglas ✦ Rührglas

✦ 4 cl Canadian Whisky
✦ 1 cl Vermouth rosso
✦ 1 cl Vermouth dry
✦ 1 Spritzer Angostura-Bitter
✦ 7–8 Eiswürfel

Dekoration:

✦ 1 Cocktailkirsche oder 1 Stück Zitronenschale

Alle Zutaten im Rührglas zusammen mit den Eiswürfeln verrühren und durch das Barsieb in das gekühlte Cocktailglas seihen. Die Kirsche (am Sticker) oder die Zitronenschale ins Glas geben.

Brandy Crusta (li.), Manhattan (re.)

Dry Manhattan

trockener Manhattan (Aperitif)

✦ Cocktailglas ✦ Rührglas

✦ 4 cl Canadian Whisky	
✦ 2 cl Vermouth dry	
✦ 1 Spritzer Angostura-Bitter	
✦ 7–8 Eiswürfel	
Außerdem:	
✦ 1 Stück Zitronenschale	

Alle Zutaten im Rührglas zusammen mit den Eiswürfeln verrühren und durch das Barsieb in das gekühlte Cocktailglas seihen. Mit der Zitronenschale abspritzen und sie ins Glas geben.

Rob Roy (Scotch Manhattan)

aromatischer Manhattan für den Abend

✦ Cocktailglas ✦ Rührglas

✦ 4 cl Scotch Whisky	
✦ 2 cl Vermouth rosso	
✦ 1 Spritzer Angostura-Bitter	
Dekoration:	
✦ 1 Cocktailkirsche	

Alle Zutaten im Rührglas zusammen mit den Eiswürfeln gut verrühren und durch das Barsieb in das vorgekühlte Cocktailglas seihen. Die Kirsche am Sticker ins Glas geben.

Monte Carlo Imperial

würziger Shortdrink für den Sommer

✦ Cocktailglas ✦ Shaker

- ✦ 3 cl Gin
- ✦ 1,5 cl Crème de Menthe weiß
- ✦ 1,5 cl Zitronensaft
- ✦ 5–6 Eiswürfel

Alle Zutaten im Shaker zusammen mit den Eiswürfeln gut schütteln. Durch das Barsieb in das gekühlte Cocktailglas seihen.

Honolulu

süß-aromatischer Shortdrink (After-Dinner-Drink)

✦ Cocktailglas ✦ Shaker

- ✦ 2 cl Gin
- ✦ 2 cl Bénédictine (Kräuterlikör)
- ✦ 2 cl Maraschino
- ✦ 5–6 Eiswürfel

Alle Zutaten im Shaker zusammen mit den Eiswürfeln schütteln. Den Drink durch das Barsieb in das vorgekühlte Cocktailglas seihen.

Hawaiian

fruchtiger Shortdrink für jede Gelegenheit

✦ Cocktailglas ✦ Shaker

- ✦ 3 cl Gin
- ✦ 2 cl Orangensaft
- ✦ 1 cl Curaçao Triple sec
- ✦ 5–6 Eiswürfel

Alle Zutaten im Shaker zusammen mit den Eiswürfeln schütteln. Den Drink durch das Barsieb in das vorgekühlte Cocktailglas seihen.

Million Dollar

fruchtiger Longdrink für den Sommer

✦ Longdrinkglas ✦ Shaker

- ✦ 3 cl Gin
- ✦ 1 cl Vermouth rosso
- ✦ 1 cl Vermouth dry
- ✦ 12 cl Ananassaft
- ✦ ½ TL frisches Eiweiß
- ✦ 1 Spritzer Angostura-Bitter
- ✦ 6–8 Eiswürfel

Alle Zutaten im Shaker zusammen mit 3 bis 4 Eiswürfeln schütteln und durch das Barsieb in das mit 3 bis 4 Eiswürfeln gefüllte Longdrinkglas seihen. Mit einem Trinkhalm servieren.

▶ *Honolulu (o.), Million Dollar (u.)*

Bronx

aromatischer Shortdrink für jeden Tag

✦ Cocktailglas ✦ Shaker

✦ 3 cl Gin
✦ 1 cl Vermouth dry
✦ 1 cl Vermouth rosso
✦ 1 cl Orangensaft
✦ 5–6 Eiswürfel

Alle Zutaten im Shaker zusammen mit den Eiswürfeln schütteln und durch das Barsieb in das vorgekühlte Cocktailglas seihen.

Clover Club

erfrischender Shortdrink für den Abend

✦ großes Cocktailglas
✦ Shaker

✦ 4 cl Gin
✦ 2 cl Grenadine
✦ 2 cl Zitronensaft
✦ 1 frisches Eiweiß
✦ 5–6 Eiswürfel

Alle Zutaten im Shaker zusammen mit den Eiswürfeln gut schütteln und durch das Barsieb in das vorgekühlte Cocktailglas seihen.

Angel Face

kräftiger Shortdrink für den Abend

✦ Cocktailglas ✦ Rührglas

✦ 2 cl Gin
✦ 2 cl Calvados
✦ 2 cl Apricot Brandy
✦ 7–8 Eiswürfel

Alle Zutaten im Rührglas zusammen mit den Eiswürfeln verrühren und durch das Barsieb in das vorgekühlte Cocktailglas seihen.

Alaska

aromatischer Shortdrink (After-Dinner-Drink)

✦ Cocktailglas ✦ Rührglas

✦ 4 cl Gin
✦ 2 cl Chartreuse gelb
✦ 7–8 Eiswürfel

Alle Zutaten im Rührglas zusammen mit den Eiswürfeln verrühren. Durch das Barsieb in das vorgekühlte Cocktailglas seihen.

Harvard
aromatischer Shortdrink (Aperitif)

✦ Cocktailglas ✦ Rührglas

- ✦ 3 cl Brandy
- ✦ 3 cl Vermouth rosso
- ✦ 2 Spritzer Angostura-Bitter
- ✦ 7–8 Eiswürfel

Alle Zutaten im Rührglas zusammen mit den Eiswürfeln verrühren und durch das Barsieb in das gekühlte Cocktailglas seihen.

Between the Sheets
leicht-herber Shortdrink für den Abend

✦ Cocktailglas ✦ Shaker

- ✦ 5–6 Eiswürfel
- ✦ 2 cl Brandy
- ✦ 2 cl weißer Rum
- ✦ 2 cl Cointreau
- ✦ 2 Spritzer Zitronensaft

Die Eiswürfel in den Shaker geben, die Zutaten darüber gießen und alles gut schütteln. Danach den Drink durch das Barsieb in das vorgekühlte Cocktailglas seihen.

Brandy Fix
erfrischender Shortdrink für den Abend

✦ kleiner Tumbler ✦ Gästeglas

- ✦ 3 EL zerstoßenes Eis
- ✦ 3 cl Brandy
- ✦ 1 cl Cherry Brandy
- ✦ 1 cl Limetten- oder Zitronensaft

Dekoration:

- ✦ 1 Zitronenscheibe

Das zerstoßene Eis in den Tumbler geben. Die restlichen Zutaten darüber gießen und umrühren. Die Zitronenscheibe ins Glas geben. Mit einem Trinkhalm servieren.

Deauville
säuerlicher Shortdrink für den Abend

✦ Cocktailglas ✦ Shaker

- ✦ 1,5 cl Brandy
- ✦ 1,5 cl Calvados
- ✦ 1,5 cl Cointreau
- ✦ 1,5 cl Zitronensaft
- ✦ 5–6 Eiswürfel

Alle Zutaten im Shaker zusammen mit den Eiswürfeln gut schütteln und durch das Barsieb in das gekühlte Cocktailglas seihen.

East India

bekömmlicher Shortdrink für jeden Tag

✦ Cocktailglas ✦ Shaker

- ✦ 4 cl Brandy
- ✦ 1 cl Curaçao Orange
- ✦ 1 cl Ananassaft
- ✦ 1 Spritzer Angostura-Bitter
- ✦ 5–6 Eiswürfel

Dekoration:

- ✦ 1 Cocktailkirsche

Alle Zutaten im Shaker zusammen mit den Eiswürfeln schütteln und durch das Barsieb in das vorgekühlte Cocktailglas seihen. Die Kirsche an den Glasrand stecken.

Honeymoon

fruchtiger Shortdrink (After-Dinner-Drink)

✦ Cocktailglas ✦ Shaker

- ✦ 5–6 Eiswürfel
- ✦ 2 cl Calvados
- ✦ 2 cl Bénédictine
- ✦ 1 cl Curaçao Triple sec
- ✦ 1 cl Zitronensaft

Die Eiswürfel in den Shaker geben, die Zutaten darüber gießen und alles gut schütteln. Danach den Drink durch das Barsieb in das gekühlte Cocktailglas seihen.

Liberty

starker Shortdrink für den Abend

✦ Cocktailglas ✦ Rührglas

- ✦ 4 cl Calvados
- ✦ 2 cl weißer Rum
- ✦ 1 Spritzer Zuckersirup
- ✦ 7–8 Eiswürfel

Alle Zutaten im Rührglas zusammen mit den Eiswürfeln verrühren und durch das Barsieb in das gekühlte Cocktailglas seihen.

Jack Rose

fruchtig-aromatischer Shortdrink (Aperitif)

✦ Cocktailglas ✦ Shaker

- ✦ 4 cl Calvados
- ✦ 1 cl Limetten- oder Zitronensaft
- ✦ 1 cl Grenadine
- ✦ 5–6 Eiswürfel

Alle Zutaten im Shaker zusammen mit den Eiswürfeln schütteln. Den Drink durch das Barsieb in das gekühlte Cocktailglas seihen.

◀ *Honeymoon (o.), East India (li. u.), Jack Rose (re. u.)*

Bentley

ausgewogener Shortdrink (Aperitif)

✦ Cocktailglas ✦ Rührglas

- ✦ 3 cl Calvados
- ✦ 3 cl Dubonnet
- ✦ 7–8 Eiswürfel

Alle Zutaten im Rührglas zusammen mit den Eiswürfeln verrühren. Den Drink durch das Barsieb in das gekühlte Cocktailglas seihen.

Star

(Création Plaza Hotel, New York 1911) kräftiger Shortdrink für den Abend

✦ Cocktailglas ✦ Shaker

- ✦ 2,5 cl Calvados
- ✦ 2,5 cl Gin
- ✦ 1 cl Grapefruitsaft
- ✦ 1 Spritzer Vermouth dry
- ✦ 1 Spritzer Vermouth rosso
- ✦ 5–6 Eiswürfel

Alle Zutaten im Shaker zusammen mit den Eiswürfeln schütteln. Den Drink durch das Barsieb in das gekühlte Cocktailglas seihen.

Brooklyn

feinherber Shortdrink (Aperitif)

✦ Cocktailglas ✦ Rührglas

- ✦ 4 cl Canadian Whisky
- ✦ 2 cl Vermouth dry
- ✦ 1 Spritzer Maraschino
- ✦ 7–8 Eiswürfel

Alle Zutaten im Rührglas zusammen mit den Eiswürfeln verrühren und durch das Barsieb in das gekühlte Cocktailglas seihen.

Old Fashioned

kräftiger Shortdrink (Aperitif)

✦ kleiner Tumbler ✦ Gästeglas

- ✦ 1 Stück Würfelzucker
- ✦ 1 Spritzer Angostura-Bitter
- ✦ 2–3 cl Sodawasser
- ✦ 4 cl Bourbon Whiskey
- ✦ 3 Eiswürfel

Dekoration:

- ✦ 1 Cocktailkirsche
- ✦ ½ Orangenscheibe
- ✦ ½ Zitronenscheibe

Den Würfelzucker in den Tumbler legen und mit dem Angostura tränken. Sodawasser, Orangen- und Zitronenscheibe dazugeben. Den Zucker mit einem Löffel zerstoßen. Die Eiswürfel einfüllen, den Bourbon Whiskey darüber gießen und alles gut verrühren. Die Kirsche ins Glas geben.

Dandy

aromatischer Shortdrink (Aperitif)

✦ Cocktailglas ✦ Rührglas

✦ 3 cl Canadian Whisky
✦ 3 cl Dubonnet
✦ 3 Spritzer Cointreau
✦ 1 Spritzer Angostura-Bitter
✦ 7–8 Eiswürfel
Dekoration:
✦ 1 Stück Zitronenschale
✦ 1 Stück Orangenschale

Alle Zutaten im Rührglas zusammen mit den Eiswürfeln verrühren und durch das Barsieb in das vorgekühlte Cocktailglas seihen. Den Drink mit der Zitronen- und der Orangenschale abspritzen und sie ins Glas geben.

Affinity

halbtrockener Shortdrink für den Abend

✦ Cocktailglas ✦ Rührglas

✦ 4 cl Scotch Whisky
✦ 2 cl Vermouth rosso
✦ 2 Spritzer Angostura-Bitter
✦ 7–8 Eiswürfel

Alle Zutaten im Rührglas zusammen mit den Eiswürfeln verrühren und durch das Barsieb in das vorgekühlte Glas seihen.

Duchess

würziger Shortdrink (Aperitif)

✦ Cocktailglas ✦ Shaker

✦ 2 cl Pastis
✦ 2 cl Vermouth rosso
✦ 2 cl Vermouth dry
✦ 5–6 Eiswürfel

Alle Zutaten im Shaker zusammen mit den Eiswürfeln schütteln. Den Drink durch das Barsieb in das gekühlte Cocktailglas seihen.

Adonis

milder Shortdrink (Aperitif)

✦ Cocktailglas ✦ Rührglas

✦ 4 cl Sherry dry
✦ 2 cl Vermouth rosso
✦ 1 Spritzer Orange-Bitter
✦ 7–8 Eiswürfel
Dekoration:
✦ 1 Stück Orangenschale

Alle Zutaten im Rührglas auf Eis verrühren und durch das Barsieb in das gekühlte Cocktailglas seihen. Den Drink mit der Orangenschale abspritzen und diese ins Glas geben.

Rose

aromatischer Shortdrink (Aperitif)

✦ Cocktailglas ✦ Rührglas

- ✦ 4 cl Vermouth dry
- ✦ 1 cl Kirsch
- ✦ 1 cl Cherry Brandy
- ✦ 7–8 Eiswürfel

Dekoration:

- ✦ 1 Cocktailkirsche

Alle Zutaten im Rührglas zusammen mit den Eiswürfeln verrühren und durch das Barsieb in das vorgekühlte Cocktailglas seihen. Die Kirsche am Sticker ins Glas geben.

Bamboo

(Création Charlie Mahoney, Hoffman House, New York 1910)
leichter Shortdrink (Aperitif)

✦ Cocktailglas ✦ Rührglas

- ✦ 3 cl Sherry dry
- ✦ 3 cl Vermouth dry
- ✦ 1 Spritzer Orange-Bitter
- ✦ 7–8 Eiswürfel

Außerdem:

- ✦ 1 Stück Zitronenschale

Alle Zutaten im Rührglas zusammen mit den Eiswürfeln verrühren und durch das Barsieb in das vorgekühlte Cocktailglas seihen. Den Drink mit der Zitronenschale abspritzen und diese ins Cocktailglas geben.

London Fog

würziger Shortdrink (After-Dinner-Drink)

✦ Cocktailglas ✦ Shaker

- ✦ 3 cl Anisette
- ✦ 3 cl Crème de Menthe weiß
- ✦ 1 Spritzer Angostura-Bitter
- ✦ 5–6 Eiswürfel

Alle Zutaten im Shaker zusammen mit den Eiswürfeln kräftig schütteln und durch das Barsieb in das gekühlte Cocktailglas seihen.

Prairie Oyster

würziges Pick-me-up-Katergetränk (für den Tag „danach")

✦ Cocktailglas ✦ Gästeglas

- ✦ 1 TL Olivenöl
- ✦ 2 EL Tomatenketschup
- ✦ 3 Spritzer Worcestersauce
- ✦ 1 Prise Salz
- ✦ 1 Prise Pfeffer
- ✦ evtl. 1–2 Spritzer Tabasco
- ✦ 1 frisches Eigelb

Das Cocktailglas mit Olivenöl ausschwenken. Tomatenketschup, Worcestersauce und die Gewürze nacheinander in das Cocktailglas geben und gut verrühren. Zuletzt das Eigelb im Ganzen in die Mitte setzen. Mit einem Glas Wasser und einer Serviette servieren.

1920–1929

Der Cocktail erobert Europa – definitiv

Die Prohibition

Am 17. Januar 1920, um genau 12.00 Uhr mittags, beginnt in der Geschichte des Cocktails eine neue Zeitrechnung. In den Vereinigten Staaten setzt die Prohibition ein und wird per Gesetz bekräftigt: Öffentliche Lokale, in denen Alkohol ausgeschenkt wird, gibt es plötzlich nicht mehr. In New York verschwinden nicht nur die Saloons und Bars – natürlich gibt es die „Soda"-Clubs noch – es verschwindet auch eine ureigene amerikanische Tradition, die für heutige Gourmets unvorstellbar geworden ist, der „free lunch". Für einen lächerlich geringen Betrag konnte man sich in so berühmten Lokalen wie dem „Delmonico's" mittags zu Tisch begeben. Gerade mal einen Viertel Dollar (a quarter) musste man für einen fünf Gänge umfassenden Business-Lunch bezahlen – während natürlich die Getränke dazu, oft ein Cocktail und meistens der unverwüstliche Martini, entsprechend teurer waren. Das kostenlose Lunch-Buffet, im „Delmonico's" etwa, lockte mit Leckereien wie gekochten Eiern mit Kaviar, halbem Hummer, Hummer in Gelee oder warmem Roastbeef.

Mixen und Destillieren in den eigenen vier Wänden

William Grimes weiß, dass am Tag, an dem die Prohibition Gesetz wurde, in New York der „50-50-Club" eröffnet wurde. Das Etablissement lag über einer Garage an der 129 West/50th Street. Gegründet wurde der Club von 50 Mitgliedern, die allesamt einen Beitrag von 100 US-Dollar bezahlten, damit sie ihre Whiskeyflaschen in den mit ihren Namen beschrifteten Kästchen unterbringen konnten. Die Prohibition veränderte die Cocktailkultur in den USA nachhaltig. Während es schwierig wurde, in

Die Zeit der „großen Trockenheit" hat begonnen

Downtown einen Club oder ein „Speakeasy" – eine Art illegale Bar, wie sie in den 90er-Jahren dieses Jahrhunderts in vielen Städten Europas populär wurden – zu finden, in dem man ungestört einen Abend verbringen konnte, verlagerte sich die Kunst des Mixens – und des „Destillierens" – in die eigenen vier Wände.

Tatsächlich arbeiteten die Hersteller von Barutensilien auf Hochtouren, um den steigenden Bedarf an Shakern, Barlöffeln, Strainern, Eiszangen und anderen Geräten zu decken. Aber auch in den Glashütten standen die Öfen nicht still – der Ausstoß an Gläsern wollte nicht enden. Zum einen galt es, solche herzustellen, mit denen ein Drink gut zu kippen war, zum anderen, um die im Land aufgehenden Speakeasies mit Tablaren zu versorgen. Denn noch immer gilt Glas als das edelste Material, um so schwergewichtige Getränke wie Cognac, Whisky, Rum oder Gin zu tragen.

Das „neue Hobby" der Amerikaner: Destillieren in den eigenen vier Wänden

Der Badewannen-Gin

Gin, mittlerweile hinlänglich bekannt, zählte nach wie vor zum populärsten „Spirit", der auch zu Hause hergestellt werden konnte. Natürlich entsprach dieser synthetische Gin allem anderen als dem Destillat aus Getreide, parfümiert mit Wachholderbeeren. Selbst eine größere Wohnung in New York konnte kaum Platz für eine kleine Destillationsanlage bieten. Entstanden ist damals der berüchtigte „Badewannen"-Gin. Gebrannte Wasser konnte man in den USA nicht erstehen, indessen gab es in Apotheken reinen Alkohol zu kaufen – und Gin-Öl. Mit einigen Tropfen dieses Öls, mit 40 Prozent Alkohol und 60 Prozent Wasser entstand – der Begriff sei verziehen – ein Gesöff, das die Cocktailpartys belebte: Man traf sich zu Hause, um ohne Furcht vor dem Zugriff überraschend auftauchender FBI-Beamten trinken zu können. Diese Verlagerung des öffentlichen Trinkens in die eigenen vier Wände führte auch zu einer „Demokratisierung des Barbesuchs": Frauen galten nun als Gleichberechtigte auf der Suche nach „Good Fun" mit Cocktails.

Barkultur im Verborgenen

New Yorks Gastättenkultur erlebte in den ersten Jahren des später als „roaring twenties“ charakterisierten Jahrzehnts einen unaufhaltsamen Niedergang. Joseph Sobol, ein New Yorker Kolumnist, beschrieb den Broadway als „eine Ansammlung von Cafeterias“ und anderen langweiligen Institutionen, die mit einem Mal den Glanz aus der Theatermeile genommen hatten. Speakeasies waren so leicht nicht zu finden: Wer konnte sich etwa vorstellen, dass sich in einer Telefonzelle eine weitere Türe befand, die einem den Zutritt ins versteckte Cocktailparadies ermöglichte? Und natürlich gab es Passwörter, mit denen man einem „Sesam-öffne-Dich“ gleich ins flüssige Schlaraffenland gelangte. „Joe hat mich geschickt“ war eines der profaneren Stichwörter, die meisten Speakeasies verteilten Mitgliederausweise.

„Wilde“ Mischungen

Aber die Prohibition erlaubte es genauso, eine neue „Cocktailkultur“ entstehen zu lassen, die – unnötig, doch unvermeidlich – auch höchst eigensinnige Kombinationen entstehen ließ, wie Grimes den Bartender Johnny Brooks aus seinen Erinnerungen „Meine 35 Jahre hinter der Bartheke“ erzählen lässt.
So kreierte dieser einen Cocktail namens Cubanola. „Jemand kam in die Bar und bestellte einen Bacardi-Cocktail. Der schwarzgebrannte Rum, den wir damals hatten, war nicht gerade mit dem Original zu vergleichen, weshalb ich beschloss, ihn etwas aufzubessern.“ Brooks wechselte süße mit sauren Zutaten ab, um den Rum-Geschmack zu überdecken. Am Ende landeten Grenadine-Sirup, Orangensaft, Ananassaft, Zitronensaft und

Eiweiß im Cocktailglas – der Cubanola war geboren. Ein Drink, den es vorher nicht gegeben hatte und nachher nicht mehr geben würde. „So war es mit Tausenden von Kreationen des Cocktailzeitalters“, schreibt Grimes, „einer Bezeichnung, die nur Sinn macht, wenn Menge das Kriterium ist.“

Italien bereichert die Cocktail-Kultur

Freilich hinterlässt das Jahrzehnt auch Cocktails, die in die Geschichte eingegangen sind, darunter einige Champagner-Cocktails wie der Alfonso, der nebst dem perlenden Wein zusätzlich Angostura, Dubonnet und ein Stück Würfelzucker enthält. Ein Drink, den man anstelle des Champagners genauso gut mit Sherry Medium zubereiten kann und der sich nach Bohrmann als „milder Shortdrink“ für den Apéro eignet (je 3 cl Dubonnet und Sherry Medium).

Aber auch Vermouth-Drinks erlangen eine große Popularität – weniger in den Vereinigten Staaten als in Italien, dem Heimatland des Vermouths. Wer Wermut oder Vermouth – beide Schreibweisen sind erlaubt – einschenkt, trinkt nicht reinen Wein, sondern eine gekonnte Assemblage aus verschiedenen Ingredienzen. Als Grundlage verwenden die mittlerweile zahlreichen Hersteller in der Gegend von Turin vorwiegend einen trockenen Weißwein, der keinen ausgeprägten Geschmack aufweist. Trotzdem besteht heute eine Vielfalt an Aromen, was einerseits auf die geheimen Rezepturen der Hersteller zurückzuführen ist, andererseits auf die Natur mit ihrem üppigen Angebot aus dem Kräutergarten.

So finden sich in Vermouths unter anderem folgende Gewächse: Anis, Bittermandel, Chinarinde, Enzian, Ingwer, Rhabarber, Salbei, Vanille und Zimt. Das wichtigste und würzigste aller Kräuter ist jenes, das dem Getränk seinen Namen gibt, das Wermutkraut. In homöopathischen

Speakeasies – der „Zufluchtsort" für viele Amerikaner

Dosen genossen, ist das Wermutkraut anregend und aromatisierend. In alten Kulturen wurde es zuweilen als Heilkraut eingesetzt, vor allem bei Magenbeschwerden. Das im Wermut enthaltene Thujon kann allerdings bei einer Überdosis schädlich wirken. Der Wermut oder Vermouth machte bald auch als Massenware Karriere und fand seine eigene Klientel: „Wermutbrüder" – eine Sorte Trinker, die sich vorzugweise mit diesem Getränk Seelentrost spendete.

Negroni *Geschichten – eigentlich italienisch*

Vermouth-Klassiker unter den Cocktails sind der Americano und der Negroni, ein Brüderpaar sozusagen, dessen Herkunftsland schon im Namen enthalten ist: Italien. Der ältere Bruder ist der Americano, er soll nach Paul Harrington erstmals um das Jahr 1861 serviert worden sein und zwar in Gaspare Campari's Bar (Harrington sagt nicht, wo sie gewesen war, wir vermuten aber in Mailand). Ein nobles Etablissement, das damals von Opernkomponist Giuseppe Verdi und König Edward VII. besucht worden ist – später natürlich, wie könnte es anders sein, vom unverwüstlichen Ernest Hemingway.

Der Drink blieb namenlos, bis er während der Prohibitionszeit von den zahllos in Europa herumreisenden Amerikanern entdeckt wurde. Campari's Bar gab ihm nun schlicht den Namen nach der Nationalität seiner Trinker: Amerikaner gleich Americano auf Italienisch. Sie nahmen das Rezept mit in die USA, wo man Vermouth, damals noch als Medizinalgetränk klassifiziert, legal trinken durfte.

Gräfliche Herkunft

Der Negroni entstand genau in der Mitte dieses Jahrzehnts, und auch wenn seine Geburtsurkunde nicht mehr gut leserlich ist, die Geschichte um den Negroni entbehrt nicht jener Zufälligkeit, die zur Entstehung manch eines Cocktails beitrug:

In Florenz wohnte in den 20er-Jahren Graf Camillo Negroni, der sich regelmäßig mit Freunden in einer Bar traf. „Seinem" Americano wollte er allerdings zusätzlich zu Campari und Vermouth noch 2 cl Gin beigemischt haben. Und weil sich des Grafen Cocktail farblich nicht von dem seiner Freunde unterscheiden ließ, auch weil die Garnitur für den Americano wie für den Negroni die gleiche ist, brachte der Bartender des Grafen Cocktail mit dem Hinweis darauf, dass dies „der Negroni" sei.

Nun stellt es sich jedoch heraus, dass der Negroni offenbar schon früher getrunken worden ist. Paul Harrington hat bei der Firma Campari nachgeforscht. Dort vermutet man, dass der Cocktail schon vor rund hundert Jahren entstanden sei; der genaue Geburtsort soll ein Café Giacosa in Italien sein. Sicher ist nur, dass die Herstellerfirma des mittlerweile weltberühmt gewordenen Apéritifs in den 50er Jahren beschloss, den Cocktail definitiv als Negroni zu bezeichnen, um ihn von allen anderen Drinks zu unterscheiden, die mit Campari gemixt werden. Woher der Negroni auch immer kommt, seine Wirkung beschreibt der Mixologe Paul Harrington so: „Er ist ein äußerst wirksamer Aperitif, wenn unsere Wangen ein bisschen Farbe benötigen und unsere Schritte etwas vergnügter werden sollen."

Europa mausert sich zum Cocktail-Eldorado

Europas Bargänger hatten es tatsächlich besser als die „armen Schlucker" in den Vereinigten Staaten: Schon 1925 ließ der Herausgeber der Zeitschrift „Colliers" drei seiner Redakteure durch die Vereinigten Staaten reisen, um die Auswirkungen der Prohibition zu dokumentieren. Was sie an Ergebnissen mitbrachten, musste für die Temperenzler ziemlich ernüchternd gewesen sein: Das Gesetz wurde mit allen nur erdenklichen Mitteln gebrochen, was die Zeitschrift veranlasste, fünf Jahre nach Verhängung der Prohibition deren Aufhebung zu fordern. Die Zeitschrift verlor aufgrund des Beitrages 3 000 Leser – und gewann 400 000 neue hinzu.

Auswirkungen der Prohibition

Die Prohibition hatte aber nicht nur in den USA ihre Anhänger gefunden und enorme Auswirkungen auf einzelne Wirtschaftszweige gezeitigt. So wurde die Wirtschaft der Madeira Inseln vollständig ruiniert, die über Jahrhunderte vom Export ihrer Weine in die USA abhängig gewesen war. Das Produkt Madeira-Wein hat sich seither nie mehr erholt und die Stellung zurückerobert, das es vor der Prohibition besessen hatte. Auch in Australien hatten Temperenzler versucht, ein Ausschank- und Verkaufsverbot für alkoholische Getränke durchzusetzen – erfolglos. Am 5. Dezember 1920 lehnten es die Schotten ab, sich den täglichen Whisky verbieten zu lassen – wobei sich die Whiskybrennereien den Einsatz von Flugzeugen zu Nutze machten: Flugblätter mit der ultimativen Forderung „No chance“ fielen buchstäblich aus dem Himmel auf die Bevölkerung herab. Nur ein Wirtschaftszweig konnte sich an der Prohibition wirklich freuen. Verbürgt ist, dass die Amerikaner in den 20er-Jahren, zumindest in öffentlichen Lokalen, zu bekennenden Liebhabern von Kaffee, gesüßtem Mineralwasser und Frappés wurden.
Und doch: Schon 1928 wurden 1 565 Amerikaner gezählt, die am Genuss verdorbener Spirituosen – Fusel eigentlich – zu Tode gekommen waren. Hunderte sind erblindet, und einige im Kugelhagel umgekommen, den sich rivalisierende Schmuggelbanden in regelrechten Kriegen geliefert haben. Agenten des FBI und der Küstenwache haben jedes Jahr 75 000 Menschen festgenommen, die gegen den „Volstead Act“ verstoßen hatten – Verstöße übrigens, die offen begangen wurden: So lud etwa ein Wirt irgendwo in den USA die Menschen seiner Umge-

Am Ende hat nur die Mafia an der Prohibition ein gigantisches Vermögen verdient. Der Staat ging leer aus

bung ein, eine blinde Sau für 15 Cents zu bestaunen – ein Glas Bier inbegriffen. Schließlich war es ja nur verboten, alkoholische Getränke zu verkaufen. Der Anblick eines Schweins ohne Augenlicht hätte die Amerikaner wohl so sehr interessiert wie ein umgefallenes Rad in Peking …

Europa kommt groß raus

Es ist nicht verwunderlich, dass die Städte London, Paris und Berlin zu den Magneten der 20er-Jahre werden. In der Mitte des Jahrzehnts bricht in Berlin das Jazzfieber aus – zum ersten Mal spielt ein echtes „Neger-Jazz-Orchester". Seit man im Reich mit stabiler Rentenmark zahlen kann, leistet sich die Metropole Berlin nun auch ausländische Bands. Mit dem Jazz kommt nicht nur der Charleston-Tanz nach Europa: „Forty miles from whisky, and sixty miles from gin, I'm leaving this damn country for to live a life of sin", schrieb ein Anonymus. Der Erste Weltkrieg hatte eine ganze Generation von heimatlos gewordenen

Der Jazz prägt die „roaring twenties“

Intellektuellen wie Ernest Hemingway, Scott F. Fitzgerald, Dorothy Parker und reichen Witwen auf den alten Kontinent getrieben – Mitglieder einer als „lost generation“ bezeichneten Gesellschaftsgruppe.

Von der „Trockenheit“ nach Europa geschwemmt – amerikanische Barkeeper

Auf den weniger luxuriösen Decks der Passagierschiffe – nicht mehr ganz so groß wie einst die gesunkene Titanic – reiste das Fachpersonal mit, das in den ehemals noblen Bars in der Fifth Avenue und am Broadway arbeitslos geworden war: Barkeeper schifften sich gleich dutzendweise nach London und Paris ein. Paris versprach ein anderes Leben als in den moralinsauren Vereinigten Staaten. Aber auch Berlin konnte sich unter den europäischen Metropolen sehen lassen: Das Adlon etwa stand in seiner Blütezeit und beherbergte neben gekrönten Häuptern außerdem zahlreiche Poeten.

Europas Goldene Zwanziger

Ohnehin ist in Europa mehr los als in den USA – wenn man den freien Ausschank von Alkohol als Maß aller Dinge betrachtet. Das fanden nicht nur die aufstrebenden Dichter und Intellektuelle, die dem Land der Staubsauger entflohen waren. Paris erlebt vom 14. bis zum 25. November 1925 die erste Surrealismus-Ausstellung in der Galerie Pierre. Sie zeigt der staunenden Öffentlichkeit Werke von Hans Arp, Max Ernst, Man Ray, Joan Miró, André Masson, Pablo Picasso, Giorgio de Chirico und Pierre Roy. Mit Sergej Eisensteins Film „Panzerkreuzer Potemkin" gewinnt die noch junge Filmindustrie ein Werk von dokumentarischer Genauigkeit – wegweisend für Jahrzehnte. In Dessau wird das neue Bauhaus von Walter Gropius eingeweiht, Charles A. Lindbergh überfliegt als erster Pilot den Atlantik mit seiner Maschine „Spirit of St. Louis" – nach dem kurz nach der Landung ein Cocktail getauft wird. In Deutschland fahren nach einer Statistik aus dem Jahr 1927 bereits 218 000 Kraftfahrzeuge über noch kaum asphaltierte Straßen – sieht man von den Großstädten ab.

Die Bars boomen

Paris wird zur Metropole des Cocktails in diesen swingenden Zwanzigern. Auch wenn es doch eine ganze Weile gedauert hat, bis die Franzosen von ihren Weinen und vom Champagner ablassen konnten. Bereits 1889 wurde anlässlich der Weltausstellung in der Seine-Stadt eine veritable „American Bar" eingerichtet – bevor sie aber in den Hotels um den Place de la Madeleine, entlang der Champs-Élysées, ihre Türen öffneten, zog das 20. Jahrhundert ins Land.

Zeitgenossen erinnern sich in ihren Memoiren daran, dass in Paris die Bars wie Pilze aus dem Boden schossen und –

was für die Franzosen damals eine Sensation darstellte – auch von Frauen besucht wurden. Selbstbewusste Geschöpfe, die mit Bubikopffrisur und, gegen Ende des Jahrzehnts, mit immer kürzeren Röcken auf den Stühlen der Lokale thronten. Was niemanden zu wundern braucht, der das Interieur der damaligen Etablissements kannte: Edles Holz, mit Messing eingefasste Tresen und gläserne Lampen aus der Manufaktur von René Lalique – in der Summe alles Kleinode des Art déco, der in Frankreich zu höchster künstlerischer Blüte avancierte.

Bloody Mary

Geschichten – rot wie Blut

Eines schönen Tages im Jahr 1921 hatte der Barman Pete Petiot, der hinter der Theke der New York Bar in Paris stand, die goldene Idee, die Welt um einen Klassiker-Cocktail zu bereichern. Erstaunlicherweise kannte man in Frankreich, im Gegensatz zu anderen Ländern aus der Alten Welt, den Wodka als Spirituose. Wohlhabende Mitglieder der weitläufigen Zarenfamilie sowie andere Nobilitäten des russischen Reiches pflegten den rauen Moskowiter Wintern zu entfliehen und verbrachten die Monate von Oktober bis April jeweils an der Côte d'Azur am Mittelmeer. Aber auch die Pariser Salons wurden von den trinkfesten Russen heimgesucht – nicht immer zur Freude der anwesenden Gäste.

Ein Gemisch, das Augen öffnet

Die „blutige Maria“ ist ein Cocktail, der perfekt geeignet ist, die Nebelschwaden der vergangenen Nacht mit

einem Schluck zu verscheuchen. Amerikaner trinken ihn als „eye-opener“: Das Gemisch aus Wodka, Tomatensaft, Tabasco, Worcestersauce, Selleriesalz, Pfeffer und Zitronensaft ist wohl dazu angetan, den knurrenden Magen zunächst ganz einfach zu beruhigen. Gleichzeitig wirken Zutaten wie Tabasco, Worcestersauce und insbesondere der Zitronensaft als natürliche Appetitanreger.
Hervé Chayette und Alain Weill charakterisieren die Bloody Mary in ihrem hübschen Büchlein „Les Cocktails“ sehr treffend: „Selten erlebt man das Gefühl, nicht ganz genau zu wissen, ob man isst oder trinkt, ob es schlecht oder gut sei, ob man noch die Exzesse der vorangegangen Nacht verteufeln oder sich der Lust hingeben soll, gleich wieder einzusteigen, wo man aufgehört hat.“

Eine New Yorker Bar in Paris

Auf nach Paris! In der Seine-Metropole gab es in nobleren Hotels schon richtige Bars – die Weltausstellung von 1889 hatte spät erst ihre Spuren hinterlassen. Besucht wurden diese vor der Jahrhundertwende von seriösen Geschäftsherren. Damen waren hier eher seltener anzutreffen – wohl weil sie zum Hauptgesprächsstoff des männlichen Geschlechts kaum Interessantes hätten beitragen können: die bis heute ungebrochene Begeisterung für Pferderennen. Die „Turfistes“, wie diese Alleskenner rund ums Pferd genannt werden, hielten sich mit Vorliebe – vor und nach den Rennen – in diesen Bars auf. Kein schönerer Ort für ihre Fachsimpeleien.
Die berühmteste Bar von Paris, die heute noch existiert, ist die New York Bar. Gründer war der Jockey Tod Sloan, der mit einem Herrn namens Clancey geschäftlich ver-

bunden war. Clancey besaß eine Bar in New York und ließ das ganze Interieur nach Paris transportieren – vor der „Trockenlegung" der USA. Die beiden Besitzer engagierten den Barman Harry Mac Elhone, der das Lokal am 8. Februar, dem Geburtstag seines Sohnes Andy, übernahm und sie mit dem Zusatz „Harry's" versah: Harry's New York Bar Paris. Und mit ihm kamen nicht nur die bekannten Pferdenarren, sondern auch Geistes- und Showgrößen wie Hemingway, Fitzgerald, Moreau, Marlene Dietrich und Duras – doch zunächst einmal langsameren Schrittes auf dem langen Weg der Zeit.

Harry's New York Bar ...

... wurde zu einem der wichtigsten Etablissements für die Entwicklung der Cocktailgeschichte des Jahrzehnts. Aus den prohibitiv gewordenen Vereinigten Staaten geflüchtete Amerikaner brachten neben ihren Trinkgewohnheiten auch eine offenbar unversiegbare Lust an neuen Kreationen mit in die Seine-Stadt. Und auch heute noch zählen die Bargäste zu den wichtigsten Inspiratoren der Barkeeper.

Chayette/Weill nennen in ihrem Buch die Pariser Harry's Bar als Geburtsstätte von gleich vier Cocktailklassikern. Außer dem erwähnten Bloody Mary sollen hier auch 1925 der Harry's Pick-me-up und 1929 der White Lady als Cocktail zum ersten Mal gemixt worden sein. Wobei gerechterweise erwähnt werden muss, dass der White Lady lediglich eine gelungene Verwandlung eines bereits 1919 entstandenen Cocktails darstellt. Harry Mac Elhone hatte die Crème de Menthe Blanche (weißer Pfefferminzlikör) durch Gin ersetzt. Dies verlieh dieser „Weißen Dame" ein doch blasseres Aussehen, zumal das Originalrezept den beiden Autoren – und nicht nur denen – offenbar besser schmeckt: je ein Drittel Zitronensaft, weißer Pfefferminzlikör und Cointreau.

Die Prohibition verwandelte Amerika in ein Land der Soft-Drink-Bars – zumindest tagsüber …

Die Männer hinter der Bar

Vieles weiß man mittlerweile über die Entstehung von Cocktails – weniger indessen über die Menschen, die hinter der Bar stehen. Das Interesse der Öffentlichkeit an den Barmännern hält sich doch sehr in Grenzen. So weiß man heute über viele Barmen des 19. Jahrhunderts nur wenige Lebensdaten – außer von Professor Jerry Thomas, der 1825 „in einer stürmischen Winternacht" zur Welt kam und auf den Namen Jeremiah getauft wurde. Über sein Ableben bestehen jedoch keine gesicherten Daten. Die Werke hingegen, die die Barmänner hinterließen, sind wohlbekannt: Cocktails, die auf ihre Initiative hin in Büchern festgehalten wurden. Zahlreiche zeitgenössische Abbildungen ließen beispielsweise Thomas' berühmten „Blue Blazer" unsterblich werden.

In einem feuerfesten Mixglas setzte er eine hochprozentige Spiritouse in Brand und füllte anschließend heißes Wasser in ein anderes Glas. Nach dem Löschen des Lichts goss er das buchstäblich brennende Destillat mit einer eleganten Handbewegung ins heiße Wasser und zurück ins Mixglas. Mehrere Male hintereinander ausgeführt, erleuchtete ein blauer Strahl die Bar. Was die umstehenden Herren in ihren Gehröcken des 19. Jahrhunderts, den Zylindern und steifen Kragen in basses Erstaunen versetzte.

Showman und gleichzeitig Psychologe

Mit Fug und Recht darf man Jerry Thomas als Erfinder des Showmixens bezeichnen. Von da an präsentierten Barmänner auf der ganzen Welt immer wieder ihre artistische Begabung – wenn sie beispielsweise abends in der Bar die Eiswürfel hoch in die Luft sausen lassen, um sie nach einem Bogenflug in den Shaker krachen zu lassen.

Ein guter Barmann besitzt darum nicht wenig schauspielerisches Talent – auch wenn gelegentlich mehr der Psychologe denn der Clown hinter der Theke gefragt ist. Dass die Barkeeper indessen einen einsamen Beruf ausüben, müsste eigentlich verwundern – tut es aber nicht. Denn schon in den Frühzeiten der Cocktailkultur kam ein Barkeeper erst dann ins Bett, wenn seine Mitbürger und Gäste längst schon schliefen. Daran hat sich bis heute nichts geändert.

Die International Barkeeper Union

Auch aus diesem Grund bildeten die Barmänner schon zu Beginn dieses Jahrhunderts ihre eigene Innung. Zweck dieser geselligen Zusammenkünfte war natürlich – wie überall, wo sich solche Menschen trafen – der Informationsaustausch. Schon 1909 hatten einige Barmänner – darunter der Deutsche Hans Schönfeldt – im Schatten des Kölner Domes die IBU gegründet, die „International Barkeeper Union". Verständlich, dass sie mit dem Ende des Ersten Weltkrieges und dem Aufkommen der Prohibition auseinander gefallen war. Erst Mitte der 20er-Jahre wurden die Initiativen zur Wiederbelebung dieser Vereinigung ergriffen und führten zur Gründung zahlreicher nationaler Verbände.

Cocktail-Wettbewerbe

Natürlich hatten diese nationalen Verbände auch den Ehrgeiz, Wettkämpfe unter ihren Mitgliedern auszurichten. Überliefert ist der erste Cocktail-Wettbewerb aus dem Jahre 1927 in der Wiener Reiss Bar in der Dorotheergasse. Die Barmänner, die unter den gestrengen Augen, Nasen und Gaumen der Juroren ihre Cocktails mixten, kamen aus England, Frankreich, Holland, der Tschechoslowakei, Polen, Deutschland, Österreich und der Schweiz. Offenbar war diese Veranstaltung derart erfolgreich, dass noch im gleichen Jahr ein zweiter Wettbewerb in Prag durchgeführt wurde.

Zur ersten Competition – die Barmen bevorzugen die englischsprachige Bezeichnung für den Wettbewerb, wie auch für viele weitere Begriffe aus der mixologischen Welt – reichten die anwesenden Barmänner – über Frauen weiß der Chronist nichts zu erzählen – insgesamt 130 Cocktailrezepte ein. Gewinnen konnte diese Premiere übrigens ein Deutscher namens Johnny Hensen, dessen Rezept unter dem Namen Valencia berühmt wurde. Valencia deshalb, da der Barman eine Zeit lang in der Valencia Bar arbeitete. Der Zusammenhang offenbart eine psychologische Besonderheit der Barkeeper: Sie identifizieren sich äußerlich sehr eng mit dem Etablissement, in dem sie meistens als Angestellte ihrer Leidenschaft frönen. Je besser sie dies tun, umso mehr füllt dies die Taschen des Besitzers – und des Barkeepers, der sich über Trinkgelder auch heute noch ein beachtliches Zubrot verdient. Doch sehr zum Leidwesen der Cocktailkünstler wird dies bei der Bemessung des Salärs meist schon berücksichtigt.

Brandy Cobbler

bekömmlicher Cobbler für den Abend

✦ großes Cocktailglas
✦ Gästeglas

✦ 3 EL zerstoßenes Eis
✦ 4 cl Brandy
✦ 1 cl Curaçao Triple sec
✦ 1 TL Zuckersirup

Dekoration:

✦ Früchte der Saison (z.B. Pfirsich, Ananas, Cocktailkirsche)

Das zerstoßene Eis in das Cocktailglas geben. Brandy, Curaçao Triple sec sowie Zuckersirup darüber gießen und mit dem Eis verrühren. Die Früchte fantasievoll auf dem Eis anrichten. Mit einem kleinen Trinkhalm und einem Teelöffel servieren.

Port Wine Cobbler

vorzüglicher Cobbler (After-Dinner-Drink)

✦ großes Cocktailglas
✦ Gästeglas

✦ 3 EL zerstoßenes Eis
✦ 4 cl roter Portwein
✦ 1 cl Curaçao Triple sec
✦ 1 TL Zuckersirup

Dekoration:

✦ Früchte der Saison

Zuerst das zerstoßene Eis in das Cocktailglas geben. Die übrigen Zutaten darüber gießen und verrühren. Die Früchte in kleinen Stücken auf dem Eis anrichten. Mit einem Trinkhalm und einem Teelöffel servieren.

Sherry Cobbler

lieblicher Cobbler für den Sommer

✦ großes Cocktailglas
✦ Gästeglas

✦ 3 EL zerstoßenes Eis
✦ 4 cl Sherry medium
✦ 1 cl Curaçao Triple sec
✦ 1 TL Zuckersirup

Dekoration:

✦ Früchte der Saison

Das zerstoßene Eis in ein großes Cocktailglas geben. Die übrigen Zutaten darüber gießen und verrühren. Die Früchte fantasievoll auf dem Eis anrichten. Mit einem kleinen Trinkhalm und einem Teelöffel servieren.

Champagne Cocktail

prickelnder Champagnercocktail für jede Gelegenheit

✦ Champagnerkelch
✦ Gästeglas

✦ 1 Stück Würfelzucker
✦ 1 Spritzer Angostura-Bitter
✦ 1 cl Cognac
✦ 12 cl gut gekühlter Champagner
Dekoration:
✦ ½ Orangenscheibe
✦ 1 Cocktailkirsche

Den Würfelzucker im gekühlten Champagnerkelch mit dem Angostura tränken. Den Cognac darüber gießen, alles mit Champagner auffüllen und leicht umrühren. Die Orangenscheibe und die Kirsche ins Glas geben.

Black Velvet

feinherber Champagnercocktail für den Abend

✦ Champagnerkelch
✦ Gästeglas

✦ 7,5 cl gut gekühltes Guinness-Bier
✦ 7,5 cl eiskalter Champagner

Das Bier in den gekühlten Champagnerkelch gießen und vorsichtig mit dem Champagner auffüllen. Den Cocktail leicht verrühren.

Alfonso

würziger Champagnercocktail

✦ Champagnerkelch
✦ Gästeglas

✦ 1 Stück Würfelzucker
✦ 1 Spritzer Angostura-Bitter
✦ 4 cl Dubonnet
✦ 10 cl gut gekühlter Champagner
Außerdem:
✦ 1 Stück Zitronenschale

Den Würfelzucker im gekühlten Champagnerkelch mit dem Angostura tränken. Zuerst den Dubonnet, dann den Champagner darüber gießen und leicht verrühren. Den Drink mit der Zitronenschale abspritzen und diese ins Glas geben.

Harry's Pick-me-up

(Création Harry MacElhone, Harry's Bar, Paris 1925)
erfrischender Champagnercocktail für jeden Tag

✦ Champagnerkelch ✦ Shaker

✦ 2 cl Cognac
✦ 1 cl Zitronensaft
✦ 2 Spritzer Grenadine
✦ 5–6 Eiswürfel
✦ 12 cl gut gekühlter Champagner

Alle Zutaten außer Champagner im Shaker zusammen mit Eiswürfeln gut schütteln. Durch das Barsieb in den gekühlten Champagnerkelch seihen. Mit Champagner auffüllen und leicht umrühren.

French 75 (li.), Americano (re.)

French 75

(Création Harry's Bar, Paris 1925)
süffiger Champagnercocktail für heiße Tage

✦ Champagnerkelch ✦ Shaker

✦ 2 cl Gin
✦ 2 cl Zitronensaft
✦ 2 cl Zuckersirup
✦ 5–6 Eiswürfel
✦ 9 cl gut gekühlter Champagner

Alle Zutaten außer Champagner im Shaker zusammen mit den Eiswürfeln gut schütteln. Durch das Barsieb in den vorgekühlten Champagnerkelch seihen. Mit Champagner auffüllen und leicht umrühren.

Americano

leichter Shortdrink

✦ kleiner Tumbler ✦ Gästeglas

✦ ½ Orangenscheibe
✦ 3 Eiswürfel
✦ 3 cl Vermouth rosso
✦ 3 cl Campari
✦ nach Belieben Sodawasser zum Auffüllen

Außerdem:

✦ 1 Stück Zitronenschale

Die Orangenscheibe und die Eiswürfel in den Tumbler geben. Zuerst den Vermouth, dann den Campari darüber gießen und verrühren. Den Drink mit der Zitronenschale abspritzen und diese ins Glas geben.

Negroni
aromatischer Shortdrink (Aperitif)

✦ kleiner Tumbler ✦ Gästeglas

✦ 2 cl Vermouth rosso
✦ 2 cl Campari
✦ 2 cl Gin
✦ 3 Eiswürfel
Dekoration:
✦ ½ Orangenscheibe

Alle Zutaten in dem Tumbler zusammen mit den Eiswürfeln verrühren. Die halbe Orangenscheibe in das Glas geben.

Dubonnet Cocktail (Zaza)
würziger Shortdrink (Aperitif)

✦ Cocktailglas ✦ Rührglas

✦ 3 cl Dubonnet
✦ 3 cl Gin
✦ 7–8 Eiswürfel

Dubonnet und Gin im Rührglas zusammen mit den Eiswürfeln verrühren und durch das Barsieb in das gekühlte Cocktailglas seihen.

Old Trip
(Création Lee Dickson, Paris 1926) bekömmlicher Shortdrink für den Sommer

✦ Cocktailglas ✦ Rührglas

✦ 4 cl Vermouth dry
✦ 1 cl weißer Rum
✦ 1 cl Curaçao Triple sec
✦ 1 Spritzer Pernod
✦ 7–8 Eiswürfel

Alle Zutaten im Rührglas zusammen mit Eiswürfeln gut verrühren und durch das Barsieb in das gekühlte Cocktailglas seihen.

Pink Gin
kräftiger Shortdrink (Aperitif)

✦ Cocktailglas ✦ Gästeglas

✦ 2–3 Spritzer Angostura-Bitter
✦ 4 cl eisgekühlter Gin

Das gekühlte Cocktailglas mit dem Angostura ausschwenken. Den eisgekühlten Gin dazugeben und sofort servieren.

Fallen Angel

säuerlicher Shortdrink für den Sommer

✦ Cocktailglas ✦ Shaker

- ✦ 4 cl Gin
- ✦ 2 cl Zitronen- oder Limettensaft
- ✦ 2 Spritzer Crème de Menthe weiß
- ✦ 1 Spritzer Angostura-Bitter
- ✦ 5–6 Eiswürfel

Alle Zutaten zusammen im Shaker mit den Eiswürfeln schütteln und durch das Barsieb in das gekühlte Cocktailglas seihen.

Fairy Belle

aromatischer Shortdrink für jede Gelegenheit

✦ Cocktailglas ✦ Shaker

- ✦ 4,5 cl Gin
- ✦ 1,5 cl Apricot Brandy
- ✦ 1 frisches Eiweiß
- ✦ 1 TL Grenadine
- ✦ 5–6 Eiswürfel

Alle Zutaten im Shaker zusammen mit den Eiswürfeln gut schütteln. Durch das Barsieb in das gekühlte Cocktailglas seihen.

Fifty-Fifty

trockener Shortdrink (Aperitif)

✦ Cocktailglas ✦ Rührglas

- ✦ 3 cl Gin
- ✦ 3 cl Vermouth dry
- ✦ 7–8 Eiswürfel

Die Zutaten im Rührglas zusammen mit den Eiswürfeln verrühren und durch das Barsieb in das gekühlte Cocktailglas seihen.

Melon

süß-säuerlicher Shortdrink (After-Dinner-Drink)

✦ Cocktailglas ✦ Shaker

- ✦ 3 cl Gin
- ✦ 1,5 cl Maraschino
- ✦ 1,5 cl Zitronensaft
- ✦ 5–6 Eiswürfel

Alle Zutaten im Shaker zusammen mit den Eiswürfeln schütteln. Durch das Barsieb in das gekühlte Cocktailglas seihen.

► *Fallen Angel (o.), Fairy Belle (u.)*

White Lady

(Création Harry MacElhone, Harry's Bar, Paris 1929) süß-säuerlicher Shortdrink für alle Gelegenheiten

✦ Cocktailglas ✦ Shaker

- ✦ 3 cl Gin
- ✦ 1,5 cl Cointreau
- ✦ 1,5 cl Zitronensaft
- ✦ 5–6 Eiswürfel

Alle Zutaten im Shaker zusammen mit den Eiswürfeln kräftig schütteln und durch das Barsieb in das gekühlte Cocktailglas seihen.

Pink Lady

fruchtig-aromatischer Shortdrink für den Sommer

✦ Cocktailglas ✦ Shaker

- ✦ 4 cl Gin
- ✦ 1 cl Zitronensaft
- ✦ 1 cl Grenadine
- ✦ ½ frisches Eiweiß
- ✦ 5–6 Eiswürfel

Alle Zutaten im Shaker zusammen mit den Eiswürfeln gut schütteln. Durch das Barsieb in das gekühlte Cocktailglas seihen.

Caruso

erfrischender Shortdrink (After-Dinner-Drink)

✦ Cocktailglas ✦ Rührglas

- ✦ 2 cl Gin
- ✦ 2 cl Vermouth dry
- ✦ 2 cl Crème de Menthe grün
- ✦ 7–8 Eiswürfel

Alle Zutaten im Rührglas zusammen mit den Eiswürfeln verrühren und durch das Barsieb in das gekühlte Cocktailglas seihen.

Claridge

harmonischer Shortdrink für jede Gelegenheit

✦ Cocktailglas ✦ Rührglas

- ✦ 2 cl Gin
- ✦ 2 cl Vermouth dry
- ✦ 1 cl Cointreau
- ✦ 1 cl Apricot Brandy
- ✦ 7–8 Eiswürfel

Die Zutaten im Rührglas zusammen mit den Eiswürfeln verrühren und durch das Barsieb in das gekühlte Cocktailglas seihen.

Imperial

sehr trockener Shortdrink (Aperitif)

✦ Cocktailglas ✦ Rührglas

✦ 3 cl Gin
✦ 3 cl Vermouth dry
✦ 1 Spritzer Maraschino
✦ 7–8 Eiswürfel
Dekoration:
✦ 1 Olive

Alle Zutaten im Rührglas zusammen mit den Eiswürfeln verrühren. Durch das Barsieb in das gekühlte Cocktailglas seihen. Die Olive am Sticker ins Glas geben.

Knickerbocker

sehr trockener Shortdrink (Aperitif)

✦ Cocktailglas ✦ Rührglas

✦ 4 cl Gin
✦ 2 cl Vermouth dry
✦ 1 Spritzer Vermouth rosso
✦ 7–8 Eiswürfel
Außerdem:
✦ 1 Stück Zitronenschale

Alle Zutaten im Rührglas zusammen mit den Eiswürfeln verrühren und durch das Barsieb in das gekühlte Cocktailglas seihen. Den Drink mit der Zitronenschale abspritzen und diese ins Glas geben.

Journaliste

halbtrockener Shortdrink (Aperitif)

✦ Cocktailglas ✦ Shaker

✦ 3 cl Gin
✦ 1 cl Vermouth dry
✦ 1 cl Vermouth rosso
✦ 2 Spritzer Curaçao Triple sec
✦ 2 Spritzer Zitronensaft
✦ 1 Spritzer Angostura-Bitter
✦ 5–6 Eiswürfel

Alle Zutaten im Shaker zusammen mit den Eiswürfeln schütteln und durch das Barsieb in das gekühlte Cocktailglas seihen.

Leave it to me

ausgewogener Shortdrink

✦ Cocktailglas ✦ Shaker

✦ 2 cl Gin
✦ 1 cl Vermouth dry
✦ 1 cl Apricot Brandy
✦ 1 Spritzer Zitronensaft
✦ 1 Spritzer Grenadine
✦ 5–6 Eiswürfel

Alle Zutaten im Shaker zusammen mit Eiswürfeln schütteln. Den Drink durch das Barsieb in das gekühlte Cocktailglas seihen.

Parisian

aromatischer Shortdrink (Aperitif)

✦ Cocktailglas ✦ Rührglas

✦ 2,5 cl Gin
✦ 2,5 cl Vermouth dry
✦ 1 cl Crème de Cassis
✦ 7–8 Eiswürfel

Alle Zutaten im Rührglas zusammen mit den Eiswürfeln verrühren und durch das Barsieb in das gekühlte Cocktailglas seihen.

Opera

leicht-herber Shortdrink für den Abend

✦ Cocktailglas ✦ Rührglas

✦ 4 cl Gin
✦ 1 cl Dubonnet
✦ 1 cl Maraschino
✦ 7–8 Eiswürfel

Außerdem:

✦ 1 Stück Orangenschale

Alle Zutaten im Rührglas zusammen mit den Eiswürfeln verrühren und durch das Barsieb in das gekühlte Cocktailglas seihen. Den Drink mit der Orangenschale abspritzen und diese ins Glas geben.

Gimlet

frischer Shortdrink für den Sommer

✦ kleiner Tumbler ✦ Gästeglas

✦ 3–4 EL zerstoßenes Eis
✦ 4 cl Gin
✦ 2 cl Rose's Lime Juice

Dekoration:

✦ 1 Limettenscheibe

Das zerstoßene Eis in den Tumbler geben. Die Zutaten darüber gießen und umrühren. Die Limettenscheibe ins Glas geben.

Paradise

fruchtiger Shortdrink für jede Gelegenheit

✦ Cocktailglas ✦ Shaker

✦ 5–6 Eiswürfel
✦ 3 cl Gin
✦ 1,5 cl Apricot Brandy
✦ 1,5 cl Orangensaft

Die Eiswürfel in den Shaker geben, die übrigen Zutaten darüber gießen und alles gut schütteln. Den Drink durch das Barsieb in das gekühlte Cocktailglas seihen.

◂ *Parisian (o.), Paradise (u.)*

Alexandra

sahniger Shortdrink (After-Dinner-Drink)

✦ Cocktailglas ✦ Shaker

✦ 2 cl Gin
✦ 2 cl Crème de Cacao braun
✦ 2 cl Sahne
✦ 5–6 Eiswürfel

Alle Zutaten im Shaker zusammen mit den Eiswürfeln kurz schütteln und durch das Barsieb in das gekühlte Cocktailglas seihen.

Alexander's Sister

cremiger Shortdrink (After-Dinner-Drink)

✦ Cocktailglas ✦ Shaker

✦ 2 cl Gin
✦ 2 cl Crème de Menthe grün
✦ 2 cl Sahne
✦ 5–6 Eiswürfel

Alle Zutaten im Shaker zusammen mit den Eiswürfeln kurz und kräftig schütteln. Danach durch das Barsieb in das gekühlte Cocktailglas seihen.

Wedding Belle

(der Lieblingsdrink an der Bar auf der S.S. Mauretania) fruchtiger Shortdrink (Aperitif)

✦ Cocktailglas ✦ Shaker

✦ 2 cl Gin
✦ 2 cl Dubonnet
✦ 1 cl Cherry Brandy
✦ 1 cl Orangensaft
✦ 5–6 Eiswürfel

Alle Zutaten im Shaker zusammen mit den Eiswürfeln schütteln. Den Drink durch das Barsieb in das gekühlte Cocktailglas seihen.

Rolls Royce

aromatischer Shortdrink (Aperitif)

✦ Cocktailglas ✦ Rührglas

✦ 3 cl Gin
✦ 1,5 cl Vermouth dry
✦ 1,5 cl Vermouth rosso
✦ 1 Spritzer Bénédictine
✦ 7–8 Eiswürfel

Alle Zutaten im Rührglas zusammen mit den Eiswürfeln verrühren und durch das Barsieb in das gekühlte Cocktailglas seihen.

Old Pal

(Création Sparrow Robinson, Paris 1929)
leicht-bitterer Shortdrink (Aperitif)

✦ Cocktailglas ✦ Rührglas

✦ 2 cl Canadian Whisky
✦ 2 cl Vermouth dry
✦ 2 cl Campari
✦ 7–8 Eiswürfel

Alle Zutaten im Rührglas zusammen mit den Eiswürfeln verrühren und durch das Barsieb in das gekühlte Cocktailglas seihen.

Oriental

erfrischender Shortdrink für heiße Tage

✦ Cocktailglas ✦ Shaker

✦ 3 cl Canadian Whisky
✦ 1 cl Vermouth rosso
✦ 1 cl Curaçao Triple sec
✦ 1 cl frisch gepresster Limettensaft
✦ 5–6 Eiswürfel

Alle Zutaten im Shaker zusammen mit den Eiswürfeln kurz schütteln und durch das Barsieb in das gekühlte Cocktailglas seihen.

New 1920

ausgewogener Shortdrink (Aperitif)

✦ Cocktailglas ✦ Rührglas

✦ 3 cl Canadian Whisky
✦ 1,5 cl Vermouth dry
✦ 1,5 cl Vermouth rosso
✦ 1 Spritzer Orange-Bitter
✦ 7–8 Eiswürfel
Außerdem:
✦ 1 Stück Orangenschale

Alle Zutaten im Rührglas zusammen mit den Eiswürfeln verrühren und durch das Barsieb in das gekühlte Cocktailglas seihen. Den Drink mit der Orangenschale abspritzen und diese ins Glas geben.

Olympic

fruchtiger Shortdrink für alle Gelegenheiten

✦ Cocktailglas ✦ Shaker

✦ 2 cl Brandy
✦ 2 cl Curaçao Triple sec
✦ 2 cl Orangensaft
✦ 5–6 Eiswürfel

Alle Zutaten im Shaker zusammen mit den Eiswürfeln schütteln und durch das Barsieb in das gekühlte Glas seihen.

Side-car

erfrischender Shortdrink für den Abend

✦ Cocktailglas ✦ Shaker

✦ 3 cl Cognac
✦ 1,5 cl Cointreau
✦ 1,5 cl Zitronensaft
✦ 5–6 Eiswürfel

Alle Zutaten im Shaker zusammen mit den Eiswürfeln schütteln. Durch das Barsieb in das gekühlte Cocktailglas seihen.

Alexander

sahniger Shortdrink (After-Dinner-Drink)

✦ Cocktailglas ✦ Shaker

✦ 2 cl Cognac
✦ 2 cl Crème de Cacao braun
✦ 2 cl Sahne
✦ 5–6 Eiswürfel

Alle Zutaten im Shaker zusammen mit den Eiswürfeln schütteln. Den Drink durch das Barsieb in das gekühlte Cocktailglas seihen.

Mary Pickford

fruchtig-exotischer Shortdrink für den Sommer

✦ Cocktailglas ✦ Shaker

✦ 3 cl weißer Rum
✦ 3 cl Ananassaft
✦ 1 TL Grenadine
✦ 1 Spritzer Maraschino
✦ 5–6 Eiswürfel

Alle Zutaten im Shaker zusammen mit den Eiswürfeln schütteln. Den Drink durch das Barsieb in das gekühlte Cocktailglas seihen.

Shanghai

aromatischer Shortdrink für heiße Tage

✦ Cocktailglas ✦ Shaker

✦ 3 cl brauner Rum
✦ 1 cl Anisette
✦ 2 cl Zitronensaft
✦ 2 Spritzer Grenadine
✦ 5–6 Eiswürfel

Alle Zutaten im Shaker zusammen mit den Eiswürfeln kräftig schütteln und durch das Barsieb in das gekühlte Cocktailglas seihen.

▶ *Alexander (o.), Mary Pickford (u.)*

Robson

fruchtiger Shortdrink (Aperitif)

✦ Cocktailglas ✦ Shaker

- ✦ 3 cl brauner Rum
- ✦ 1,5 cl Grenadine
- ✦ 1,5 cl Zitronensaft
- ✦ 1 cl Orangensaft
- ✦ 5–6 Eiswürfel

Alle Zutaten im Shaker zusammen mit den Eiswürfeln schütteln und durch das Barsieb in das gekühlte Cocktailglas seihen.

Sherry Cocktail

milder Shortdrink für den Nachmittag

✦ Cocktailglas ✦ Rührglas

- ✦ 5 cl Sherry medium
- ✦ 1 TL Vermouth dry
- ✦ 1 TL Orange-Bitter
- ✦ 7–8 Eiswürfel

Alle Zutaten im Rührglas zusammen mit den Eiswürfeln gut verrühren und durch das Barsieb in das gekühlte Glas seihen.

Bloody Mary

(Création Pete Petiot, Harry's Bar, Paris 1921) pikanter Pick-me-up (Aperitif)

✦ großer Tumbler ✦ Gästeglas

- ✦ 2 Spritzer Zitronensaft
- ✦ 1 Prise Selleriesalz
- ✦ 1 Prise schwarzer Pfeffer aus der Mühle
- ✦ 2 Spritzer Worcestersauce
- ✦ evtl. 1 Spritzer Tabasco
- ✦ 4 cl eisgekühlter Wodka
- ✦ 10 cl gekühlter Tomatensaft

Dekoration:

- ✦ 1 Stück Stangensellerie

Den Zitronensaft und die Gewürze in dem Tumbler verrühren. Den Wodka und den Tomatensaft dazugeben und alles mit einem Barlöffel gut verrühren. Das Selleriestück ins Glas geben.

Nikolaschka

kräftiger Shortdrink zum Verdauen

✦ kleines Likörglas
✦ Gästeglas

- ✦ 4 cl eisgekühlter Wodka oder nicht gekühlter Cognac

Dekoration:

- ✦ 1 Zitronenscheibe
- ✦ ½ TL Kaffeepulver
- ✦ ½ TL Zucker

Den eisgekühlten Wodka oder den Cognac in das Likörglas gießen. Die Zitronenscheibe mit Kaffeepulver und Zucker bestreuen und auf das Glas legen. Mit einer Papierserviette servieren.

1930–1939

Aus der „Grossen Trockenheit“ in den Weltkrieg

Ein US-Präsident als Mixologist

Es ist verbürgt und aufgeschrieben: Wenn der amerikanische Präsident Franklin Delano Roosevelt die Amtsgeschäfte eines Tages beendet hatte, der wuchtige Schreibtisch in seinem Oval Office im Weißen Haus von allem Papierkram befreit war, griff der US-Präsident gerne zum Glas und mixte sich einen – Dry Martini.

Der englische Schauspieler und Dramatiker Noël Coward beschrieb die Szenerie treffend: „Da standen einige Gläser und Flaschen verschiedener Größe für Short- und Longdrinks auf dem soliden, businesslike ausgestatteten Schreibtisch. Dazu einige Schalen mit Oliven, Nüssen und Käsestreifen sowie ein Eisbehälter, ein Plättchen mit Zitronenschnitzen, eine Schale mit braunem Zucker, zwei verschiedene Bitters sowie ein imponierender Shaker aus Silber. Zwischen diesen Flaschen und Geräten bewegten sich die Hände des Präsidenten sicher und elegant, ob seine Augen nun das verfolgten, was er gerade tat oder nicht: Er war scheinbar sehr stolz auf seine Fähigkeiten als Barman und er hatte allen Grund dazu." Tatsächlich gehörte der Dry Martini zu den Lieblingsdrinks des damaligen US-Präsidenten – allerdings zählte er sich zur „stirring school", soll heißen, er bevorzugte, seinen Martini im Mixglas zu rühren.

Die Prohibition – ein Schnitt ins eigene Fleisch

13 Jahre, 10 Monate, 19 Tage, 17 Stunden und 32,5 Minuten hatte das Gesetz seine absolute Wirkungslosigkeit demonstriert. Dennoch hielten 22 unverbesserliche und von moralinsauren Gouverneuren regierte Staaten am Ausschankverbot fest; sie gelten heute noch als „dry

states", wo in Restaurants kein Alkohol ausgeschenkt werden darf. Die Folgen davon hat der Autor dieser Lektüre bei einem Aufenthalt als Koch im Bundesstaat North Carolina am eigenen Leib erfahren dürfen: Wo kein Alkohol zum Essen fließen darf, entsteht auch keine gastronomische Vielfalt, die ihren Namen verdient.
Die Prohibition stellte sich als Schnitt ins eigene Fleisch des Staates heraus, der solche abstrusen Maßnahmen überhaupt erst zuließ. Nicht allein deshalb, weil die Menschen gleichwohl taten, was sie nicht lassen wollten, nämlich alkoholische Getränke in jeder Form und Menge zu konsumieren. William Grimes hat ausgerechnet, dass die Amerikaner während der Prohibitionszeit für 36 Milliarden US-Dollar – illegal – Spirituosen mit teils eigenartiger Zusammensetzung gekauft hatten: Jeder Finanzminister müsste sich die Haare raufen angesichts dieser horrenden Zahl: Die Ausfälle an Steuereinnahmen während dieser Zeit wurden nie nachgerechnet. Nicht zuletzt aus diesem Grund wurde die Prohibition am 5. Dezember 1933 letztlich ganz aufgehoben, nachdem am 7. April des gleichen Jahres bereits der Verkauf von Bier und Wein wieder zugelassen worden war.

Die ehrenwerte Gesellschaft

Für Herstellung, Vertrieb und Verkauf der schwarzgebrannten Wasser fühlte sich auch eine Gesellschaft in den USA zuständig, die man leicht beschönigend als die „ehrenwerte" bezeichnet. Die Mafia hatte das Geschäft total unter Kontrolle und verdankte vor allem der Prohibition ihren Aufstieg zu jener Wirtschaftsmacht, als die sie sich heute präsentiert. Das totale Alkoholverbot ermöglichte die Entstehung eines Staates im Staate, der sich an der Prohibition dumm und dämlich verdiente – mit Mitteln, die aus den Gangsterfilmen über die 30er Jahre wohl bekannt sind.

Präsident Roosevelt beendete Amerikas „trockenes“ Zeitalter. Groß danach der Andrang in jeder Bar

Auf Trinkurlaub in Kanada

Doch nicht nur das organisierte Verbrechen kam während der Prohibition zu ungeahntem Reichtum: Nachbar Kanada wurde neben der von Florida aus leicht zu erreichenden Karibikinsel Kuba zu einem beliebten Ausflugsland. Dort lernten die amerikanischen Besucher die Vorzüge des Canadian Whisky schätzen, obschon sie eigentlich lieber einen Whisky aus der Kornkammer – insbesondere Kentucky – des eigenen Landes genippt hätten. Zumal die Touristen in den Kneipen der kanadischen Städte nicht das gediegene Interieur einer Floridita Bar vorfanden.

Zeitgenössische Postkarten aus dem „nassen Land“ Kanada, die US-Bürger auf „Trinkurlaub“ gerne nach Hause schickten, zeigen einen fröhlichen Zecher, der mit Zigarre im Mund in einem riesigen See badet. Seine Aufforderung ist unzweideutig: „Come on up. We’re swimming in it up here in Canada“. Kommt mal her Leute, wir schwimmen darin hier in Kanada. Vor dem Trunkenbold baden ein leeres Fass Whisky und einige Flaschen in einem Gewässer, das – die Annahme ist erlaubt und beabsichtigt – ganz aus Whisky besteht.

Die Depression beendet die Prohibition

Für die Produktion des Canadian Whisky zeichnete eine Firma verantwortlich, die heute auf dem Weltmarkt eine führende Stellung in Produktion und Vertrieb von gebrannten Wassern einnimmt: Seagram. Die erst 1925 von den Gebrüdern Samuel und Allan Bronfman übernommene, 1870 gegründete Destillerie setzte während der Prohibitionszeit Millionen Liter von Spirituosen ab. Die Temperenzlerbewegung hatte ihr, wenn auch unbeabsichtigt, zu einer führenden Position auf dem Weltmarkt verholfen, die sie noch heute besitzt.
Letztlich gab es einige, durchaus noble Gründe, die Prohibition aufzuheben: Die große Depression hatte das Land erfasst. Millionen von Menschen, die im Gefolge des Börsencrashs von 1929 ihre Arbeit verloren hatten, würden durch eine Legalisierung des Alkoholverkaufs von der neu aufzubauenden – legalen – Wirtschaft profitieren und vom Arbeitsmarkt aufgenommen. Und jene, die noch Arbeit hatten, verdienten 1933 im Vergleich zu 1929 bis zu 40 Prozent weniger. Franklin Delano Roosevelt hatte darum auch knallharte wirtschaftliche Facts zu beachten, als er leichten Herzens sein Gesetz zur Aufhebung der Prohibition unterschrieb.

Das Ende „abenteuerlichster" Cocktails

Tatsächlich fallen in das Jahr 1933 Neugründungen diverser Destillerien, die dringend benötigte Arbeitsplätze schufen. Zwar mittlerweile von Getränkekonzernen im

großen Stil aufgekauft, halten sie doch noch heute Stellung auf dem lokalen US-Markt. Zugleich kauften die mächtigen Spirituosenhändler, allen voran Seagram, nur lokal bedeutende Kleindestillerien auf und konnten binnen kurzer Zeit „national brands" etablieren. Marken, die heute auf der ganzen Welt verbreitet sind, wie etwa der „Four Roses"-Whiskey. Dass diese wirtschaftliche Expansionspolitik selbst den US-Behörden nicht verborgen blieb, belegt eine Klage der amerikanischen Regierung gegen kanadische Destillerien mit einem Streitwert von über 60 Millionen US-Dollar für entgangene Steuern aus dem Spirituosenverkauf. Der Betrag wird später auf lediglich drei Millionen US-Dollar reduziert, von dem die Hälfte Seagram zu bezahlen haben würde.
Die Prohibition hat vieles unnötig kompliziert, was auch einfacher hätte gemacht werden können: Cocktails. Exotische und zum Teil abenteuerliche Drinks, nur gemixt, um den meist hausgemachten Alkohol mit vielen Frucht- und anderen Säften zu „ertränken". Niemand wollte sich schließlich bei einer Kontrolle durch die hiesige Polizei erwischen lassen. Diese Cocktails verschwanden augenblicklich wieder aus den Shakern und Köpfen der Barmixer.

After-Dinner-Drinks – Erlebnisse der Sonderklasse

Die Zeitschrift „Esquire" veröffentlichte zu jener Zeit eine Liste der Cocktails, die zu den „schlimmsten" zählten, darunter der Bronx, Alexander, Orange Blossom, Pink Lady und – wer hätte das gedacht – alle Sorten von Pousse-Cafés. Kein Wunder, denn dieser eher auf physikalischen Gesetzen denn auf einem geschmacklichen Erlebnis der Sonderklasse beruhende Cocktail, versetzt

Die „große Trockenheit" hat ein Ende

noch heute fast jeden Bartender in arge Nöte: Einerseits, weil die dazu notwendigen Spirituosen kaum noch im Handel sind, andererseits, weil dafür ein erhebliches Fingerspitzengefühl notwendig ist. Ein „Utensil", das mit dem heutigen Trend zum „American High-Speed-Mixing" in keiner Weise in Einklang zu bringen ist. Diese After-Dinner-Drinks sind zwar eine Augenweide, in unserer Zeit indessen vollkommen aus der Mode geraten, denn es gilt, die Gesetze der Schwerkraft gründlich zu beachten. Nein, eigentlich wollten die Amerikaner solcherlei gekünstelt gemixte Drinks nicht mehr in ihre von schlechtem Fusel ruinierten Mägen kippen. Und, sorry, aber für solche Drinks fehlt heute den meisten Mixern die Zeit. Selbst hartnäckige „Barflies" dürften mit einer solchen Bestellung in vielen Fällen auf taube Ohren stoßen.

Die meisten Barmänner dürften auch kaum noch wissen, welche Spirituosen von ihrem spezifischen Gewicht her schwerer und welche leichter sind, sodass diese Kunst wie vieles andere langsam auszusterben droht. Später allerdings tauchen diese Pousse-Cafés wieder aus der Versenkung auf, allerdings in Form von Shots – eine beliebte

„Kurzform" von Cocktails, bei der man geringere Mengen von Spirituosen oder Liköre in ein Shotglas gießt. Manchmal wird einfach die Menge eines Cocktails auf zwei Shotgläser aufgeteilt.

Die Geburt der alkoholfreien Cocktails

Gleichwohl, die Prohibition hat einer neuen Kategorie von Cocktails Platz gemacht: Alkoholfreie Drinks beginnen auf sämtlichen Barkarten dieser Welt ihren Platz einzunehmen – den sie bis zum Jahrhundertende kontinuierlich ausbauen. Cocktailfans, die keineswegs auf die gekonnte Mischung von verschiedenen Säften verzichten wollten, begannen sich mit einem Florida oder einem Pussy Foot zu begnügen. Letzterer besteht aus Orangensaft, Zitronensaft, Ananassaft und Grenadine. Aber auch Frappés, mit Likören verfeinert, kamen in Mode. Vor allem in Frankreich begann man die Crème de Cassis Frappé oder Crème de Menthe Frappé nach dem Mittagessen zu genießen – meist ein Likör, der mit crushed ice vermischt und mit einem Trinkhalm serviert wird.

Die „neue" Sachlichkeit

Das Mutterland des Cocktails, die USA, kehrte zu den einfacheren Cocktails zurück. Wohl auch eine Reaktion auf die überhitzten 20er-Jahre, in den Staaten als „Jazz-Age" gekennzeichnet. Man mochte es wieder einfacher, unprätentiöser – der legalisierte Zugang zu Bars und Restaurants ließ die Hektik der Prohibitionszeit vergessen, in der man aus Furcht vor Strafen einem von der Moral diktiertem, zweifelhaften Vergnügen nachging. Und nicht zuletzt erinnern viele Chronisten des 20. Jahrhunderts

Die Zeit der „neuen Sachlichkeit" prägt die Kunst – und die Cocktails

daran, dass die Amerikaner in 13 Jahren Prohibition vergessen hatten, wie die einfachen, gut gebrannten Spirituosen wie Whiskey und Gin schmeckten. Es schien, als brauchte man auf einmal diese mit überbordender Fantasie gemixten Cocktails nicht mehr.

Die „neue Sachlichkeit" als kulturelle Bewegung spiegelte eine gesellschaftliche Ausrichtung wider, die jeglichem Firlefanz seine Berechtigung absprach. Nicht verwunderlich, dass auch die Cocktails davon nicht verschont blieben. Amerika zog sich zurück auf Golfplätze oder in pri-

vate Bibliotheken. Dies suggerierten zumindest die zeitgenössischen Anzeigenkampagnen der Spirituosenhändler. Die rebellischen Jugendlichen von einst, die mit ihrem ungestümen Drang nach Spaß die „roaring twenties“ zu dem gemacht haben was sie sind, waren – man glaubt es nicht – in die Jahre gekommen.
Man schätzte wieder das Einfache, aber Gute und lernte währenddessen eine Organisation kennen, die am 10. Juni 1935 in den USA gegründet wird: Alcoholics Anonymous, besser bekannt unter dem Kürzel AA. Deren Väter sind Bill Wilson und Dr. Robert H. Smith. Wilson, dessen Anonymität bis zu seinem Tod 1971 gewahrt bleibt, wird vom englischen Schriftsteller Aldous Huxley später als einer „der größten Sozialarchitekten unserer Zeit“ bezeichnet werden – denn es darf bei allem fröhlichen Umgang mit Cocktails nicht vergessen werden, dass es bei allen Genussmitteln auch um eine Frage des Maßes geht.

Savoy *Geschichten – einsamer Klassiker*

Natürlich haben die amerikanischen Barmänner nach Aufhebung der Prohibition wieder den Weg zurück in ihre Heimat angetreten – wenn auch einige blieben und in Paris oder London eigene Bars eröffneten, um ihre Mixkunst dort weiterzupflegen. Die Auswirkungen des Alkoholverbots haben Europa in Bezug auf Cocktails unbestreitbar „kolonialisiert“. Zeugnis dieses erfolgreichen „Kulturexports“ aus der Neuen in die Alte Welt ist das Savoy Cocktail Book, das 1930 zum ersten Mal erschienen ist und – 70 Jahre nach der Ersterscheinung – noch immer als das Rezeptbuch der Cocktailgeschichte betrachtet werden muss.

Mit Holzschnitten als Illustrationen und zahllosen Rezepten, die sowohl Cocktails aus der Prä-Prohibitionszeit beschreiben als auch solche, die in Europa kreiert worden sind, zählt das heute vergriffene und auch in Antiquariaten gesuchte Werk zu den einsamen Klassikern der Cocktailliteratur. Verfasser der Rezepte war Harry Craddock, der in der Savoy Bar des gleichnamigen Hotels im Londoner West End seiner Lieblingsbeschäftigung nachging und zahllose Bargänger begeisterte.

Zuverlässige Rezepte

Das Savoy Cocktail Book ist insofern ein Glücksfall für das 20. Jahrhundert, weil es Rezepte aus dem 19. Jahrhundert beinhaltet und auch die Klassiker der ersten drei Jahrzehnte enthält. Außerdem, so sagen Bartender im Gespräch immer wieder, ist es in Sachen Rezepte von unschlagbarer Zuverlässigkeit: Einen Cocktail aus dem Savoy kann man unbesehen übernehmen und mixen.

Trotz Kriegsgrollen am Horizont – die Menschen feiern

Europa schlitterte unaufhaltsam in die Katastrophe. Seit Hitlers Machtergreifung im Jahre 1933 bereiteten sich die Menschen – aus berechtigter Furcht vor einem neuen Krieg – auf härtere Zeiten vor. Trotzdem, in den Hauptstädten und kulturellen Zentren Europas hatte sich der Cocktail etabliert, und nicht nur dort. Im St. Moritzer Palace Hotel regiert während 25 Saisons der Barchef Gustav A. Doebeli – vom 10. Dezember 1928 bis zum Winter 1940/41. Seine Dienstzeit fällt in die Zwischenkriegsjahre – am Abend vor Hitlers Einmarsch in Polen stirbt unwiderruflich eine große Epoche der Hotelbars, auch in der „neutralen“ Schweiz. Bei Doebeli verkehrt die ganze Welt – die noble und die andere. Zu seinen Gästen zählt er Fürsten und andere Blaublüter zuhauf, aber auch Künstler, Literaten – und Kampftrinker.

Planters Punch in St. Moritz

Einem solchen Exemplar von Bargänger widmet der moralisch intakte, aufmerksame und gleichwohl listige Doebeli einige Zeilen in seinen Memoiren über die Zeit in der Palace Bar: „Unsere Bekanntschaft“, so erinnert er sich an einen seltsamen Amerikaner, „begann an einem schönen Augustabend. Gegen nachmittag um fünf Uhr setzte sich Dick zu mir an die Bar, blickte mich herausfordernd an und bestellte einen Planters Punch. Was das wohl wieder war? Ich besaß in meinem Gedächtnis bestimmt ein Riesenregister von Drinks aller Arten, aber dieser Name war neu für mich. Ohne meine Frage erst abzuwarten, mit einem maliziösen Lächeln, sagte Dick: ‚Geben Sie mir die Flaschen, old man! Ich will Ihnen zeigen, wie man einen Planters Punch mixt. Zunächst einmal ein Whiskeyglas. Ohne Eis. Jetzt eine Flasche Baccardi-Rum, Cointreau, Cognac Martell, Gordon’s Gin.‘ Ich holte die Flaschen vom Gestell und reihte sie vor ihm auf. Was wohl daraus entstehen soll?
Dick ergriff den Rum und goss ein. ‚Das reicht für einen doppelten Punch!‘ Nun kam der Cointreau an die Reihe, bis das Glas halb voll war. Anschließend mindestens 2 Gläser mit Cognac, noch 1 Glas Gin, dann 1 TL Grenadinesirup und 1 TL Lime juice. ‚Sie wollen dieses Gift doch nicht trinken, Sir?‘ – ‚Was denn sonst? Anschauen? So, jetzt gießen Sie das alles in den Shaker und schütteln Sie, bis es schäumt – und jetzt ein Fläschchen Schweppes-Soda.‘ Ich goss die dunkelschäumende Brühe ins Whiskeyglas zurück, Dick goss etwas Schweppes nach, ergriff

das Glas und trank das Ganze, als wäre es schäumendes, dunkles Bier. „Schmeckt herrlich – kosten Sie mal!' – ‚Danke, Sir. Ich muss noch arbeiten.'"

Ein neuer Luxusliner

Das Jahrzehnt kennt kaum Drinks, deren Ursprung auf diese Dekade zurückzuführen wäre – die Entstehung einiger Drinks auf Whisky-Basis muss den veränderten Verhältnissen in den USA zugeschrieben werden: Champagner-Cocktails und Highballs sowie Brandy-Drinks beherrschen die Barszene.

Hingegen durfte das Jahrzehnt einige kulinarische Entdeckungen feiern – und wieder einmal die Entstehung eines neuen Luxusliners bewundern. Gut zwanzig Jahre nach dem Untergang der Titanic entsteht in Frankreich die S.S. Normandie, die mit 79 280 Bruttoregistertonnen zu den Schwergewichten der Meere zählt und den Atlantik in Rekordzeit überquert. Tatsächlich übertraf dieses Schiff an Größe und Motorleistung die Titanic um fast das Doppelte.

Der Speisesaal des Luxusliners war dem Spiegelsaal des Schlosses von Versailles nachempfunden. Die Küche maß 20 mal fünf Meter und war mit 30 Kochstellen und 32 Öfen bestückt. Darin arbeiteten 187 Köche, neun Fleischer, sechs Sommeliers, zehn Bäcker und 15 Konditoren. Bei jeder Atlantiküberquerung – sie findet in einer Rekordzeit von vier Tagen, elf Stunden und 42 Minuten statt – lädt das Schiff 60 000 Eier, 4 000 Hühner, 20 Tonnen Kartoffeln, 16 Tonnen Fleisch, sechs Tonnen Fisch, 24 000 Flaschen Wein sowie 7 000 Flaschen Champagner und edlere Crus unter den Weinen. Insgesamt 38 000 Teller und 30 000 Gläser stehen den fleißigen Bediensteten zur Verfügung.

Fortschritt und Bewahrung

Zurück in den USA entwickeln findige Ingenieure Produkte, die noch heute unverzichtbare Bestandteile von Bars geworden sind. So entdeckten Symes Hoyt und Richard Botley von der Dole-Company 1933 ein Verfahren, das es ermöglichte, Ananassaft zu konservieren. Ein Schub an Investitionen und Verkäufen für die gesamte Industrie auf Hawaii. Seagrams 7 Crown Whisky wird zum Verkaufshit in den USA. In Frankreich hingegen findet die erste Hauptversammlung der „Confrèries des Chevaliers du Tastevin" statt, einer von Georges Faiveley und Camille Rodier gegründeten Bruderschaft zur Promotion von Burgunderweinen, die schon bald auch in anderen Ländern entstehen sollte.

Gesund bis ins hohe Alter durch Cocktails?

In seinem Haus in Monte Carlo stirbt am 12. Februar 1935 im Alter von 88 Jahren der Küchenchef Auguste Escoffier, der schon für Napoleon III., drei französische Präsidenten, Queen Victoria, Edward VII., George V. und Kaiser Wilhelm gekocht hatte. Erst im Alter von 74 Jahren setzte sich der umtriebige Gastronom und Kochbuchautor zur Ruhe. Aus den Saucen, die er kreiert hatte und den Hotels, die mittlerweile seinen Namen trugen, hatte er kaum Lizenzeinkünfte. Er lebte von den Ersparnissen, die er sich aus den Honoraren für Zeitungsartikel angelegt hatte.

Sein hohes Alter schrieb Escoffier unter anderem einem Drink zu, den er täglich zu sich nahm: Ein frisches Eigelb, schaumig gerührt, einige Löffel Zucker in wenig Champagner auflösen und alle Zutaten in ein Glas heiße Milch gegeben.

Ein Jahr vor seinem Tod hatte Escoffier noch ein Buch unter dem Titel „Über die Küche“ geschrieben, bei dem die Verleger einige allzu intime Äußerungen über die von ihm bedienten gekrönten Häupter der Zensur opferten. Für den Gastronom der ersten Jahrhunderthälfte bestand ein ideales Essen aus einer Suppe, einem Stück Braten, begleitet von zwei verschiedenen Gemüsen, einer süßen Nachspeise, einem Schluck Marsala dazu, rotem Bordeaux und zum krönenden Abschluss Champagner. Zwei Jahre nach Escoffiers Tod tritt ein anderer Chef als Autor in seine Fußstapfen: Der schon 68 Jahre alte Henri Paul Pellaprat veröffentlicht das zum Standardwerk der zweiten Jahrhunderthälfte avancierte Kochbuch „L'art culinaire moderne“ – „Die moderne Kochkunst“.

Bar *Geschichten – unverkennbar Harry's*

Das Jahrzehnt wäre unvollständig, ohne die Geschichte von Harry's Bar in Venedig zu erzählen, die am 13. Mai 1931 in der Calle Vallaresso eröffnet wird. Arrigo Cipriani, der Gründer der Bar, erzählt in seinen Memoiren die mittlerweile berühmt gewordene Geschichte ihrer Entstehung mit einem Darlehen, das er einem gewissen Harry Pickering gewährt hatte: „Während ich also die Erinnerungen an Utesky loszuwerden versuchte und den Mut fasste, Giulietta die Geschichte zu beichten, beschloss ich, Harry Pickering 10 000 Lire zu borgen. Das war viel Geld für einen einfachen Barkeeper wie mich, der anfangs drei Lire pro Stunde in einer Konditorei verdient hatte. Glücklich zog er ab, während ich, weniger glücklich, nichts anderes tun konnte als auf ihn zu warten. Wir schrie-

Harry's Bar – eine wahre Legende

ben den Winter 1930. Amerika steckte mitten in der Großen Depression, aber ich verlor nie die Hoffnung. Endlich, an einem kalten Februarmorgen, tauchte er in der Bar auf und begrüßte mich voller Überschwang. ‚Cipriani, vielen, vielen Dank. Hier ist Ihr Geld. Und nehmen Sie auch das hier, als Zeichen meiner Dankbarkeit. Wir können es benutzen, um zusammen eine Bar aufzumachen.'

‚Auch das hier', waren 40 000 Lire.
‚Wir wollen sie Harry's Bar nennen', sagte er.
Ich war glücklich.
Einige Tage später klopfte jemand morgens an das Glasfenster, das auf die Straße hinter der Europa-Bar ging. Es war Giulietta. ‚Giuseppe', sagte sie, ‚ich habe Harry's Bar entdeckt.'
Es handelte sich um das frühere Warenlager einer Seilerei – etwa fünf mal neun Meter – das zur Miete angeboten wurde. Darin war sogar Platz für eine kleine Küche und eine Vorratskammer."

Eine Bar ohne Schnickschnack

Von der ursprünglichen Harry's Bar sind lediglich die dunkel getäfelten Holzwände und die Schwingtür geblieben, die in Vorratskammer und Küche führt – und heute natürlich auch in die erste Etage, wo sich die begüterten Venezianer und die Touristen zum mittlerweile weltberühmt gewordenen Carpaccio und anderen Köstlichkeiten aus Ciprianis Küche zu Tisch begeben. Richtigerweise muss man noch erwähnen, dass der ebenso famose Cocktail Bellini in den ersten Jahren der Harry's Bar in Venedig entstanden ist. Seinen Namen, den dazugehörenden Ruhm und somit seine weltweite Verbreitung erhält Cocktail aber erst im Jahre 1948, als Venedig eine große Bellini-Ausstellung ausrichtet.
Dass man in Harry's Bar diesen aus Pfirsichpüree und Prosecco gemixten Durstlöscher auch schon in den 30er-Jahren getrunken haben könnte, verrät das eher schmucklose Interieur: Ein relativ kurzer Tresen, einige Tische, höchstens vier Barhocker und eine Registrierkasse. Kein überflüssiger venezianischer Barock oder andere „Füllsel" sind in dem Raum zu finden – schlicht wie die Einrichtung ist auch der Bellini.

King Alfonso

lieblicher Pousse-Café (After-Dinner-Drink)

✦ Likörglas ✦ Gästeglas

✦ 4 cl Kaffeelikör Kahlúa
✦ 2 cl Sahne

Den Kaffeelikör in das Likörglas gießen, dann die Sahne vorsichtig über einen Teelöffelrücken auf den Likör fließen lassen. Die einzelnen Schichten dürfen nicht ineinander laufen.

Angel's Kiss

bekömmlicher Pousse-Café für den Nachmittag

✦ Likörglas ✦ Gästeglas

✦ 4 cl Crème de Cacao braun
✦ 2 cl Sahne

Den Crème de Cacao in das Likörglas geben und die Sahne vorsichtig über einen Barlöffel über den Likör geben. Die einzelnen Schichten dürfen nicht ineinander laufen.

French Pousse-Café

fruchtig-aromatischer Pousse-Café (After-Dinner-Drink)

✦ Likörglas ✦ Gästeglas

✦ 2 cl Erdbeersirup
✦ 2 cl Anisette
✦ 2 cl Curaçao blue

Den Erdbeersirup in das Likörglas geben. Dann den Anisette und anschließend den Curaçao blue vorsichtig über einen verkehrt gehaltenen und am inneren Glasrand anliegenden Barlöffel auf den Likör fließen lassen. Die einzelnen Schichten dürfen nicht ineinander laufen.

Italien Pousse-Café

würzig-lieblicher Pousse-Café für besondere Gelegenheiten

✦ Likörglas ✦ Gästeglas

✦ 2 cl Grenadine
✦ 2 cl Curaçao Triple sec
✦ 1 cl Crème de Menthe grün
✦ 1 cl Wodka

Zuerst den Grenadine in das Likörglas geben. Dann den Curaçao Triple sec vorsichtig über einen Barlöffelrücken auf den Sirup fließen lassen. Zuletzt den Crème de Menthe mit dem Wodka in einem Messbecher verrühren und langsam über einen Barlöffelrücken ins Glas fließen lassen. Die einzelnen Schichten dürfen nicht ineinander laufen.

Angel's Kiss (li.), French Pousse-Café (Mi.), Italian Pousse-Café (re.)

Pousse-Café Van Gogh

süßlicher Pousse-Café (After-Dinner-Drink)

✦ Likörglas ✦ Gästeglas

✦ 1,5 cl Himbeersirup
✦ 1,5 cl Crème de Menthe grün
✦ 1,5 cl Kümmel
✦ 1,5 cl Cognac

Die Zutaten in der angegebenen Reihenfolge schichtweise über einen Teelöffelrücken ins Likörglas fließen lassen. Die einzelnen Schichten dürfen nicht ineinander laufen.

Ohio

würziger Champagnercocktail für den Abend

✦ Champagnerkelch
✦ Rührglas

✦ 2 cl Canadian Whisky
✦ 1 cl Curaçao Triple sec
✦ 1 cl Vermouth rosso
✦ 1 Spritzer Angostura-Bitter
✦ 7–8 Eiswürfel
✦ 10 cl gut gekühlter Champagner

Alle Zutaten außer Champagner im Rührglas zusammen mit den Eiswürfeln verrühren und durch das Barsieb in den gekühlten Champagnerkelch seihen. Mit Champagner auffüllen und umrühren.

Prince of Wales

(Création Jack Van Land, Harry's Bar, Le Touquet 1936) ausgewogener Champagnercocktail (Aperitif)

✦ Champagnerkelch
✦ Gästeglas

✦ 2 cl Cognac
✦ 2 cl Curaçao Triple sec
✦ 1 Spritzer Angostura-Bitter
✦ 12 cl gut gekühlter Champagner

Dekoration:

✦ ½ Orangenscheibe
✦ 1 Cocktailkirsche

Alle Zutaten außer dem Champagner in den gekühlten Champagnerkelch geben. Mit Champagner auffüllen und leicht umrühren. Die Orangenscheibe und die Cocktailkirsche ins Glas geben.

◂ *IBU-Cocktail*

IBU-Cocktail

(anlässlich der Olympischen Spiele in Deutschland 1936 kreiert) fruchtig-erfrischender Champagnercocktail für jede Gelegenheit

✦ Champagnerkelch ✦ Shaker

✦ 2 cl Cognac
✦ 2 cl Apricot Brandy
✦ 2 cl Orangensaft
✦ 4–5 Eiswürfel
✦ 8 cl gut gekühlter, trockener Sekt oder Champagner

Alle Zutaten bis auf Sekt oder Champagner zusammen mit den Eiswürfeln im Shaker schütteln und durch das Barsieb in den gekühlten Champagnerkelch seihen. Mit Sekt oder Champagner auffüllen und leicht umrühren.

Hemingway

(Création Frank Meier, Ritz Bar, Paris) aromatischer Champagnercocktail (Aperitif)

✦ Champagnerkelch
✦ Gästeglas

✦ 2 cl Pernod
✦ 1 cl Zitronensaft
✦ 12 cl gut gekühlter Champagner

Den Pernod und den Zitronensaft in den gekühlten Champagnerkelch gießen. Mit Champagner auffüllen und leicht umrühren.

Mimosa (Buchs Fizz)

fruchtiger Champagnercocktail für den Empfang

- Champagnerglas
- Gästeglas

- 4 cl frisch gepresster Orangensaft
- 6 cl gut gekühlter Champagner

Den Orangensaft in das gekühlte Champagnerglas geben, mit Champagner auffüllen und umrühren.

Crème de Menthe Frappé

erfrischendes Frappé (After-Dinner-Drink)

- großes Cocktailglas
- Gästeglas

- 2–3 EL zerstoßenes Eis
- 4 cl Crème de Menthe grün

Das zerstoßene Eis in das Cocktailglas geben. Den Crème de Menthe darüber gießen. Mit einem kurzen Trinkhalm sofort servieren.

Bénédictine Frappé

würziges Frappé (After-Dinner-Drink)

- großes Cocktailglas
- Gästeglas

- 2–3 EL zerstoßenes Eis
- 4 cl Bénédictine (Kräuterlikör)

Das zerstoßene Eis und den Bénédictine in das Cocktailglas geben. Mit einem kurzen Trinkhalm servieren.

Anisette Frappé

liebliches Frappé für den Nachmittag

- großes Cocktailglas
- Gästeglas

- 2–3 EL zerstoßenes Eis
- 4 cl Anisette

Das zerstoßene Eis in das Cocktailglas geben. Den Anisette darüber gießen. Mit einem kurzen Trinkhalm sofort servieren.

▶ *Crème de Menthe Frappé (o.), Anisette Frappé (u.)*

Crème de Cassis Frappé

fruchtig-erfrischendes Frappé zum Essen

✦ großes Cocktailglas
✦ Gästeglas

✦ 2–3 EL zerstoßenes Eis
✦ 4 cl Crème de Cassis

Das zerstoßene Eis in das Cocktailglas geben. Den Cassislikör darüber gießen und mit einem kurzen Trinkhalm sofort servieren.

Horse's Neck

erfrischender Highball für jede Gelegenheit

✦ Longdrinkglas ✦ Gästeglas

✦ 4 Eiswürfel
✦ 1 Zitronenschalenspirale
✦ 4 cl Brandy
✦ 16 cl Ginger-ale

Zunächst die Eiswürfel und dann die Zitronenschalenspirale in das Longdrinkglas geben. Den Brandy darüber gießen, mit Ginger-ale auffüllen und umrühren. Mit einem Trinkhalm servieren.

Bourbon Highball

aromatischer Highball für den Abend

✦ Longdrinkglas ✦ Gästeglas

✦ 4 Eiswürfel
✦ 1 Zitronenschalenspirale
✦ 4 cl Bourbon Whiskey
✦ 16 cl Ginger-ale

Die Eiswürfel und die Zitronenschalenspirale in das Longdrinkglas geben. Mit Bourbon Whiskey und Ginger-ale auffüllen, umrühren. Mit einem Trinkhalm servieren.

Rum Highball

erfrischender Highball für den Sommer

✦ Longdrinkglas ✦ Gästeglas

✦ 4 Eiswürfel
✦ 1 Zitronenschalenspirale
✦ 4 cl weißer Rum
✦ 16 cl Ginger-ale

Zunächst die Eiswürfel und dann die Zitronenschalenspirale in das Longdrinkglas geben. Den Rum darüber gießen, mit Ginger-ale auffüllen und umrühren. Mit einem Trinkhalm servieren.

Leap Frog

spritziger Highball
für heiße Tage

✦ Longdrinkglas ✦ Gästeglas

✦ 4 Eiswürfel
✦ 4 cl Gin
✦ 1 cl Zitronensaft
✦ 15 cl Ginger-ale

Die Eiswürfel in das Longdrinkglas geben. Die übrigen Zutaten darüber gießen und umrühren. Mit einem Trinkhalm servieren.

Pussy Foot

bekömmlicher Drink ohne Alkohol (After-Dinner-Drink)

✦ großes Cocktailglas
✦ Shaker

✦ 8 cl Orangensaft
✦ 2 cl Zitronensaft
✦ 1 cl Grenadine
✦ 1 frisches Eigelb
✦ 5–6 Eiswürfel

Alle Zutaten im Shaker zusammen mit den Eiswürfeln schütteln. Den Drink durch das Barsieb in das Cocktailglas seihen.

Orgeat Fizz

leichter Drink ohne Alkohol
für den Nachmittag

✦ Longdrinkglas ✦ Shaker

✦ 2 cl Zitronensaft
✦ 2 cl Mandelsirup
✦ 6–8 Eiswürfel
✦ Sodawasser zum Auffüllen

Den Zitronensaft und den Mandelsirup im Shaker zusammen mit 3 bis 4 Eiswürfeln schütteln und durch das Barsieb in das Longdrinkglas seihen. 3 bis 4 Eiswürfel dazugeben, mit Sodawasser auffüllen und umrühren. Mit einem Trinkhalm servieren.

Florida

fruchtiger Drink ohne Alkohol

✦ Longdrinkglas ✦ Shaker

✦ 8 cl Orangensaft
✦ 4 cl Grapefruitsaft
✦ 2 cl Zitronensaft
✦ 2 cl Zuckersirup
✦ 6–8 Eiswürfel
✦ Sodawasser zum Auffüllen

Dekoration:

✦ Früchte der Saison

Alle Zutaten außer dem Sodawasser im Shaker zusammen mit 3 bis 4 Eiswürfeln schütteln und in das Longdrinkglas seihen. 3 bis 4 Eiswürfel dazugeben, alles mit Sodawasser auffüllen und umrühren. Die Früchte an den Glasrand stecken. Mit einem Trinkhalm servieren.

Virgin Mary

pikanter Drink ohne Alkohol (Aperitif)

✦ großer Tumbler ✦ Gästeglas

✦ 2 Spritzer Zitronensaft
✦ 1 Prise Selleriesalz
✦ 1 Prise schwarzer Pfeffer
✦ 2 Spritzer Worcestersauce
✦ evtl. 1 Spritzer Tabasco
✦ 15 cl Tomatensaft
Dekoration:
✦ 1 Stück Stangensellerie

Den Zitronensaft und die Gewürze in dem Tumbler verrühren. Danach den Tomatensaft dazugeben und alles mit einem Löffel gut verrühren. Das Selleriestück ins Glas geben.

Dome

(Création Carey, Bar at the Café Dôme, Paris 1935) aromatischer Shortdrink für den Abend

✦ Cocktailglas ✦ Shaker

✦ 2 cl Gin
✦ 2 cl Dubonnet
✦ 2 cl Anisette
✦ 1 TL Mandelsirup
✦ 5–6 Eiswürfel

Alle Zutaten im Shaker zusammen mit den Eiswürfeln schütteln. Den Drink durch das Barsieb in das gekühlte Cocktailglas seihen.

Queen Mary

erfrischender Shortdrink für heiße Tage

✦ Cocktailglas ✦ Shaker

✦ 1 cl Gin
✦ 1 cl Grand Marnier
✦ 1 cl Curaçao Triple sec
✦ 1 cl Vermouth dry
✦ 1 cl Zitronensaft
✦ 5–6 Eiswürfel

Alle Zutaten im Shaker zusammen mit den Eiswürfeln kräftig schütteln. Durch das Barsieb in das gekühlte Cocktailglas seihen.

Gin and French

feinherber Shortdrink (Aperitif)

✦ Cocktailglas ✦ Rührglas

✦ 4 cl Gin
✦ 2 cl Vermouth dry
✦ 7–8 Eiswürfel
Außerdem:
✦ 1 Stück Zitronenschale

Alle Zutaten im Rührglas zusammen mit den Eiswürfeln verrühren und durch das Barsieb in das gekühlte Cocktailglas seihen. Den Drink mit der Zitronenschale abspritzen und diese ins Glas geben.

▶ *Queen Mary (o.), Dome (u.)*

Charlie Chaplin (li.), Bobby Burns (re.)

Charlie Chaplin

fruchtiger Shortdrink
für jede Gelegenheit

✦ Cocktailglas ✦ Shaker

- ✦ 3 cl Gin
- ✦ 1,5 cl Apricot Brandy
- ✦ 1,5 cl Zitronensaft
- ✦ 5–6 Eiswürfel

Alle Zutaten im Shaker zusammen mit den Eiswürfeln schütteln und durch das Barsieb in das gekühlte Cocktailglas seihen.

Bobby Burns

ausgewogener Shortdrink
für den Abend

✦ Cocktailglas ✦ Rührglas

- ✦ 3 cl Scotch Whisky
- ✦ 3 cl Vermouth rosso
- ✦ 3 Spritzer Bénédictine
- ✦ 7–8 Eiswürfel

Alle Zutaten im Rührglas zusammen mit den Eiswürfeln verrühren und durch das Barsieb in das gekühlte Cocktailglas seihen.

Flying Scotchman

ausgewogener Shortdrink (Aperitif)

✦ Cocktailglas ✦ Rührglas

- ✦ 3 cl Scotch Whisky
- ✦ 3 cl Vermouth rosso
- ✦ 1 Spritzer Angostura-Bitter
- ✦ 1 Spritzer Zuckersirup
- ✦ 7–8 Eiswürfel

Alle Zutaten im Rührglas zusammen mit dem Eis verrühren und durch das Barsieb in das gekühlte Cocktailglas seihen.

Scotch Mist

erfrischender Shortdrink für den Abend

✦ kleiner Tumbler ✦ Gästeglas

- ✦ 3–4 EL zerstoßenes Eis
- ✦ 4 cl Scotch Whisky

Dekoration:

- ✦ 1 Stück Zitronenschale

Den Tumbler mit dem zerstoßenen Eis füllen. Den Whisky darüber gießen und die Zitronenschale dazugeben. Mit einem Trinkhalm servieren.

New York

bekömmlicher Shortdrink für jede Gelegenheit

✦ Cocktailglas ✦ Shaker

- ✦ 4 cl Canadian Whisky
- ✦ 2 cl Limetten- oder Zitronensaft
- ✦ 1 TL Zucker
- ✦ 2 Spritzer Grenadine
- ✦ 5–6 Eiswürfel

Außerdem:

- ✦ 1 Stück Orangenschale

Alle Zutaten im Shaker zusammen mit den Eiswürfeln schütteln und durch das Barsieb in das gekühlte Cocktailglas seihen. Den Drink mit der Orangenschale abspritzen und diese ins Glas geben.

Paddy Cocktail

aromatischer Shortdrink (Aperitif)

✦ Cocktailglas ✦ Rührglas

- ✦ 3 cl Irish Whiskey
- ✦ 3 cl Vermouth rosso
- ✦ 1 Spritzer Angostura-Bitter
- ✦ 7–8 Eiswürfel

Alle Zutaten im Rührglas zusammen mit den Eiswürfeln verrühren und durch ein Sieb in das gekühlte Cocktailglas seihen.

Stinger

würziger Shortdrink (After-Dinner-Drink)

✦ Cocktailglas ✦ Rührglas

✦ 4 cl Cognac
✦ 2 cl Crème de Menthe weiß
✦ 7–8 Eiswürfel

Alle Zutaten im Rührglas zusammen mit den Eiswürfeln verrühren und durch das Barsieb in das vorgekühlte Cocktailglas seihen.

Mikado

süßlicher Shortdrink (After-Dinner-Drink)

✦ Cocktailglas ✦ Shaker

✦ 3 cl Brandy
✦ 1 cl Curaçao Triple sec
✦ 1 cl Crème de Noyaux
✦ 1 cl Mandelsirup
✦ 1 Spritzer Angostura-Bitter
✦ 5–6 Eiswürfel

Alle Zutaten im Shaker zusammen mit den Eiswürfeln schütteln. Durch das Barsieb in das gekühlte Cocktailglas seihen.

Bombay

leicht herber Shortdrink (Aperitif)

✦ Cocktailglas ✦ Rührglas

✦ 3 cl Brandy
✦ 1,5 cl Vermouth dry
✦ 1,5 cl Vermouth rosso
✦ 2 Spritzer Curaçao Orange
✦ 1 Spritzer Angostura-Bitter
✦ 7–8 Eiswürfel

Alle Zutaten im Rührglas zusammen mit den Eiswürfeln verrühren und durch ein Sieb in das gekühlte Cocktailglas seihen.

Eva

bekömmlicher Shortdrink für den Abend

✦ Cocktailglas ✦ Shaker

✦ 4 cl Cognac
✦ 1 cl Apricot Brandy
✦ 1 cl Orangensaft
✦ 5–6 Eiswürfel
Außerdem:
✦ 1 Stück Orangenschale

Alle Zutaten im Shaker zusammen mit den Eiswürfeln schütteln und durch das Barsieb in das gekühlte Cocktailglas seihen. Den Drink mit der Orangenschale abspritzen.

Cassis-Kirsch

würzig-milder Longdrink für den Sommer

✦ kleiner Tumbler ✦ Gästeglas

- ✦ 2 cl Kirsch
- ✦ 2 cl Cassissirup
- ✦ kaltes Sodawasser zum Auffüllen

Kirsch und Cassissirup in den Tumbler gießen, mit Sodawasser auffüllen und umrühren.

Omnibus

süffiger Fancy Drink für den Nachmittag

✦ mittelgroßer Tumbler ✦ Gästeglas

- ✦ 3 EL zerstoßenes Eis
- ✦ 2 cl Kirsch
- ✦ 2 cl Himbeersirup
- ✦ Sodawasser zum Auffüllen

Das zerstoßene Eis in den Tumbler geben. Kirsch und Himbeersirup darüber gießen, mit Sodawasser auffüllen und umrühren. Mit einem Trinkhalm servieren.

Flying Dutchman

starker Shortdrink (Aperitif)

✦ kleiner Tumbler ✦ Shaker

- ✦ 5 cl Genever
- ✦ 1 Spritzer Curaçao Triple sec
- ✦ 1 Spritzer Limettensaft
- ✦ 7–8 Eiswürfel

Alle Zutaten im Shaker zusammen mit 4 bis 5 Eiswürfeln gut schütteln und durch das Barsieb in den mit 3 Eiswürfeln gefüllten Tumbler seihen.

Diabolo

(Création F. Newman, Paris 1933) aromatischer Shortdrink (Aperitif)

✦ Cocktailglas ✦ Rührglas

- ✦ 4 cl Dubonnet
- ✦ 2 cl Gin
- ✦ 2 Spritzer Mandelsirup
- ✦ 7–8 Eiswürfel

Alle Zutaten im Rührglas zusammen mit den Eiswürfeln verrühren. Durch ein Sieb in das gekühlte Cocktailglas seihen.

Bacardi Cocktail

frischer Shortdrink
für jede Gelegenheit

✦ Cocktailglas ✦ Shaker

✦ 5–6 Eiswürfel
✦ 4 cl weißer Rum
✦ 1 cl Zitronensaft
✦ 1 cl Grenadine

Das Eis in den Shaker geben, die übrigen Zutaten darüber gießen und alles kurz und kräftig schütteln. Den Drink durch das Barsieb in das gekühlte Cocktailglas seihen.

Grashopper

sahniger Shortdrink
(After-Dinner-Drink)

✦ Cocktailglas ✦ Shaker

✦ 2 cl Crème de Cacao weiß
✦ 2 cl Crème de Menthe grün
✦ 2 cl Sahne
✦ 5–6 Eiswürfel

Alle Zutaten im Shaker zusammen mit den Eiswürfeln kurz schütteln, dann durch das Barsieb in das gekühlte Cocktailglas seihen.

Corpse Reviver No. 1

(Création Frank Meier, Riz Bar, Paris)
kräftiger Shortdrink
für den Abend

✦ Cocktailglas ✦ Rührglas

✦ 2 cl Calvados
✦ 2 cl Brandy
✦ 2 cl Vermouth rosso
✦ 7–8 Eiswürfel

Alle Zutaten im Rührglas zusammen mit den Eiswürfeln verrühren und durch ein Sieb in das gekühlte Cocktailglas seihen.

First Love

(Création Harry Schraemli, Schweiz)
lieblicher Shortdrink
(After-Dinner-Drink)

✦ Cocktailglas ✦ Shaker

✦ 3 cl Grand Marnier
✦ 3 cl Crème de Cacao braun
✦ 1 TL Sahne
✦ 5–6 Eiswürfel

Alle Zutaten im Shaker zusammen mit den Eiswürfeln kurz und kräftig schütteln. Durch das Barsieb in das gekühlte Cocktailglas seihen.

1940–1949

Die Cocktailkultur geht unter – aber sie stirbt nicht

Der Krieg leert die Bars

Wen wundert's? Die Cocktailkultur, die sich nach der Prohibition langsam wieder erholt und von zweifelhaften Mixgetränken verabschiedet hatte, erfährt durch den Ausbruch des Zweiten Weltkrieges eine notwendige Rationierung ihrer Entwicklung. Gewiss, American Bars und andere Einrichtungen, in denen ein Shaker und die wichtigsten Spirituosen und Zutaten für einen Cocktail stehen, schließen zwar nicht – indes, es fehlen die Gäste. Sie stecken in Uniformen und erfüllen einen wie auch immer zu wertenden patriotischen Auftrag.
Verständlicherweise erweist sich das Jahrzehnt für Cocktailkenner, sofern sie der schon arg gebeutelten Mittelschicht angehören, als das bisher tristeste. Dies aber in erster Linie nicht wegen einer erzwungenen Abwesenheit der klassischen „Barflies“, die ihre Nadelstreifenanzüge und Krawatten gegen uniforme Kleidung und erzwungenen Drill tauschen mussten. Bis zum Ende des Jahres 1942 stellten alle Destillerien in den USA „Cocktails für Hitler“ her: Sie verlagerten ihre Produktion auf Industriealkohol, der als Basis für rauchfreies Schießpulver und Gummipneus diente. Gleichwohl bestand für die Oberschicht kein Anlass, auf die klassischen Cocktails zu verzichten – sei es auf entsprechenden Partys oder zu anderen Gelegenheiten: Wer zu den Kriegsgewinnern der ersten Stunde zählte, musste nicht auf dem Trockenen sitzen. Für die Mehrheit der cocktailgewohnten Bevölkerung indessen brachen erneut „trockene“ Zeiten an.

Not macht erfinderisch

Freilich, amerikanische Soldaten, vor allem im Südpazifik stationiert, wussten sich auch in Abwesenheit ihrer Lieb-

Cocktail-Bars in Havanna: Zufluchtsort für die Amerikaner

lingsbars zu helfen. Sie bedienten sich einheimischer Flüssigkeiten, um ihre „Cocktails" zu mixen – die allerdings eine solche Bezeichnung, Puristen verstehen dies, keineswegs verdienten. Beliebt war etwa, getrocknete Früchte aus den Armeerationen mit Wasser anzureichern und so zumindest etwas Ähnliches wie Fruchtsaft herzustellen. Auch wurden Löcher in Kokosnüsse gebohrt, dem Saft einige Löffel Zucker beigemischt und das Loch in der Nuss wieder zugestopft. Nach einigen (Gär-) Stunden zeigte sich ein zumindest trinkbares Resultat. „Es schmeckte irgendwie nach Seife", stellt William Grimes fest. Immerhin noch besser als die Cocktails, die aus dem Rasierwasser Acqua Velva und Grapefruitsaft gemischt wurden – beide Varianten sind begreiflicherweise in keinem Rezeptbuch aufgetaucht. Sie gehörten offenbar zum – freiwilligen – Überlebenstraining der US-Truppenangehörigen. Whiskey und Gin waren in den USA aufgrund der kriegsbedingten Verwendung von Alkohol absolute Raritäten. Nicht verwunderlich, dass sich die Amerikaner an die Praktiken aus der noch nahen Prohibitionszeit erinnerten: Auf in die Karibik und auf nach Mexiko – beide keine Krieg führende Länder, in denen die Rum- und Tequila-Destillerien unbehelligt vom Lauf der Welt ihre Spirituosen herstellten.

Rum und Tequila

Zwischen 1941 und 1944 vervierfachte sich der Rumkonsum, und zum ersten Mal überhaupt kamen die Amerikaner mit einer ganz neuen Spirituose in Berührung, dem Tequila. Dieser, zunächst von Cocktailexperten als Ersatzdroge belächelt, sollte sich erst später durchsetzen. So schreibt David Embury 1948: „Tequila könnte mir nicht mal einen frisch destillierten Gin ersetzen, auch wenn man das Getränk mit viel gutem Willen noch als ‚Badewannen-Gin' bezeichnen könnte. Schon möglich, dass man aus Tequila einen Cocktail mixen kann. Der einzige Schnaps, den ich je verkostet habe und der noch schlimmer als Tequila ist, heißt Slivovitz."
Ein Song der Andrew Sisters, später auch von Harry Belafonte interpretiert, hatte dem Rum in Verbindung mit Cola zu seiner sicherlich auch patriotische Gefühle weckenden Popularität verholfen. Die Melodie zum Lied („...drinkin' Rum and Coca-Cola – workin' for the yankee-Dollar...") stammt aus Trinidad, wo rund 50 000 Amerikaner eine Marinebasis unterhielten und mit Sicherheit einen besseren Rum in die Kehlen gossen als ihre Leidensgenossen auf einem ausgetrockneten Markt in der Heimat. Auf Kuba und in Mexiko waren eben jene

Die Karibik und ihr Rum prägten die Cocktail-Kultur der 40er-Jahre

Locations zu finden, die der Amerikaner gerne als „watering holes“ bezeichnet: „Löcher, in denen es Flüssiges zu beziehen gab“.

Cuba Libre und der unverwüstliche Martini

Den Drink „Cuba Libre“ hatten die Amerikaner schon kurz vor der Jahrhundertwende „erfunden“, als sie in einer Invasion der Zuckerinsel die Bewohner Kubas von den spanischen Besatzern befreit hatten und außer Rum und Coca-Cola keine anderen Zutaten fanden, um in der typisch amerikanischen, etwas überlauten Art auf die Befreiung der Insel anzustoßen. Andere Quellen erklären, der Cuba Libre wäre erstmals im Tampa Bay Florida Hotel an amerikanische Soldaten ausgeschenkt worden, die ihre Zeit bis zum Einsatz mit den Drinks totschlugen.

Und doch kommt der Cuba Libre in Mixbüchern der ersten Jahrhunderthälfte kaum vor. Erst Embury erweist ihm 1948 die Referenz und gibt das Rezept wie folgt wieder: Den Saft einer kleinen Limette ins Gästeglas pressen, erst 6 cl White Label Rum, danach 1 Hand voll Eiswürfel ins Glas geben, mit Cola auffüllen und kurz umrühren.

Pastis, Bowle und Hot Drinks

Im besetzten Paris kamen die ersten Pastis-Drinks in die Bars, teilweise, wie etwa der Suissesse, als entfernte Verwandte aus der Absinth-Ära. Auch die ersten Bowlen gelangen in die Rezeptbücher der damaligen Zeit – was niemanden zu wundern brauchte: Man stand in düsterer Zeit näher zusammen und trank gemeinsam aus einer großen Salatschüssel eher säuerliche Getränke wie etwa eine Kalte Ente: Zwei Zitronenschalenspiralen, vier Flaschen Weißwein und zwei Flaschen Sekt ließen sich irgendwo sicher auftreiben, um ein fröhliches Fest zu feiern.

Aber auch die Hot Drinks feierten ein Revival: So taucht der Glühwein erstmals auch in Rezeptsammlungen auf, ebenso ein Orange Punch oder ein Irish Punch. Für die Popularität dieser Cocktails gibt es zwei – gesellschaftlich zu untermauernde Begründungen: Zum einen froren die Menschen in den Krieg führenden Ländern im Winter fürchterlich, Heizmaterial war so gut wie nicht aufzutreiben, zum anderen leistete sich die Oberschicht solch spektakuläre Freizeitvergnügen wie Curling oder Ski laufen. Jene Sportarten, deren Beliebtheit mit den olympischen Winterspielen 1948 in St. Moritz stark zunahmen. Natürlich benötigte man nach einem Tag in Schnee und Sonne kräftigende Getränke. Immerhin versprachen deren Inhalt und Namen eine gewisse Eleganz, die nichts mehr gemein hat mit solchen Drinks wie „Geiler Affe“, die heute flaschenweise an Gletscherbars an erhitzte Snobs ausgeschenkt werden.

Mixgetränke …

… haben in dem desaströsen Jahrzehnt Kultur. Neue Cocktails sucht man vergebens, sieht man von wenigen Ausnahmen ab, wie etwa dem Mai Tai und anderen Mixgetränken, die aus der Inselgruppe um Hawaii entstanden sind. Nicht zuletzt aufgrund starker US-Truppenpräsenz im südpazifischen Raum nach dem japanischen Angriff auf die US-Flotte in Pearl Harbour. Es ist das Jahrzehnt, in dem man sich mit dem behilft, was die Getränkehändler und wer sonst noch mit Spirituosen handelt – vor allem nach dem Waffenstillstand vom Mai 1945 – zu bieten haben. Ein blühender Schwarzmarkt, vergleichbar mit jenem während der Prohibitionszeit. Verständlich, dass beispielsweise Bier-Mix-Getränke wie ein Panaché (Limonade und helles Lagerbier) oder Wein-Cocktails (die diesen Namen wohl weniger verdienen) aufkommen wie beispielsweise der Spritzer oder der Kir.

Whisky *Geschichten – einfach königlich*

Kaum war der Zweite Weltkrieg vorüber, machten sich die in Europa verbliebenen GI's auf die Suche nach der gold-bernsteinfarbenen Spirituose Whisky: Schottische und irische Destillerien setzten wieder Feuer unter die Brennkessel und destillierten darin die vergorene Gerstenmaische zu dem, was die irischen und schottischen Vorfahren mit den gälischen Worten „uisge beatha" bezeichnet hatten – Wasser des Lebens. Whisky hatte damals schon eine rund 500-jährige Geschichte zurückgelegt, die wie bei allen anderen Spirituosen auch eine politische gewesen war: Schon 1644 erhob der englische König Karl I. Steuern auf

jedes „Pynt" Aquavitae, 1707 taten es ihm die schottischen und englischen Parlamente nach. Und in den USA, wo die englischstämmigen Siedler mit der Brennblase umzugehen wussten und 1755 bis 1785 die ersten großen Destillerien im US-Bundesstaat Kentucky gebaut wurden, führten Steuerpläne des ehemaligen Brenners und Präsidenten George Washington 1794 zur „Whiskey-Rebellion". Und zwangen die Brenner dazu, ihr Lebenselixier illegal zu brennen; verständlich, dass in politisch so garstigen (Steuer-)Zeiten Schwarzbrennereien in ungezählter Zahl entstanden. 1848, als sich die Steuerwirren gelegt hatten, besuchte die damalige Königin Victoria I. Schottland und entdeckte ihre Liebe zum Land der Untertanen – und fortan genoss ihre Königliche Hoheit täglich ihren Whisky, pur oder mit Wasser oder in ihrem Tee.
Für Cocktails verwendet der Barkeeper Canadian Whisky, Bourbon oder blended Scotch, ein aus verschiedenen Brennereien angelieferter und verschnittener Whisky. Rezepte mit dem ungleich würzigeren Single Malt, der in den 80er- und 90er-Jahren populär werden wird, finden sich keine. Begreiflicherweise, denn ein Single Malt erhält aufgrund seiner Herkunft ganz andere Charaktereigenschaften. Die nämlich sind abhängig davon, ob das Wasser für die Gerste über Granitfelsen oder Torfwände voll mit Wurzeln von Heidekraut geflossen ist. Und das Torffeuer beim Mälzen verleihen dem Single Malt das oft rauchige Aroma. Ob Single Malt, Canadian oder blended Scotch, ob Bourbon oder Irish Whiskey, am Ende des Krieges mag mancher müde Soldat die gleiche Zuneigung empfunden haben, die der irische Schriftsteller James Joyce dem Whisky erklärte: „den hellen Klang des Whiskys, der in ein Glas gluckert ..., eine wunderbare Melodie."

Trader Vic – Vater des Mai Tai

Für die Präsenz südpazifischer Drinks zeichnet ein Restaurantbesitzer in Oakland, Kalifornien verantwortlich: Victor Bergeron, den die Welt nur unter dem Namen Trader Vic kennt. Es war 1944, als sich Victor in seinem Lokal „Trader Vic's" in Oakland entschloss, die Welt müsste um einen neuen Cocktail bereichert werden. Was das genau war, beschrieb der „Saloonkeeper" (so nannte er sich selber) in einem seiner Bücher wie folgt: „Nach dem Erfolg mit verschiedenen exotischen Rum-Drinks hatte ich 1944 das Gefühl, dass ein neuer Drink her müsste. Ich dachte über all die wirklich erfolgreichen Drinks nach: Martinis, Manhattans, Daiquiris …

In der Bar meines Restaurants in Oakland nahm ich eine Flasche mit 17 Jahre altem Rum – einem J. Wray Nephew aus Jamaica. Er war von erstaunlich goldener Farbe, mit mittlerem Körper, aber dem vollen, scharfen Aroma, das den Jamaika-Verschnitten eigen ist. Dieses Aroma durfte nicht durch Fruchtsäfte und Würzessenzen überlagert werden. Also nahm ich eine frische Limone, gab ein wenig holländischen Orangencuraçao dazu, einen Spritzer Kandissirup und einen Tropfen französischen Orgeat-Sirup wegen seines subtilen Mandelaromas. Ich fügte reichlich geschabtes Eis hinzu und schüttelte das Ganze kräftig von Hand, um die Verbindung herzustellen, auf die ich aus war. Wegen der Farbe kam die Hälfte der Limonenschale in jeden Drink, dazu ein Zweig frischer Minze. Die beiden ersten Drinks kredenzte ich Ham und Carrie Guild, Freunden aus Tahiti, die an diesem Abend da waren. Carrie nahm einen Schluck und sagte: ‚Mai Tai – Roa Aé'. In der Eingeborenensprache bedeutet das: ‚Nicht aus dieser Welt – der Beste'. Nun, das war es. Ich nannte den Drink Mai Tai. (…) Jeder, der sagt, ich hätte diesen Drink gar nicht erfunden, ist ein dreckiges Stinktier."

Tropical Drinks – die Stars der Cocktail-Szene

It's Tropical Time

Die Amerikaner hatten nach dem Krieg einige lieb gewordene Gewohnheiten und Erinnerungen aus der Südsee mitgenommen und pflegten sie noch einige Jahre, wenn nicht Jahrzehnte weiter. Trader Vic bot den Heimkehrern gerne einen Ort zur Rückbesinnung. Allerdings waren ihm erst bei einem Besuch in Los Angeles die Augen aufgegangen, als er zufällig in ein polynesisches Restaurant namens „Don the Beachcomber" geriet und sich von der Inneneinrichtung völlig überrascht sah.

Accessoires wie Fischernetze, Riesenmuscheln und Masken für religiöse Riten kamen unverzüglich in sein Oakland-Restaurant und trafen den Nerv der heimkehrenden

GI's. Und weil nicht alle in Oakland lebten, ließ Vic eine Reihe von Lokalen gleichen Stils und Namen über die ganze kulinarische Landschaft der Vereinigten Staaten verteilen. Er lebte nicht schlecht davon, auch weil er klug genug war, die javanischen, chinesischen und tahitischen Gerichte dem amerikanischen Geschmack anzupassen.

Tropical Drinks – Samoan Fog Cutter

Dem umtriebigen Saloonkeeper aus Oakland verdankt die Welt die vom Mai Tai losgetretene, erste Welle von Tropical Drinks. Auch ein anderer Cocktail, der etwas poetisch „Samoan Fog Cutter" genannt wird, schwang sich auf die Tropenwoge. Sein Name zeigt sich jedoch eher gegenteilig zur Wirkung. Statt den Nebel über Samoa zu verscheuchen, vernebelt er zuverlässig den Verstand jener, die mehr als einen davon trinken, wie die französischen Mixologie-Kenner Hervé Chayette und Alain Weill wissen.

Das Rezept: 6 cl weißen Rum, 3 cl Cognac, 1,5 cl Gin, 6 cl Zitronensaft, 3 cl Orangensaft und 1,5 cl Orgeat-Sirup. „Der Cocktail wird in einem großen Tongefäß serviert, das mit tahitischen Tänzerinnnen dekoriert ist (und sähe dies Gauguin, er würde sich im Grab umdrehen). Der Cocktail ist gut ausbalanciert, denn Fruchtsäfte und Sirup überdecken gekonnt die Wirkung der Spirituosen. Uns hatte der erste Cocktail so gut gefallen, dass wir ihn in einem Zug ausgetrunken haben. Trader Vic hat schon früh vor dem Drink gewarnt: „Adios heißt ‚Auf Wiedersehen'. Trinken Sie zwei oder drei davon, und es ist ‚Adios', glauben Sie mir, es ist ‚Adios'."

„Trader Vic hatte tatsächlich Recht, als er auf dem dritten Adios bestand", erinnern sich die beiden französischen Mixologisten, die den Cocktail das erste Mal in Trader Vic's Restaurant im New Yorker Plaza Hotel serviert bekamen und sich noch recht zuverlässig an deren Wirkung erinnern.

Einfach, nahrhaft und vor allem schnell

Amerika und der Rest der Welt fanden sich nach dem Zweiten Weltkrieg auf der einfachen Linie wieder: Im Aufbau war kein Platz für Firlefanz, weder in den Cocktails – der Bellini zeigt es deutlich – noch in der Küche. Alles musste einfach und nahrhaft sein. Die Zeit war günstig für eine neue Form der Verpflegung, die heute zum festen Bestandteil der Gastronomiegeschichte gehört und unter dem eher despektierlichen Namen „Fast Food" bekannt wurde.

Dass diese „Küche" in Kalifornien begründet wurde, versteht heute die ganze Welt: Damals wie heute das Silicon-Valley der Gastronomie, inspirierte das Land auch zwei Brüder, Richard und Maurice McDonald, die in Pasadena, in der Nähe eines Drive-In-Kinos, eine Hamburger-Bude aufstellten – das war 1941. Sieben Jahre später kamen die beiden Brüder auf die glorreiche Idee, die schließlich als Vorbote des gastronomischen Weltuntergangs von Kulturkritikern aller Länder angefeindet wurde. Die vehemente Kritik konnte jedoch den Siegeszug um die ganze Welt nicht im Geringsten aufhalten. Sie krempelten ihre Hamburger-Bude um und gestalteten sie zu einem Selbstbedienungsrestaurant. Die glänzende Idee: Sie ließen ihre Fritten unter einer Infratrotlampe warm halten und verkauften ihren guten Namen in Franchising-Verträgen an andere Fast-Food-Unternehmer. Ein Hamburger für eine Welt!

Ins gleiche Jahr 1948 fällt außerdem die Gründung des ersten Aldi-Ladens im Ruhrgebiet. Die Gebrüder Karl und Theodor Albrecht hatten sich darauf konzentriert, eine Ladenkette aufzubauen, die mit 500 bis 600 Basis-Artikeln auskommt und auf Frischprodukte aus Molkerei und Fleischerei verzichtet.

Smirnoff, der „amerikanische" Wodka

Still und heimlich vollzieht sich aber eine andere Firmengeschichte, die allerdings erst im nächsten Jahrzehnt in den USA zu umwerfender Bedeutung gelangt. Eine Geschichte, die die Cocktailkultur des 20. Jahrhunderts entscheidend bereichern wird: Für 14 000 US-Dollar kaufte die Firma G.F. Heublein das Recht, Wodka unter dem Namen Smirnoff zu destillieren und zu verkaufen. Heublein-Direktor John G. Martin hatte in den ersten sechs Jahren nach der Prohibition das Unternehmen wieder in den Spirituosenhandel zurück gebracht. Er stellte den russischen Emigranten Rudolf Kunett ein, dessen Smirnoff-Destillerie wohl einen Umsatz von 36 000 US-Dollar vorwies, jedoch am Rande zum Konkurs wirtschaftete.

Moscow Mule

Martin muss ein ziemlich wirbeliger Kerl gewesen sein, denn um das Getränk in den USA populär werden zu lassen, ließ er von Jack Morgan vom Cock'n Bull Restaurant in Los Angeles im Jahre 1947 einen Drink kreieren, der den Namen Moscow Mule bekam. Er besteht aus Smirnoff Wodka und Ingwerbier (Gingerbeer), der in einem Kupferbecher serviert wird. Die Heublein-Angestellten benutzten einen einfachen Trick zu Werbezwecken. Sie nahmen bei ihren Besuchen in Bars und Restaurants die eben erfundene Polaroid-Kamera mit, zeigten Barmännern, wie man einen Moscow Mule mixt und lichteten die Mixologen bei ihrer Zubereitung und der anschließenden Verkostung des Cocktails ab. Danach lancierten die Heubleins eine Anzeigenkampagne mit dem zweideutigen Slogan (auf den Wodka bezogen): „It leaves you breathless" – er ist sowohl atemberaubend und lässt Sie atemlos zurück …

Paul Harrington hat den Moscow Mule in seinem Rezeptbuch „Cocktail – The drinks bible for the 21st century" zu den 275 Drinks-Klassikern gezählt, und in die Reihe jener 30 Cocktails gestellt, die man zuerst versuchen muss. „Jeder Bartender in jeder Bar kann ihn gut zubereiten, und wir trinken ihn sogar mit Ginger-ale anstelle von Ingwerbier, aber die Gurkenscheibe als Dekoration vergessen wir lieber. Außerdem erinnert er uns daran, wie viel Zeit schon vergangen ist, seit der Sputnik ins Weltall geschossen wurde."

Das „Ritz" – Stammbar und Zuhause Hemingways

In Europa war an Cocktails überhaupt nicht zu denken: Die berühmt gewordenen Trümmerfrauen begannen die Ruinen zu räumen, die ein größenwahnsinniges Regime hinterlassen hatte, begannen mit dem, was später ganz neutral „Wiederaufbau" genannt wurde. Cocktails im Europa der Nachkriegsjahre? Vielleicht in einigen Bars und Hotels, die von den Angriffen der alliierten Bomber verschont geblieben sind – weil die Länder, in denen sie standen, keinen Krieg geführt hatten.
So zum Beispiel die Bar des Hotel Ritz in Paris, die – wieder eine Legende – von dem amerikanischen Soldaten Ernest Hemingway befreit worden sein soll. Das spielte sich so ab, wie die Agence France Press zum 50. Jahrestag der Befreiung 1994 berichtete: „Am 25. August 1944 ‚befreite' der damals 45-jährige Ernest Hemingway seine Stammbar – und bestellte nach dem Handstreich erst einmal eine Runde Dry Martini für alle. Er war mit einigen Widerstandskämpfern sofort nach dem Einmarsch der Alliierten zum Ritz gefahren. Mit einer Maschinenpistole in der Hand und in Kriegsberichterstatteruniform machte

er zwei Gefangene und widmete sich anschließend ausgiebig den alkoholischen Getränken."
Mary, die vierte Frau des gepriesenen Schriftstellers, erinnert sich: „Wenn Ernest in Paris war, schrieb unser täglicher Ritus ein oder zwei Drinks vor dem Lunch in der Bar des Ritz auf der Rue-Cambon-Seite des Hotels vor. Wo immer ich auch war, dieses Rendezvous verfehlte ich gewöhnlich nie. Beim Drink nach dem Morgen, an dem ich das Gedicht abgetippt hatte, an Ernests Lieblingstisch in einer Ecke der Bar, zog er die zusammengefalteten rosa Blätter aus der Tasche und begann, mir das Gedicht vorzulesen." Für Anglisten unter den Barflies: Es handelt sich um das „Poem to Mary" (Second Poem).

Klassisch und absolut stilvoll

Die Bar des Ritz war wie damals viele Bars auf der ganzen Welt mit einer noblen Zurückhaltung eingerichtet worden. Während in den heutigen „watering holes" (Wasserlöcher) – wie die Amerikaner ihr Lokal liebevoll zu bezeichnen pflegen – Batterien unzähliger Flaschen still und stilvoll vor sich hin stehen und Staub ansetzen, waren die Bars der ersten Jahrhunderthälfte soignierte Salonimitationen, in denen kultiviertes Trinken bis zum Ritual gepflegt wurde. So sieht man auf einem Nachkriegsbild die Rückwand der Ritz Bar mit einer Tapisserie geschmückt, einer allegorischen Darstellung von Pferden. Die Barmänner bekleidet mit weißem Hemd, weißem Jackett und schwarzer Fliege, tragen einen kurzen Haarschnitt. Und hinter ihnen sind nur gerade einzelne Flaschen zu erblicken – mithin jene Grundspirituosen, die ausreichen, einen exzellenten Cocktail zu mixen.
Nichts von dezenter Beleuchtung, nichts von französischer Lässigkeit. Schließlich war der Hotelbesitzer ein Schweizer namens César Ritz, der sein Etablissement 1898 mit Pomp und einem großen Galaabend im

Hauptspeisesaal eröffnet hatte und viel auf Etikette hielt. Trotzdem hatten die Amerikaner der „lost generation" ihre Lebensfreude auch im Ritz so stark zum Ausdruck gebracht – wie Lis Künzli in ihrem literarischen Hotelführer schreibt: „Scott Fitzgerald sorgte für Anekdoten, indem er sich wie ein Schimpanse an Kronleuchtern durch den Saal schwang oder die Orchideen aufaß, die seine angebetete Schöne am Nebentisch verschmäht hatte. Graham Greene rächte sich für die seiner Meinung nach zu trockenen Martinis mit dem Satz: ‚Im Ritz geht es zu wie in einem Käfig verwitweter Papageien'."

Mag sein, dass es gerade die Schriftsteller sind, die immer wieder Zeugnisse feuchtfröhlicher Erlebnisse aus Hotelbars hinterlassen. Nicht ganz zufällig, wenn man bedenkt, dass viele der wegen des Krieges zu Nomaden gewordenen Autorinnen und Autoren ihre meiste Zeit im Hotel verbrachten. Natürlich nicht alleine im Zimmer, sondern in der Bar. Langsam aber sicher kehrt der Cocktail ins Bewusstsein der Amerikaner – und neuerdings auch der Europäer – zurück.

Bars – die Heimat der schreibenden und darstellenden Kunst

Zahllos sind die Texte, die von Schriftsteller(innen) zum Thema Trinken und Bar verfasst worden sind. Davon erzählen Anthologien, die in regelmäßigen Abständen immer wieder Texte aus dem Zusammenhang von Werken reißen und sie einem lesedurstigen Publikum vorsetzen. Andererseits haben vor allem deutsche Autor(inn)en kleine literarische Preziosen zum Thema Trinken und Bar vorgelegt, so zum Beispiel Robert Gernhardt und Günter Bruno Fuchs.

Auch in der Malerei werden Bars und ihre Menschen zum Gegenstand der bildenden Künstler. So zählt das Bild „Nighthawk" von Edward Hopper, das Humphrey Bogart und Laura Bacall in einer New Yorker Bar zeigt, zu den

„Nighthawk" – Sinnbild für die Bar schlechthin

unvergesslichen und am meisten reproduzierten Bildern eines Barinnenlebens. Auch wenn es der Betrachter doch nur von außen wahrnimmt und nie wissen wird, was das berühmteste Liebespaar des Nachkriegshollywood tatsächlich miteinander spricht – wenn sie denn tatsächlich einige Worte wechselten.

Zurück zur Normalität

Gegen Ende des Jahrzehnts beginnen die Menschen wieder damit, sich ein normales Leben einzurichten. Dank der Währungsreform von 1948 verfügen die Deutschen auch wieder über Kapital, und aus den USA fließen endlich die ersten Gelder aus dem Marshall-Plan: Insgesamt 12,5 Milliarden Dollar werden es gewesen sein, die in den kommenden 40 Monaten für den Aufbau des zerstörten Europas bereit gestellt werden – aber nicht nur dafür: Den Amerikanern geht es darum, den Vormarsch der Kommunisten in Europa zu stoppen. Was sie allerdings nicht verhindern können, ist der Siegeszug des Wodkas. Er wird im kommenden Jahrzehnt die Bars der Welt bereichern und damit auch die Barkarten unzähliger Watering Holes.

Gespritzer

leichter Weincocktail für jede Gelegenheit

✦ Weinglas ✦ Gästeglas

✦ 3 Eiswürfel
✦ 1 Zitronenscheibe
✦ 10 cl gut gekühlter Weißwein
✦ 5 cl Sodawasser

Die Eiswürfel und die Zitronenscheibe in das Weinglas geben. Zuerst mit Weißwein, dann mit Sodawasser auffüllen und verrühren.

Wine Cooler

süffiger Weincocktail für jeden Tag

✦ Weinglas ✦ Gästeglas

✦ 3 Eiswürfel
✦ 10 cl gut gekühlter Rotwein oder Weißwein
✦ 1 cl Grenadine
✦ 5 cl Sodawasser

Die Eiswürfel in das Weinglas legen. Den Grenadine sowie den Wein darüber gießen. Mit Sodawasser auffüllen und umrühren.

Napoleone

spritziger Weincocktail für den Sommer

✦ Weinglas ✦ Gästeglas

✦ 2 cl Cognac
✦ 2 cl Citronellesirup
✦ 10 cl gut gekühlter, trockener Weißwein
✦ 3 Eiswürfel
✦ Sodawasser zum Auffüllen
Dekoration:
✦ 1 Zitronenscheibe

Alle Zutaten zusammen mit den Eiswürfeln in das Weinglas geben und umrühren. Mit Sodawasser auffüllen. Die Zitronenscheibe ins Glas geben.

Kir

aromatischer Weincocktail für den Empfang

✦ Weinglas ✦ Gästeglas

✦ 1 cl Crème de Cassis
✦ 9 cl gut gekühlter, weißer Burgunder oder anderer trockener Weißwein

Den Cassislikör in das gekühlte Weinglas gießen, mit Weißwein auffüllen und kurz umrühren.

► *Kir (o.), Napoleone (u.)*

Autumn Leaf

erfrischender Bier-Mix-Drink für den Sommer

✦ großes Bierglas ✦ Gästeglas

✦ 3 cl Rose's Lime Juice
✦ ca. 30 cl gut gekühltes Weizenbier

Dekoration:

✦ 1 Limettenscheibe

Die Zutaten in das Bierglas gießen und leicht umrühren. Die Limettenscheibe ins Glas geben.

Sandy Gaff

würziger Bier-Mix-Drink für die Party

✦ großes Bierglas ✦ Gästeglas

✦ 15 cl kaltes Ginger-ale
✦ 15 cl gut gekühltes, helles Bier

Beide Zutaten in das Bierglas gießen und leicht umrühren.

Black Mary

erfrischender Bier-Mix-Drink für den Sommer

✦ großes Bierglas ✦ Gästeglas

✦ 15 cl kaltes Cola
✦ 15 cl gut gekühltes, helles Bier

Die Zutaten in das Bierglas gießen und leicht umrühren.

Tom Boy

feiner Bier-Mix-Drink (Aperitif)

✦ Longdrinkglas ✦ Gästeglas

✦ 10 cl gut gekühltes, helles Bier
✦ 10 cl gekühlter Tomatensaft

Das Bier und den Tomatensaft in das Longdrinkglas gießen und mit einem Barlöffel gut verrühren.

Amer Georges

aromatischer Bier-Mix-Drink für den Abend

✦ großes Bierglas ✦ Gästeglas

✦ 3 cl Amer Picon
✦ 3 cl Citronellesirup
✦ 14 cl gut gekühltes dunkles Bier

Amer Picon sowie Citronellesirup in das Bierglas gießen. Mit dem dunklen Bier auffüllen und leicht umrühren.

Panaché (Sandy oder Radler)

bekömmlicher Bier-Mix-Drink für jeden Tag

✦ großes Bierglas ✦ Gästeglas

✦ 15 cl kalte Zitronenlimonade
✦ 15 cl gut gekühltes, helles Bier

Die Zitronenlimonade in das Bierglas gießen, mit dem hellen Bier auffüllen und umrühren.

Kalte Ente

feinherbe Bowle für den Sommer

✦ Champagnerkelche
✦ Bowlengefäß
✦ Rezept für ca. 16 Gläser

✦ 2 Zitronen
✦ 1 Flasche Weißwein (0,7 l)
✦ 1,0 l Mineralwasser
✦ 1 Flasche gut gekühlter Sekt (0,7 l)

Die Schalen der sauber gewaschenen Zitronen mit einem Messer spiralenförmig herunterschneiden und in das Bowlengefäß hängen. Den Weißwein und das Mineralwasser in das Gefäß gießen und im Kühlschrank durchkühlen lassen.
Vor dem Servieren die Gläser zu zwei Dritteln mit der Bowle füllen, und dann mit Sekt auffüllen.

Feuerzangenbowle

kräftiger Hot-Drink für eine Winterparty

✦ Tee- oder Punschgläser
✦ großer Topf, Zuckerhutzange
✦ Rezept für ca. 12 Gläser

✦ 1,5 l Rotwein
✦ 2 Prisen Zimtpulver
✦ 300 ml hochprozentiger brauner Rum (54 Vol.-%)

Den Rotwein und das Zimtpulver in dem Topf erhitzen. Die Feuerzange mit dem Zuckerhut auf den Topf legen. Den Zuckerhut mit etwas Rum tränken und anzünden. Nach und nach weiteren Rum mit einer kleinen Schöpfkelle über den Zuckerhut gießen, bis dieser vollständig geschmolzen ist. Die Feuerzangenbowle umrühren und in den Gläsern heiß servieren.

Bellini

(Création Giuseppe Cipriani, Harry's Bar, Venedig) erfrischender Proseccococktail für jede Gelegenheit

- ✦ Champagnerkelch
- ✦ Gästeglas

- ✦ 5 cl eiskaltes Püree von geschälten, weißen Pfirsichen
- ✦ 10 cl gut gekühlter Prosecco

Den Champagnerkelch mit Eis vorkühlen. Die Eiswürfel dann wieder entfernen. Pfirsichpüree und Prosecco ins Glas geben, kurz umrühren und den Drink sofort servieren.

Rossini

(Création Giuseppe Cipriani, Harry's Bar, Venedig) fruchtiger Proseccococktail für den Sommer

- ✦ Champagnerkelch
- ✦ Gästeglas

- ✦ 5 cl eiskaltes Erdbeerpüree
- ✦ 10 cl gut gekühlter Prosecco

Erdbeerpüree und Prosecco in den gekühlten Champagnerkelch geben. Kurz umrühren.

◂ *Bellini (li.), Rossini (re.)*

Tiziano

(Création Giuseppe Cipriani, Harry's Bar, Venedig) spritziger Proseccococktail (Aperitif)

- ✦ Champagnerkelch
- ✦ Gästeglas

- ✦ 5 cl gekühlter, frisch gepresster Traubensaft
- ✦ 10 cl gut gekühlter Prosecco

Den gekühlten Champagnerkelch mit Traubensaft sowie Prosecco füllen und umrühren.

Glühwein

aromatischer Hot-Drink für kalte Wintertage

✦ Teeglas ✦ kleiner Topf

- ✦ 15 cl Rotwein
- ✦ 1 cl Zitronensaft
- ✦ 2 TL Zucker
- ✦ 1 Gewürznelke
- ✦ 1 Prise Zimt

Alle Zutaten in dem Topf erhitzen, aber nicht kochen lassen. Die Gewürznelke herausnehmen und den Glühwein in das gewärmte Teeglas gießen.

Glögg (li.), Irish Punch (re.)

Glögg

kräftiger Hot-Drink für den Winter

✦ Teeglas ✦ kleiner Topf

- ✦ 10 cl Rotwein
- ✦ 5 cl roter Portwein
- ✦ 4 cl Aquavit
- ✦ 2 TL Zucker
- ✦ 1 Gewürznelke

Die Zutaten im Topf erhitzen, aber nicht kochen lassen. Die Gewürznelke herausnehmen. Den Glögg in das gewärmte Teeglas gießen und sogleich heiß servieren.

Irish Punch

feinherber Hot-Drink für nasse Wintertage

✦ hitzebeständiges Weinglas
✦ Gästeglas

- ✦ 4 cl Irish Whiskey
- ✦ 1 TL Zucker
- ✦ 10 cl heißes Wasser

Außerdem:

- ✦ ½ Zitronenscheibe
- ✦ 2–3 Gewürznelken

Den Irish Whiskey und den Zucker in das gewärmte Weinglas geben. Mit heißem Wasser auffüllen und umrühren.
Die Zitronenscheibe mit den Nelken spicken und ins Glas geben.

Hot-Milk-Punch

bekömmlicher Hot-Drink für den Nachmittag

✦ Longdrinkglas ✦ Gästeglas

✦ 4 cl Brandy
✦ 2 TL Zucker
✦ 12 cl heiße Milch
Außerdem:
✦ geriebene Muskatnuss

Brandy und Zucker in dem Longdrinkglas vermischen. Mit heißer Milch aufgießen, umrühren und mit Muskatnuss bestreuen.

Apple Jack Toddy (Calvados Toddy)

aromatischer Hot-Drink

✦ Teeglas ✦ Gästeglas

✦ 4 cl Calvados
✦ 2 cl Zitronensaft
✦ 2 TL Honig
✦ 8 cl heißes Wasser

Calvados, Zitronensaft und Honig im vorgewärmten Teeglas verrühren. Mit heißem Wasser auffüllen und umrühren.

Orange Punch

fruchtig-süßer Hot-Drink zum Aufwärmen

✦ Teeglas ✦ kleiner Topf

✦ 4 cl brauner Rum
✦ 2 cl Cointreau
✦ 2 cl Zimtsirup
✦ 6 cl Orangensaft
✦ heißer, schwarzer Tee zum Auffüllen
Außerdem:
✦ 1 Orangenscheibe
✦ 2–3 Gewürznelken

Alle Zutaten außer Tee im Topf erhitzen, aber nicht kochen lassen. Die Mischung in das vorgewärmte Glas gießen, mit heißem Tee auffüllen und umrühren. Die Orangenscheibe mit den Nelken spicken und ins Glas geben.

Mai Tai

fruchtig-milder Drink

✦ mittelgroßer Tumbler
✦ Shaker

✦ 3 cl weißer Rum
✦ 2 cl brauner Rum
✦ 1 cl Curaçao Triple sec
✦ 1,5 cl Mandelsirup
✦ 1,5 cl Limettensaft
✦ 3–4 Eiswürfel
✦ 2–3 EL zerstoßenes Eis
Dekoration:
✦ 1 Ananasstück
✦ 1 Pfefferminzzweig
✦ 1 Cocktailkirsche

Alle Zutaten im Shaker zusammen mit den Eiswürfeln schütteln. Das zerstoßene Eis in den Tumbler füllen. Den Drink durch das Barsieb in den Tumbler seihen. Den Glasrand mit der Ananas, dem Pfefferminzzweig und der Kirsche dekorieren. Mit einem Trinkhalm servieren.

Blue Hawaiian

fruchtig-lieblicher Drink für den Sommer

✦ großes Cocktailglas
✦ Shaker

- ✦ 3 cl weißer Rum
- ✦ 1,5 cl Curaçao blue
- ✦ 2 cl Kokosmilch
- ✦ 4 cl Ananassaft
- ✦ 3–4 Eiswürfel
- ✦ 2–3 EL zerstoßenes Eis

Alle Zutaten im Shaker zusammen mit den Eiswürfeln schütteln und durch das Barsieb in das große Cocktailglas seihen. Das zerstoßene Eis dazugeben. Mit Trinkhalm servieren.

Chi Chi

lieblich-fruchtiger Longdrink für die Sommerparty

✦ Longdrinkglas ✦ Shaker

- ✦ 4 cl Wodka
- ✦ 6 cl Kokosmilch
- ✦ 8 cl Ananassaft
- ✦ 3–4 Eiswürfel
- ✦ 3–4 EL zerstoßenes Eis

Dekoration:

- ✦ 1 Ananasstück
- ✦ 1 Cocktailkirsche

Alle Zutaten im Shaker zusammen mit den Eiswürfeln schütteln und durch das Barsieb in das Longdrinkglas seihen. Das zerstoßene Eis dazugeben. Den Glasrand mit dem Ananasstück und der Kirsche garnieren. Mit einem Trinkhalm servieren.

Waikiki Beachcomber

würzig-milder Shortdrink für alle Gelegenheiten

✦ Cocktailglas ✦ Shaker

- ✦ 2,5 cl Gin
- ✦ 2,5 cl Cointreau
- ✦ 1 cl Ananssaft
- ✦ 5–6 Eiswürfel

Alle Zutaten im Shaker zusammen mit den Eiswürfeln schütteln und durch das Barsieb in das gekühlte Cocktailglas seihen.

Pink Palace

lieblich-fruchtiger Longdrink für den Sommer

✦ Longdrinkglas ✦ Shaker

- ✦ 3 cl weißer Rum
- ✦ 3 cl Grand Marnier
- ✦ 2 cl Grenadine
- ✦ 2 cl Zitronensaft
- ✦ 3 cl Ananassaft
- ✦ 6 cl Kokosmilch
- ✦ 6–8 Eiswürfel

Dekoration:

- ✦ 1 Ananasstück
- ✦ 1 Cocktailkirsche

Alle Zutaten im Shaker mit 3 bis 4 Eiswürfeln schütteln und durch das Barsieb in das mit 3 bis 4 Eiswürfeln gefüllte Longdrinkglas seihen. Das Ananasstück und die Kirsche an den Glasrand stecken. Mit dem Trinkhalm servieren.

Hawaiian Cooler
erfrischender Cooler

✦ mittelgroßer Tumbler
✦ Shaker

✦ 4 cl weißer Rum
✦ 2 cl Zitronensaft
✦ 2 cl Zuckersirup
✦ 1 TL Crème de Menthe grün
✦ 1 TL Ananassaft
✦ 3–4 Eiswürfel
✦ 2–3 EL zerstoßenes Eis
Dekoration:
✦ 1 Ananasstück
✦ 1 Cocktailkirsche
✦ 1 Pfefferminzzweig

Alle Zutaten im Shaker zusammen mit den Eiswürfeln schütteln und durch das Barsieb in den mit zerstoßenem Eis gefüllten Tumbler seihen. Das Ananasstück an den Glasrand stecken. Kirsche und Minze ins Glas geben. Mit Trinkhalm servieren.

Cuba Libre
erfrischender Longdrink

✦ Longdrinkglas ✦ Gästeglas

✦ 4 Eiswürfel
✦ 4 cl weißer Rum
✦ 15 cl Cola
Außerdem:
✦ 1 Limettenstück

Das Longdrinkglas zuerst mit Eis, dann mit Rum und Cola auffüllen. Das Limettenstück in den Drink ausdrücken und hineingeben. Kurz umrühren.

Moscow Mule
erfrischender Longdrink

✦ großer Tumbler ✦ Gästeglas

✦ 3–4 Eiswürfel
✦ 5 cl Wodka
✦ 1 cl Zitronensaft
✦ Ginger-ale zum Auffüllen
Dekoration:
✦ Zitronenscheibe

Die Eiswürfel in den Tumbler geben. Wodka und Zitronensaft dazugießen. Den Drink mit Ginger-ale auffüllen und kurz umrühren. Die Zitronenscheibe an den Glasrand stecken.

Blue Bird
leicht-herber Shortdrink (Aperitif)

✦ Cocktailglas ✦ Rührglas

✦ 5 cl Gin
✦ 1 cl Curaçao Triple sec
✦ 2 Spritzer Angostura-Bitter
✦ 7–8 Eiswürfel
Außerdem:
✦ 1 Stück Zitronenschale
✦ 1 Cocktailkirsche

Alle Zutaten im Rührglas zusammen mit den Eiswürfeln verrühren und durch das Barsieb in das gekühlte Cocktailglas seihen. Den Drink mit der Zitronenschale abspritzen. Die Cocktailkirsche ins Glas geben.

Lady Finger

aromatischer Shortdrink (After-Dinner-Drink)

✦ Cocktailglas ✦ Shaker

✦ 2,5 cl Gin
✦ 2,5 cl Cherry Brandy
✦ 1 cl Kirsch
✦ 5–6 Eiswürfel

Alle Zutaten im Shaker zusammen mit den Eiswürfeln schütteln und durch das Barsieb in das gekühlte Cocktailglas seihen.

Knock Out

würziger Shortdrink (Aperitif)

✦ Cocktailglas ✦ Shaker

✦ 2 cl Gin
✦ 2 cl Vermouth dry
✦ 2 cl Pernod
✦ 1 TL Crème de Menthe weiß
✦ 5–6 Eiswürfel

Dekoration:

✦ 1 Pfefferminzzweig

Alle Zutaten im Shaker zusammen mit den Eiswürfeln schütteln und durch das Barsieb in das gekühlte Cocktailglas seihen. Den Pfefferminzzweig ins Glas geben.

Orange Blossom

fruchtiger Longdrink für alle Gelegenheiten

✦ mittelgroßer Tumbler
✦ Gästeglas

✦ 3 Eiswürfel
✦ 4 cl Gin
✦ 10 cl Orangensaft

Die Eiswürfel in den Tumbler geben. Gin und Orangensaft darüber gießen und sorgfältig umrühren.

Cardinale

(Création Giuseppe Cipriani, Harry's Bar, Venedig) zartbitterer Shortdrink (Aperitif)

✦ Cocktailglas ✦ Rührglas

✦ 4 cl Gin
✦ 2 cl Campari
✦ 2 Spritzer Vermouth dry
✦ 7–8 Eiswürfel

Dekoration:

✦ 1 Stück Zitronenschale

Alle Zutaten im Rührglas zusammen mit den Eiswürfeln verrühren und durch das Barsieb in das gekühlte Cocktailglas seihen. Die Zitronenschale ins Glas geben.

▶ *Knock Out (o.), Orange Blossom (re. u.), Cardinale (li. u.)*

Pink Rose

fruchtig-aromatischer Shortdrink für jeden Tag

✦ Cocktailglas ✦ Shaker

- ✦ 4 cl Gin
- ✦ 1 TL Grenadine
- ✦ 1 TL Zitronensaft
- ✦ 1 TL Sahne
- ✦ 1 frisches Eiweiß

Alle Zutaten im Shaker zusammen mit den Eiswürfeln kräftig schütteln und durch das Barsieb in das gekühlte Cocktailglas seihen.

Perroquet

aromatischer Drink (Aperitif)

✦ kleiner Tumbler ✦ Gästeglas

- ✦ 3 Eiswürfel
- ✦ 2 cl Pastis
- ✦ 1 cl Pfefferminzsirup
- ✦ frisches Wasser zum Auffüllen

Die Eiswürfel mit Pastis und Pfefferminzsirup im Tumbler verrühren. Mit Wasser auffüllen und kurz umrühren.

Tomate

würzig-milder Drink (Aperitif)

✦ kleiner Tumbler ✦ Gästeglas

- ✦ 3 Eiswürfel
- ✦ 2 cl Pastis
- ✦ 1 cl Grenadine
- ✦ frisches Wasser zum Auffüllen

Die Eiswürfel in den Tumbler legen. Pastis und Grenadine darüber gießen und verrühren. Mit Wasser auffüllen, nochmals umrühren.

Suissesse

würziger Drink für den ganzen Tag

✦ kleiner Tumbler ✦ Shaker

- ✦ 4 cl Pastis
- ✦ 2 cl Zitronensaft
- ✦ 1 frisches Eiweiß
- ✦ 6–8 Eiswürfel
- ✦ Sodawasser zum Auffüllen

Alle Zutaten außer Sodawasser im Shaker mit 4 bis 5 Eiswürfeln gut schütteln. Durch das Barsieb in den mit 2 bis 3 Eiswürfeln gefüllten Tumbler seihen. Mit etwas Sodawasser auffüllen.

American Beauty

lieblicher Shortdrink (Aperitif)

✦ Cocktailglas ✦ Shaker

- ✦ 2 cl Brandy
- ✦ 2 cl Vermouth dry
- ✦ 1 cl Orangensaft
- ✦ 1 cl Grenadine
- ✦ 1 Spritzer Crème de Menthe weiß
- ✦ 5–6 Eiswürfel
- ✦ roter Portwein zum Auffüllen

Alle Zutaten außer Portwein im Shaker mit den Eiswürfeln kräftig schütteln. Durch das Barsieb in das gekühlte Cocktailglas seihen. Mit etwas Portwein auffüllen.

B and B

kräftiger Shortdrink zum Verdauen

✦ Cocktailglas ✦ Gästeglas

- ✦ 2 cl Cognac
- ✦ 2 cl Bénédictine (Kräuterlikör)

Die Zutaten im Cocktailglas verrühren. Nach Belieben Eis dazugeben.

Argentine Julep

fruchtiger Longdrink für alle Gelegenheiten

✦ Longdrinkglas ✦ Gästeglas

- ✦ 3–4 EL zerstoßenes Eis
- ✦ 3 cl spanischer Weinbrand
- ✦ 1 cl Cointreau
- ✦ 3 cl Rotwein
- ✦ 3 cl Orangensaft
- ✦ 3 cl Ananassaft

Dekoration:

- ✦ 1 Orangenscheibe
- ✦ 1 Pfefferminzzweig

Das zerstoßene Eis in das Longdrinkglas geben. Die restlichen Zutaten darüber gießen und alles gut verrühren. Den Glasrand mit der Orangenscheibe und dem Pfefferminzzweig garnieren. Den Argentine Julep mit einem Trinkhalm servieren.

Valencia

fruchtig-lieblicher Shortdrink für den Nachmittag

✦ Cocktailglas ✦ Shaker

- ✦ 4 cl Apricot Brandy
- ✦ 2 cl Orangensaft
- ✦ 2 Spritzer Orange-Bitter
- ✦ 5–6 Eiswürfel

Alle Zutaten im Shaker zusammen mit den Eiswürfeln gut schütteln und durch das Barsieb in das gekühlte Cocktailglas seihen.

Garibaldi (Campari Orange)

leicht-bitterer Drink für alle Tage

✦ mittelgroßer Tumbler
✦ Gästeglas

✦ 3–4 Eiswürfel
✦ 4 cl Campari
✦ 8 cl Orangensaft

Die Eiswürfel in den Tumbler geben. Den Campari und den Orangensaft darüber gießen. Mit einem Barlöffel umrühren.

Blanche

süßlicher Shortdrink (After-Dinner-Drink)

✦ Cocktailglas ✦ Shaker

✦ 2 cl Cointreau
✦ 2 cl Anisette
✦ 2 cl Curaçao Triple sec
✦ 5–6 Eiswürfel

Alle Zutaten im Shaker zusammen mit den Eiswürfeln schütteln und durch das Barsieb in das gekühlte Cocktailglas seihen.

Churchill

feinherber Shortdrink für den Abend

✦ Cocktailglas ✦ Shaker

✦ 3 cl Scotch Whisky
✦ 1 cl Vermouth rosso
✦ 1 cl Cointreau
✦ 1 cl frisch gepresster Limettensaft
✦ 5–6 Eiswürfel

Alle Zutaten im Shaker zusammen mit den Eiswürfeln schütteln und durch das Barsieb in das gekühlte Cocktailglas seihen.

El Presidente

harmonischer Shortdrink (Aperitif)

✦ Cocktailglas ✦ Rührglas

✦ 3 cl weißer Rum
✦ 1,5 cl Curaçao Triple sec
✦ 1,5 cl Vermouth dry
✦ 1 Spritzer Grenadine
✦ 7–8 Eiswürfel

Alle Zutaten im Rührglas zusammen mit den Eiswürfeln verrühren. Durch das Barsieb in das gekühlte Cocktailglas seihen.

1950–1959

Ein neuer Stern am Cocktailhimmel – Wodka

It's Wodka-Time

Cocktailkenner und Mixologen auf der ganzen Welt sind sich einig über das fünfte Jahrzehnt des 20. Jahrhunderts. Die weltweite Verbreitung des Wodkas – als Destillat auf Kornbasis – hat die Cocktailkultur des Jahrhunderts entscheidend geprägt. Mancher mag sich fragen, wie es denn sein konnte, dass man im Mutterland der Cocktails so lange diesen edlen „spirit" vernachlässigt hat? Es musste so sein. Denn zum einen waren die hohen Transportkosten in der Vorkriegszeit ein unüberwindliches Hindernis auf dem Weg zur Popularisierung dieser Spirituose – was ja immer voraussetzt, dass sich auch der Mittelstand einen Drink oder Cocktail leisten könnte – zum anderen galt in den angelsächsischen Ländern Gin nach wie vor als die Cocktail-Spirituose schlechthin. Zahlreiche Rezepturen, entstanden in der ersten Jahrhunderthälfte, belegen seine unangefochtene Stellung, und sind längst diesseits und jenseits des Atlantiks zum festen Bestandteil der Trinkkultur geworden.

Das Getränk des Klassenfeinds

Weit wichtiger noch wirkte der Eiserne Vorhang als geistige Sperre gegen den Wodka. Denn spätestens mit der Machtübernahme Stalins 1924, nach dem Tod Lenins, wurde das Gespenst, das Karl Marx 1848 in seinem Kommunistischen Manifest beschworen hatte, auch deutlich sichtbar: Es bekam einen Namen und konnte – so personifiziert – auch als Inbegriff des Bösen in der Westlichen Welt identifiziert werden. Der kollektive Bannfluch auf das „Land des Bösen" traf nicht nur die Bewohner, sondern auch die Früchte der Erde, wie Korn und Weizen. Und wenn die Sowjetunion aufgrund schlechter Ernten wieder einmal Millionen von Weizentonnen in den USA bestellen musste, munkelte der Volksmund gerne, der Weizen werde wohl nicht zur Mühle, sondern in die Destillerie gefahren …Tempi passati.

Subversive Infiltration amerikanischer Bars

In den USA herrschte in den 50er Jahren, zumindest zu Beginn des Jahrzehnts, eine heftige Abneigung gegen alles Exzentrische, gegen alles „Unamerikanische", das nicht dem „American Dream" entsprach. Der Mann im grauen Nadelstreifenanzug trank einen Dry Martini, einen Gin mit Tonic water oder Scotch mit Soda, wie der Kulturkritiker William Grimes festhält. Mehr noch: Der Cocktail spiegelt äußerst genau die politischen Ängste der Neuen Welt wieder. Der Beginn eines unheimlichen Wettrüstens und Wettlaufs um die politische Übermacht auf dem Planeten führte zu einer Pattsituation, deren Höhepunkt wohl die Kuba-Krise 1962 darstellt.

Trotzdem begann der Wodka die beliebtesten Cocktails der Amerikaner allmählich und unaufhaltsam zu infiltrieren und sich als beliebteste Spirituose der Amerikaner zu etablieren. Weder John LeCarré noch sonst ein anderer Romancier auf dem Gebiete der Agententhriller, hätte diese subversive russische Aktion besser inszenieren können. Unter McCarthy kamen reihenweise teils unbescholtene US-Bürger vor die Kommission gegen unamerikanische Umtriebe, sagten aus oder schwiegen, und als die Einvernahmen beendet waren, man stelle sich dies bildlich vor, machten sich die Richter und Justizbeamten auf den Weg zur Cocktail Hour und schlürften einen Wodkatini – den „Dry Martini" mit Wodka statt Gin, der sie „atemlos" bleiben ließ.

Irritieren konnte sie höchstens ein Bild in den „New York Daily News", das während des Koreakrieges eine Menge protestierender Bartender in New Yorks Straßen zeigte.

Mit ihren Transparenten dokumentierten sie, auch ohne Moscow Mule in ihren Bars leben zu können. Dies veranlasste die betroffene Firma Smirnoff sofort zur Darstellung, der in den USA getrunkene Wodka käme keinesfalls aus dem „Reich des Bösen“, sondern das Destillat stamme von einheimischem Korn. Daraufhin beruhigten sich die Bartender wieder, wie Harrington erzählt: „Die Yankees kauften die Story und den Wodka dazu …“.

Vorsichtige Annäherung

Für Grimes ist klar, dass der Wodka zunächst die skeptischen Ostküsten-WASPs (White Anglosaxon Protestans – weiße angelsächsische Protestanten) nicht zu überzeugen vermochte. Alles, was neu, fancy und aufregend war und ist, kommt noch immer aus dem kalifornischen Westen der USA. So soll die Filmschauspielerin Joan Crawford 1947 eine Party in Hollywood gegeben haben, bei der es nur Wodka und Champagner zu trinken gab. Die Gäste – tout Hollywood – fanden den Schnaps offenbar so gut, dass sie Wodka bei ihren Partys ebenfalls präsentierten und ausschenkten.

Eine andere Theorie kommt dem wahren Sachverhalt vielleicht näher: Während Filmaufnahmen war es Usus, sich auf dem Set gelegentlich einen hinter die Binde zu gießen. Da kam Wodka den Filmstars gerne zu Hilfe, denn das Destillat vereinigte drei Eigenschaften, die es vom Gin in einer wichtigen wesentlich unterschied. Wodka riecht nicht nach gebranntem Wasser, lässt sich mit allem mixen und sieht klar, fast diätetisch aus. So gelangen neben dem Wodkatini auch zahlreiche andere Wodkacocktails in die Gläser, zunächst aber sind es „Derivate“ bestehender Cocktails auf Gin-Basis. Der Gin wird schlicht durch Wodka ersetzt, so entstehen Cocktails wie Wodka Fizz, Joe Collins, Wodka Gibson – einzig der Screwdriver gelangt als Neuschöpfung in die Köpfe der Mixologen.

Eine Marotte – „shaken, not stirred" – machte James Bond unsterblich

„Geschüttelt, nicht gerührt"

Es gibt einen berühmten Zeitgenossen, der mit seinen Trinkgewohnheiten eine ganze Generation beschwingte. Ian Flemings literarische Figur James Bond, die zum ersten Mal im Roman „Casino Royale" auftaucht und in einer Bar einen ganz besonderen Cocktail bestellt: „A dry Martini" (Bond), said. „One in a deep champagne goblet … Three measures of Gordon's, one of vodka, half a measure of Kina Lillet. Shake it well until it's very cold, then add a large thin slice of lemon peel. Got it?"

Der britische Autor Fleming wollte offenbar von seinem Gin nicht lassen und ersetzte den Vermouth durch einen französischen Aperitif, den Kina Lillet Blanc, ein vermouthähnliches Getränk. Und er ließ seinen James Bond eine kulturelle Debatte lostreten, die noch heute nicht beendet ist: Während der klassische Martini lediglich im Mixglas gerührt wird, bestand Bond darauf, dass die Zutaten im Shaker geschüttelt werden und nicht ins übliche Martiniglas abgeseiht werden, sondern in einen Champagnerkelch. Zu guter Letzt kommt nicht eine Olive ins Glas, bewahre, sondern ein Stück Zitronenzeste.
Seitdem Sean Connery seinen Martini zum ersten Mal auf der Leinwand genoß, gehört das Mixen eines Cocktails zum Bestandteil praktisch jedes Fleming-Romanes. Auch in den bislang 19 Filmen über „007“ kommt fast immer irgendwo eine Szene vor, in der der Agent Ihrer Majestät an einem Tresen einen Martini bestellt und der Bestellung jene mittlerweile berühmten drei Worte nachschickt, die ihn unter Cocktailkennern unsterblich gemacht haben: „Shaken, not stirred“ – geschüttelt, nicht gerührt.

Wodka *Geschichten – liebes kleines Wasser*

Der erste Mensch Russlands, der sich der industriellen Herstellung von Wodka annahm, war Pjotr Smirnoff, der seine Destillerie 1818 eröffnete – und natürlich dem Getränk seinen Namen gab. 1886 wurde Smirnoff „geadelt“: Er durfte seinen zweimal gefilterten Schnaps den Romanows in den Zarenpalast liefern. Die Ausgaben des Zaren für seinen Wodkakonsum sollen höher gewesen sein als die Honorare, die er an den Bijoutier Fabergé für dessen Eier überweisen musste.

Was, wenn es nicht wahr ist, sich wenigstens schön erfunden anhört – wie übrigens alle anderen Geschichten über Trunkenbolde und die Mengen an Alkohol, die sie zu trinken beliebten.

Auch der Zar war für die Prohibition

Doch es war der Zar selbst, der 1914 beschloss, den Verkauf von Wodka im ganzen Reich zu unterbinden. Hintergedanke dieser Prohibition war, die Kriegsleistung seiner Armeen zu erhöhen. Der Verkauf von Bier und Wein war erlaubt, doch die Gouvernements im Riesenreich setzten das Wodkaverbot rasch durch. Es kam, wie es auch teilweise in den USA kommen musste: Im Revolutionsjahr 1917 brach die Anarchie – auch hinsichtlich des Alkohol – aus: Bauern, Arbeiter und Soldaten schütteten in ihre Kehlen, was sie gerade an alkoholhaltigen Getränken finden konnten: Industriealkohol, Kölnischwasser, Möbelpolitur.

Im November und Dezember 1917 ereigneten sich in Petrograd schwere Auseinandersetzungen vor der Petrow Wodka Fabrik, die mit dem Tod von drei Wachmännern und acht Soldaten endeten – das Fanal für die Bolschewiken, das Wodkaverbot aufrecht zu halten.

Es hielt sich auch unter der neuen Regierung nur sieben Jahre lang. 1924 sahen die Kommunisten ein, dass der Wodka wieder fließen musste. Jetzt allerdings unter einem Staatsmonopol, denn die junge Sowjetunion brauchte – wie heute alle Staaten, in denen alkoholische Getränke besteuert werden, Geld. Sehr viel Geld sogar.

Die Smirnoffs flohen nach Paris und lernten dort den aus der Ukraine stammenden Amerikaner Rudolph Kunett kennen. Er kaufte der Familie das Recht ab, in deren Namen einen Wodka herzustellen – in den Vereinigten Staaten und nach der Prohibition. Er musste jedoch noch gut neun Jahre warten, bis er 1934 in Bethel, US-Staat Conneticut, seine erste Destillerie eröffnen konnte. Allerdings ohne Erfolg, denn Kunett musste seine Fabrik an die kanadische Heublein Company verkaufen, die dem Wodka unmittelbar nach dem Zweiten Weltkrieg zum Durchbruch verhalfen.

Des Wodkas unaufhaltsamer Siegeszug

1950 wurden ungefähr 40 000 Kartons mit Wodkaflaschen in den USA verkauft, so vermutet Grimes. Doch vier Jahre später waren es schon 1,1 Millionen Kartons, und im Jahr darauf vervierfachte sich der Konsum der Vereinigten Staaten von Amerika. Freilich, zur Cocktailkultur des 20. Jahrhunderts konnte der Wodka durchaus Entscheidendes beitragen. Viele Klassiker der Cocktailgeschichte waren schon gemixt, es ging lediglich noch darum, in einzelnen Cocktails den Gin durch Wodka zu ersetzen, beispielsweise in einem Dry Martini. Die Wirkung dieses Vodkatini würde die US-Autorin und Kulturkritikerin Dorothy Parker noch immer gleich beschreiben wie in den 20er-Jahren, als sie den nur schwer ins Deutsche zu übertragenden und – höflich ausgedrückt – sehr zweideutigen Vierzeiler für die Martini-Aficionados dichtete:

I like to drink Martinis
Two at the very most
Three, I'm under the table
Four, I'm under my host

(Ich liebe Martinis
Aber höchstens zwei
Drei, da bin ich unterm Tisch
Vier, da lieg' ich unter meinem Gastgeber)

Die Juke-Box: Inbegriff des Lebensgefühls in den Fünfzigern – la dolce vita

Dolce Vita im Nachkriegs-Europa

Die Fünfzigerjahre. Aus den Juke-Boxes dröhnen die ersten Songs von Elvis – the pelvis – Presley. Der Junge mit der heißen Tolle auf der Stirn und dem butterzarten Schmelz in der Stimme begann die Herzen der Girls zu erobern. Die tummelten sich in Eisdielen und Tanzcafés

mit ihren unverwechselbaren, grob und bunt gemusterten Tapeten. „Klinisch, sauber und pastellfarben" sind diese Etablissements, in denen die Jugendlichen noch streng daran glaubten, dass das, was ihre Väter und Mütter taten, wirklich das Richtige im Leben wäre. Im Petticoat, weit übers Knie hinunter und locker geschwungen, gingen die Mädchen ins Kino und schwärmten von Kerlen wie James Dean – erst recht nach seinem tragischen Unfalltod am 30. September 1955.
Langsam erwachte bei den hart arbeitenden Deutschen auch die Lust aufs Reisen. Das tat man im Zelt und mit dem Motorrad. Im Mai 1954 hatten dreizehn Länder die Grenzen für Deutsche geöffnet, doch besaßen erst 21 Prozent der Bevölkerung einen Reisepass. Wenn sie gekonnt hätten, wären sie am liebsten ins Land der blühenden Zitronen gefahren. Als zweites beliebtes Reiseziel folgte die Schweiz. Besonders nach dem 4. Juli 1954, denn in Bern gewann die deutsche Fußballnationalmannschaft die Weltmeisterschaft.

Die erste Cocktail-Hitparade

Zurück in die Neue Welt, nach New York. Dort hatte Jack Townsend, Präsident der Bartender's Union of New York, 1951 ein Buch veröffentlicht unter dem Titel „The Bartender's Book". Townsend war nicht wie so viele Autoren der Nachkriegszeit, die ihre Erkenntnisse in Buchform der Nachwelt überlassen wollten. Als Funktionär der Barmänner-Vereinigung in New York wollte er auch wissen, was die Kollegen (und wenigen Kolleginnen) in den Bars denn so an Cocktails verkauften. Daraus war die bisher einzig bekannte und überlieferte Hitparade der Cocktails entstanden, in der 40 gemixte Drinks präsentiert und in ihrer Popularität mit dem Jahr 1945 verglichen wurden.

Manhattan vor Dry Martini

An erster Stelle stand – nein, nicht der Dry Martini – der Manhattan, der seit Kriegsende, so die Umfrage, von beiderlei Geschlechtern gleichermaßen eifrig getrunken wurde. An zweiter Stelle folgte der Martini. Der allerdings darf sich rühmen, ein „männlicher" Cocktail zu sein. Nicht, dass Frauen ihn schmähten, aber wenn man Aussagen von Frauen wie Dorothy Parker gelesen hat, versteht man schon, dass es eine gewisse Trinkfestigkeit braucht, um einen „Three-Martini-Lunch" durchzustehen. An dritter Stelle folgte der Daiquiri – kein Wunder, schließlich diente karibischer Rum während der Prohibitionszeit als Ersatz, als man sich lediglich am Badewannen-Gin laben konnte. Erstaunlich daran war wiederum die Präferenz: Mehr Frauen als Männer tranken diesen auf Rum, Limettensaft und Rohrzucker basierenden Cocktail.

An vierter Stelle folgte der Whisky Sour und an fünfter der Old-Fashioned. Wieder Cocktails, die vor allem Männern zu munden schienen, während die nachfolgenden Tom Collins, Bacardi-Cocktail, Cuba Libre und Alexander von mehr Frauen als Männern an der Theke geordert wurden. Erst der Stinger vereinte die Geschlechter wieder. Gleiches galt für den Dubonnet-Cocktail, den Singapore Sling, Zombie, Silver Fizz, Applejack Cocktail und Horse's Neck. Applejack ist nichts anderes als Calvados auf Amerikanisch – ein Apfelbranntwein, der heute allerdings kaum mehr konsumiert wird.

Die Bartender, die den von Townsend sorgfältig ausgearbeiteten Fragebogen beantworteten, mussten schon auf der Hut sein, denn der gewitzte Präsident hatte auf seiner Cocktailliste den Martini und den Old-Fashioned gar nicht erst aufgeführt: Er wollte herausfinden, wie wachsam seine Mitglieder sind. Aber es kamen zu den insgesamt 80 Cocktails auch solche in die Liste, die heute in keinem Rezeptbuch auftauchen.

Er ist redselig oder verschwiegen, verständnisvoll und mitfühlend: der Barkeeper

Cocktails für Romantiker

Einer davon weckt Erinnerungen an die romantische Liebesgeschichte zur Zeit des amerikanischen Bürgerkriegs, die noch in aller Leserinnen Erinnerung sein dürfte: Scarlett O'Hara, der mit 3 cl Southern Comfort, 3 Spritzern Grenadine und dem Saft ½ Limette im Shaker zubereitet wird – natürlich fehlt auch der unverwüstliche Rhett Butler nicht. Auch ihm haben die Amerikaner, fix im Kreieren neuer Cocktails, einen Drink gewidmet: 3 cl Southern Comfort, den Saft von je ¼ einer Zitrone und 1 Limette und 2 Spritzer Curaçao. Die Zutaten im Shaker schütteln, abseihen und in einem Cocktailglas servieren.

Im Süden trinkt man anders

Es versteht sich von selbst, dass zu diesem frühen Zeitpunkt des Jahrzehnts Wodka-Cocktails noch gar nicht an der Ostküste der USA aufgetaucht waren und noch immer ein Vergnügen der Westküstenbewohner darstellten. Die sich allerdings vom Moscow Mule, diesem Gebräu aus Wodka und Ingwerbier, bald losgesagt haben dürften. Freilich, Peter Bohrmann führt ihn noch in seinem „Falken-Mixbuch", doch anstelle des Getränks aus vergorenem Zucker und Ingwerwurzeln (Dr. Oetkers Lexikon Lebensmittel und Ernährung), empfiehlt der Barman Ginger-ale und 1 Spritzer Zitronensaft – nebst 6 cl Wodka.

Die Hitparade von Jack Townsend darf man zu jener Zeit nicht als sakrosankt betrachten, er selbst relativierte diese Liste von Cocktails nach regionalen Vorlieben. So wird auch heute etwa in New York und generell in den nördlich des „sun belt" gelegenen Staaten selten ein Mint Julep geordert – ein in den Südstaaten äußerst beliebter Cocktail aus Bourbon, Zucker und Pfefferminze. Der Mint Julep ist für die Südstaaten das, was der Martini für den Norden der USA ist: eine Religion. So gibt es die „High Kentucky School", deren Anhänger nicht müde werden, Barkeepern beizubringen, die Minze mit dem Zucker zu zerstoßen, während die Anhänger der „Lowland" oder „Pendennis School" das Zerreiben der Minze mit dem Mörser als ein Sakrileg betrachten. Andere streiten sich darüber, ob man den Julep im Silberbecher oder im Glas servieren muss.

Weil die Südstaatler als Hitzköpfe gelten, warnte schon Townsend davor, sich in diesem „Cocktailkrieg“ für die eine oder andere Front zu entscheiden. Er gab lediglich zu bedenken, dass es wohl einfacher wäre, Gläser zu beschaffen als Silberbecher. Auch sei es wohl unsinnig, einen solchen Cocktail mit Früchten zu garnieren, bei dem die beiden Aromen Pfefferminze und Bourbon hervorstechen. Und was das Zerstoßen der Minzeblätter beträfe, meinte der Autor zu Recht, dass es Geschmackssache bleiben müsse, auf welche Variante nun die Wahl fallen würde.

Rum *Geschichten – karibisch gut*

Die Amerikaner entdeckten den Rum in diesem Jahrhundert mehrmals, nachdem der Daiquiri und ebenso der Planter's Punch als Cocktail bereits früher schon die Barkarten der Saloons bereichert hatten und ihren Siegeszug nach dem Zweiten Weltkrieg definitiv abschlossen. Rum ist ein Trinkbranntwein, der im wesentlichen aus frischem Zuckerrohr, Zuckerrohrsaft, Zuckerrohrmelasse und sonstigen Rückständen der Rohrzuckerfabrikation hergestellt wird: Durch Vergärung und nachfolgender Destillation entsteht ein klarer Branntwein, der seinen typischen Geschmack erst durch Lagerung und Ausbau in eichenen oder alten Sherry-Fässern erhält.

Unverwüstlich: Ernest Hemingway

Seine Popularität verdankt der Rum in den ersten Nachkriegsjahren auch einem Schriftsteller, der während rund 20 Jahren auf Kuba gelebt hat. Unter-

Erst E. Hemingway machte aus der Floridita Bar in Havanna eine „Ikone der Sehnsucht“

brochen nur von Exkursionen nach New York, in den spanischen Bürgerkrieg oder der Befreiung der Bar des Pariser Hotel Ritz von der nationalsozialistischen Besatzung: Ernest Hemingway. „Um Hemingways Trinkstätten ist nirgends so viel Brimborium gemacht worden wie in Kuba", schreibt der Literaturwissenschafter Donald W. Goodwin in seiner Studie „Alkohol und Autor". „Damals, als Hemingway die Floridita Bar entdeckte, gab es sie schon etwa seit einem Jahrhundert, aber er verhalf ihr zu Weltruhm. Die Floridita war dafür bekannt, den doppelten ‚Frozen Daiquiri' erfunden zu haben (der manchmal ‚Hemingway Daiquiri' oder ‚Papa Doble' genannt wird).
Einmal trank Hemingway sechzehn davon an einem einzigen Abend (‚Hausrekord'). Wenn die Geschichte wahr ist, dann nahm er 1,68 Liter vierzigprozentigen Rum, den Saft von 32 Limonen und 8 Grapefruits sowie 96 Tropfen Maraschino zu sich.

Cocktails im Wettbewerb

Dass auch in Europa ein Hang nach neuen, bislang unbekannten Cocktails vorhanden war, dokumentiert die Geschichte der IBA-Cocktail-Wettbewerbe, die 1955 nach langer, kriegsbedingter Unterbrechung wieder veranstaltet wurden. Erzählt werden sie in einem von der Getränkefirma Bols gesponserten Buch, das über 40 Jahre Geschichte der Internationalen Barmänner Vereinigung (IBA) beinhaltet. Als in Amsterdam die besten Cocktails von den Gewinnern der nationalen Wettbewerbe zur Bewertung vorgeführt wurden, staunte man über den Hang zum süßen Cocktail. Dies schien der Wegweiser zum Gewinn der Weltmeisterschaft in der Mix-Competition zu sein, denn in den nachfolgenden Jahren mussten die Juroren des Öfteren noch solche Cocktails verkosten. Giuseppe Neri heißt der erste Weltmeister der Nachkriegszeit, der mit einer „Conca d'Oro" die unter Barmännern begehrte Trophäe gewann. Sein Rezept: 4 cl Gordon's Dry Gin, jeweils 1 cl Triple Sec Cherry Likör und Maraschino. Im Shaker schütteln und in ein Cocktailglas abseihen. Erstaunlich an dem Rezept sind weniger die zahlreichen Liköre, die dem Cocktail einen Hang zur Süße verleihen, sondern die Abwesenheit von Wodka. Noch immer sind die klassisch geschulten Barmänner aus Übersee und Europa eingeschworen auf Gin. Erst später kommen die Rezepturen mit jener anderen Grundspirituose daher, die das Jahrzehnt zu dominieren begann.

Verständlich, dass die Juroren, um nicht immer diese süßen Säfte testen zu müssen, die Regeln für die Weltmeisterschaft bald änderten. Heute wetteifern bei den jährlich stattfindenden nationalen Competitions jeweils pro Jahr entweder ein trockener Pre-Dinner-Cocktail oder ein süßer Cocktail (After-Dinner) und ein Longdrink um die Gunst der gestrengen Jury, der mittlerweile auch

Frauen angehören. Es versteht sich von selbst, dass nationale Ausscheidungen, die von den Nationalverbänden unter ihren Mitgliedern ausgeschrieben werden, nicht nur einen Anlass fröhlichen Wettstreits darstellen. Die bereits erwähnte Notwendigkeit, sich neben der vorzugsweise nächtlichen Arbeitszeit auch einmal in entspannter Atmosphäre treffen zu können, führte natürlich auch dazu, dass Cocktail-Vorlieben und -Abneigungen eifrig diskutiert werden.

Barflies – die wahren Cocktailkenner

Barkeeper können je nach Lust und Laune einem Cocktail zum Durchbruch verhelfen, was in früheren Zeiten vor allem „Barfliegen" (barflies) vorbehalten war. Eine verschworene Gemeinschaft von Cocktail-Aficionados, die ihre Bar-Erkenntnisse dank ihres Vermögens (Reisen nach Übersee wird erst gegen Ende des Jahrhunderts billig) in die entlegensten Ecken der Welt brachten.
Die Barflies hatten am Revers ihrer Jacketts eine kleine Fliege befestigt, mit der sie sich gegenüber anderen „Fliegern" als Cocktailkenner auswiesen. Diese Gesellschaft, die 1924 in der Harry's New York Bar in Paris von Harry MacElhone und einem Schotten namens O.O. McIntyre gegründet wurde, versteht sich als „a secret and fraternal organization devoted to the uplift and downfall of serious drinkers". Sie hat ihren Sitz noch immer in dieser ebenso weltberühmten Bar der Seine-Stadt, die jeder Taxifahrer kennt, wenn ein amerikanischer Tourist als Ziel seiner Fahrt „Sank Roo Doe Noo" angibt. Tatsächlich befindet sich die Bar, die in einem früheren Kapitel bereits Eingang in die Cocktailgeschichte gefunden hat, noch immer in Hausnummer fünf der Rue Daunou im zweiten Arrondissement der Seine-Stadt.

Mojito

aromatischer Drink für den Sommer

✦ Longdrinkglas ✦ Gästeglas

✦ 2 cl frisch gepresster Limettensaft
✦ 2 TL fein gemahlener Rohrzucker
✦ 6–8 Minzeblätter
✦ 4 cl weißer Rum
✦ 4–5 EL zerstoßenes Eis
✦ 2 cl Sodawasser
Dekoration:
✦ 1 Pfefferminzzweig

Den Limettensaft in das Longdrinkglas gießen. Den Zucker darüber streuen, die Minzeblätter beifügen und alles mit dem Stößel oder dem Barlöffel zerdrücken. Mit Eis, Rum und Sodawasser auffüllen und gut umrühren. Den Pfefferminzzweig ins Glas geben. Mit einem Trinkhalm servieren.

Florida Special

fruchtiger Shortdrink für jeden Tag

✦ Cocktailglas ✦ Shaker

✦ 3 cl brauner Rum
✦ 1 cl Curaçao red
✦ 1 cl Maraschino
✦ 2 cl Orangensaft
✦ 5–6 Eiswürfel

Alle Zutaten im Shaker zusammen mit den Eiswürfeln gut schütteln und durch das Barsieb in das gekühlte Cocktailglas seihen.

Hemingway Special

fruchtig-erfrischender Drink für heiße Tage

✦ Longdrinkglas ✦ Shaker

✦ 4 cl weißer Rum
✦ 4 cl Grapefruitsaft
✦ 1 cl frisch gepresster Limettensaft
✦ 3–4 Eiswürfel
✦ 3–4 EL zerstoßenes Eis
Dekoration:
✦ 1 Orangenscheibe

Alle Zutaten im Shaker zusammen mit den Eiswürfeln schütteln. Durch das Barsieb in das Longdrinkglas seihen und mit zerstoßenem Eis auffüllen. Die Orangenscheibe ins Glas geben. Mit einem Trinkhalm servieren.

Presidente

kräftiger Shortdrink (Aperitif)

✦ Cocktailglas ✦ Shaker

✦ 5 cl weißer Rum
✦ 1 cl Dubonnet
✦ 2 Spritzer Grenadine
✦ 5–6 Eiswürfel
Dekoration:
✦ 1 Orangenscheibe
✦ 1 Cocktailkirsche

Alle Zutaten im Shaker zusammen mit den Eiswürfeln schütteln und durch das Barsieb in das gekühlte Cocktailglas seihen. Die Orangenscheibe und die Kirsche an den Glasrand stecken.

Mulata

frischer Drink für die Sommerparty

- ✦ großes Cocktailglas
- ✦ Mixer mit Messervorsatz

- ✦ 4 cl weißer Rum
- ✦ 1 cl Crème de Cacao braun
- ✦ 1 cl frisch gepresster Limettensaft
- ✦ 10–12 Eiswürfel

Alle Zutaten im Mixer zusammen mit den Eiswürfeln mixen. In das Cocktailglas gießen und mit einem Trinkhalm servieren.

Greta Garbo

süß-säuerlicher Shortdrink (Aperitif)

- ✦ großes Cocktailglas
- ✦ Shaker

- ✦ 4 cl weißer Rum
- ✦ 2 cl frisch gepresster Limettensaft
- ✦ 1 TL Zucker
- ✦ 1 TL Maraschino
- ✦ 2 Spritzer Pernod
- ✦ 3–4 Eiswürfel
- ✦ 2–3 EL zerstoßenes Eis

Dekoration:

- ✦ 1 Pfefferminzzweig

Alle Zutaten im Shaker zusammen mit den Eiswürfeln schütteln. Das zerstoßene Eis in das Cocktailglas geben und die Mischung durch das Barsieb darüber seihen. Den Minzzweig ins Glas geben. Mit kleinem Trinkhalm servieren.

Havana Loco

erfrischender Longdrink für den ganzen Tag

✦ Longdrinkglas ✦ Gästeglas

- ✦ 4 Eiswürfel
- ✦ 4 cl weißer Rum
- ✦ 16 cl Orangenlimonade

Dekoration:

- ✦ 1 Orangenscheibe
- ✦ 1 Limettenscheibe
- ✦ 1 Cocktailkirsche

Zunächst die Eiswürfel in das Longdrinkglas legen. Dann den weißen Rum darüber gießen, mit Limonade auffüllen und umrühren. Die Früchte an den Glasrand stecken. Mit Trinkhalm servieren.

Havana Special

fruchtiger Shortdrink für den Sommer

✦ Cocktailglas ✦ Shaker

- ✦ 3 cl weißer Rum
- ✦ 1 cl Maraschino
- ✦ 2 cl Ananassaft
- ✦ 5–6 Eiswürfel

Dekoration:

- ✦ 1 Ananasstück

Alle Zutaten im Shaker zusammen mit den Eiswürfeln schütteln und durch das Barsieb in das gekühlte Cocktailglas seihen. Das Ananasstück an den Glasrand stecken.

Flamingo

exotischer Shortdrink für den Sommer

✦ Cocktailglas ✦ Shaker

✦ 3 cl weißer Rum
✦ 2 cl Ananassaft
✦ 1 cl frisch gepresster Limettensaft
✦ 2 Spritzer Grenadine
✦ 5–6 Eiswürfel

Alle Zutaten im Shaker zusammen mit den Eiswürfeln kräftig schütteln und durch das Barsieb in das gekühlte Cocktailglas seihen.

Cubanito

pikanter Pick-me-up (Aperitif)

✦ mittelgroßer Tumbler
✦ Gästeglas

✦ 2 Spritzer Zitronensaft
✦ 1 Prise Selleriesalz
✦ 1 Prise schwarzer Pfeffer
✦ 2 Spritzer Worcestersauce
✦ evtl. 1 Spritzer Tabasco
✦ 4 cl gekühlter, weißer Rum
✦ 10 cl gekühlter Tomatensaft

Dekoration:

✦ 1 Stück Stangensellerie

Den Zitronensaft und die Gewürze in dem Tumbler verrühren. Den Rum und den Tomatensaft dazugeben und alles mit einem Barlöffel gut verrühren. Das Selleriestück ins Glas geben.

Cuban Manhattan (Rum Manhattan)

aromatischer Shortdrink (Aperitif)

✦ Cocktailglas ✦ Rührglas

✦ 4 cl weißer Rum
✦ 2 cl Vermouth rosso
✦ 1 Spritzer Angostura-Bitter
✦ 7–8 Eiswürfel

Dekoration:

✦ 1 Cocktailkirsche

Alle Zutaten im Rührglas zusammen mit den Eiswürfeln verrühren und durch ein Sieb in das vorgekühlte Cocktailglas seihen. Die Kirsche am Sticker ins Glas geben.

Havana Side-car

erfrischender Shortdrink (Aperitif)

✦ Cocktailglas ✦ Shaker

✦ 5–6 Eiswürfel
✦ 3 cl brauner Rum
✦ 1,5 cl Cointreau
✦ 1,5 cl Zitronensaft

Die Eiswürfel in den Shaker geben, die übrigen Zutaten darüber gießen und alles gut schütteln. Danach durch das Barsieb in das vorgekühlte Cocktailglas seihen.

▶ *Cuban Manhattan (o.), Havana Side-car (u.)*

Saoco (li.), Zombie (re.)

Saoco

milder Longdrink
für die Sommerparty

✦ Longdrinkglas ✦ Gästeglas

✦ 3–4 EL zerstoßenes Eis
✦ 4 cl weißer Rum
✦ 10 cl Kokosmilch

Das zerstoßene Eis in das Longdrinkglas geben. Den Rum und die Kokosmilch darüber gießen und alles gut verrühren. Mit einem Trinkhalm servieren.

Daiquiri

feinherber Daiquiri

✦ Cocktailglas ✦ Shaker

✦ 4 cl weißer Rum
✦ 1 cl frisch gepresster Limetten- oder Zitronensaft
✦ 1 cl Zuckersirup
✦ 5–6 Eiswürfel

Alle Zutaten im Shaker zusammen mit den Eiswürfeln kräftig schütteln und durch das Barsieb in das vorgekühlte Cocktailglas seihen.

Frozen Daiquiri

erfrischender Daiquiri für den Sommer

✦ Longdrinkglas
✦ Mixer mit Messervorsatz

✦ 4 cl weißer Rum
✦ 1 cl frisch gepresster Limetten- oder Zitronensaft
✦ 1 cl Zuckersirup
✦ 10–12 Eiswürfel

Dekoration:

✦ 1 Cocktailkirsche

Alle Zutaten im Mixer zusammen mit den Eiswürfeln mixen, bis Schnee entsteht. In das Longdrinkglas gießen. Die Kirsche ins Glas geben. Mit einem Trinkhalm servieren.

Floridita Frozen Daiquiri

frischer Daiquiri für heiße Tage

✦ Longdrinkglas
✦ Mixer mit Messervorsatz

✦ 4 cl weißer Rum
✦ 1 cl frisch gepresster Limetten- oder Zitronensaft
✦ 1 cl Zuckersirup
✦ 2 Spritzer Maraschino
✦ 10–12 Eiswürfel

Dekoration:

✦ 1 Cocktailkirsche

Alle Zutaten im Mixer zusammen mit den Eiswürfeln mixen, bis Schnee entsteht. Ins Glas gießen und die Kirsche dazugeben. Mit Trinkhalm servieren.

Zombie

starker Drink für den Abend

✦ Longdrinkglas ✦ Shaker

✦ 3 cl brauner Rum
✦ 3 cl weißer Rum
✦ 2 cl hochprozentiger brauner Rum
✦ 1 cl Apricot Brandy
✦ 1 cl frisch gepresster Limettensaft
✦ 1 cl Ananassaft
✦ 1 cl Maracujasirup
✦ 3–4 Eiswürfel
✦ 3–4 EL zerstoßenes Eis

Dekoration:

✦ 1 Ananasstück
✦ 1 Cocktailkirsche
✦ 1 Pfefferminzzweig

Alle Zutaten im Shaker zusammen mit den Eiswürfeln kurz und kräftig schütteln. Durch das Barsieb in das Longdrinkglas seihen und mit zerstoßenem Eis auffüllen. Das Ananasstück und die Kirsche an einem Sticker über den Glasrand legen, den Pfefferminzzweig ins Glas geben. Mit einem Trinkhalm servieren.

West Indian Punsch

exotischer Longdrink für die Sommerparty

✦ Longdrinkglas ✦ Shaker

✦ 4 cl brauner Rum
✦ 2 cl Crème de Bananes
✦ 2 cl frisch gepresster Limettensaft
✦ 3 cl Ananassaft
✦ 3 cl Orangensaft
✦ 3–4 Eiswürfel
✦ 3–4 EL zerstoßenes Eis

Außerdem:

✦ geriebene Muskatnuss

Alle Zutaten im Shaker mit den Eiswürfeln gut schütteln. Das zerstoßene Eis in das Longdrinkglas füllen, den Drink durch das Barsieb seihen und mit Muskat bestreuen. Mit Trinkhalm servieren.

Pisco Punsch

fruchtig-aromatischer Drink für den Sommer

✦ großes Cocktailglas
✦ Shaker

✦ 4 cl Pisco
✦ 2 cl frisch gepresster Limettensaft
✦ 1 cl Zuckersirup
✦ 4 cl Ananassaft
✦ 2 Spritzer Maraschino
✦ 5–6 Eiswürfel

Alle Zutaten im Shaker zusammen mit den Eiswürfeln schütteln und durch das Barsieb in das gekühlte Glas seihen.

Yellow Bird

fruchtig-aromatischer Drink

✦ Longdrinkglas ✦ Shaker

✦ 4–5 EL zerstoßenes Eis
✦ 4 cl weißer Rum
✦ 1 cl Curaçao Triple sec
✦ 1 cl Galliano
✦ 2 cl Limettensaft
✦ 3–4 Eiswürfel

Dekoration:

✦ 1 Limettenscheibe

Das zerstoßene Eis ins Glas geben. Die restlichen Zutaten im Shaker mit den Eiswürfeln schütteln und durch das Barsieb in das Glas seihen. Die Limettenscheibe an den Glasrand stecken.

Hurricane

exotischer Drink

✦ Longdrinkglas ✦ Shaker

✦ 4 cl brauner Rum
✦ 2 cl weißer Rum
✦ 1 cl Maracujasirup
✦ 2 cl Orangensaft
✦ 2 cl Ananassaft
✦ 3–4 Eiswürfel
✦ 4–5 EL zerstoßenes Eis

Dekoration:

✦ 1 Ananasstück
✦ 1 Cocktailkirsche

Alle Zutaten im Shaker mit den Eiswürfeln kräftig schütteln. Durch das Barsieb in das mit zerstoßenem Eis gefüllte Longdrinkglas seihen. Die Früchte an den Glasrand stecken. Mit Trinkhalm servieren.

Mandarin Punsch

(Création Captain's Bar, Mandarin Oriental Hotel Hongkong)
fruchtiger Longdrink

✦ Longdrinkglas ✦ Shaker

✦ 6–8 Eiswürfel
✦ 4,5 cl brauner Rum
✦ 1,5 cl Mandarinenlikör
✦ 6 cl Orangensaft
✦ 6 cl Ananassaft
Dekoration:
✦ 1 Orangenscheibe
✦ 1 Cocktailkirsche

3 bis 4 Eiswürfel und alle Zutaten im Shaker schütteln und durch das Barsieb in das Longdrinkglas seihen. Danach die restlichen Eiswürfel dazugeben. Den Glasrand mit der Orangenscheibe und der Kirsche garnieren. Mit einem Trinkhalm servieren.

Cardicas

(Création Jari Ahvenainen, Finnland 1956)
ausgewogener Shortdrink (Aperitif)

✦ Cocktailglas ✦ Shaker

✦ 3 cl weißer Rum
✦ 1,5 cl Cointreau
✦ 1,5 cl roter Portwein
✦ 5–6 Eiswürfel

Alle Zutaten im Shaker zusammen mit den Eiswürfeln schütteln und durch das Barsieb in das gekühlte Cocktailglas seihen.

Conca d'Oro

(Création Giuseppe Neri, Italien 1955)
kräftiger Shortdrink (After-Dinner-Drink)

✦ Cocktailglas ✦ Shaker

✦ 4 cl Gin
✦ 1 cl Cherry Brandy
✦ 1 cl Curaçao Triple sec
✦ 1 cl Maraschino
✦ 5–6 Eiswürfel
Dekoration:
✦ 1 Stück Orangenschale

Alle Zutaten im Shaker zusammen mit den Eiswürfeln schütteln und durch das Barsieb in das gekühlte Cocktailglas seihen. Den Drink mit der Orangenschale abspritzen und diese ins Glas geben.

Petite Fleur

(Création Dieter Waidmann, Deutschland 1959)
fruchtiger Shortdrink für den Empfang

✦ Cocktailglas ✦ Shaker

✦ 3 cl weißer Rum
✦ 1,5 cl Cointreau
✦ 1,5 cl Grapefruitsaft
✦ 5–6 Eiswürfel

Alle Zutaten im Shaker zusammen mit den Eiswürfeln schütteln und durch das Barsieb in das gekühlte Cocktailglas seihen.

Carin

(Création Georges De Kuypers, Belgien 1958)
aromatischer Shortdrink für den Abend

✦ Cocktailglas ✦ Rührglas

✦ 3 cl Gin
✦ 1,5 cl Dubonnet
✦ 1,5 cl Mandarinenlikör
✦ 7–8 Eiswürfel
Außerdem:
✦ 1 Stück Zitronenschale

Alle Zutaten im Rührglas zusammen mit den Eiswürfeln verrühren und durch das Barsieb in das gekühlte Cocktailglas seihen. Den Drink mit der Zitronenschale abspritzen und diese ins Glas geben.

Vodkatini (Wodka Martini)

sehr trockener Martini Cocktail (Aperitif)

✦ Cocktailglas ✦ Rührglas

✦ 5 cl Wodka
✦ 1–2 Spritzer Vermouth dry (Noilly Prat)
✦ 7–8 Eiswürfel
Dekoration:
✦ 1 Olive oder 1 Stück Zitronenschale

Alle Zutaten im Rührglas zusammen mit den Eiswürfeln verrühren. Durch das Barsieb in das gekühlte Cocktailglas seihen. Zuletzt die Olive oder die Zitronenschale ins Glas geben.

Wodka Fizz

zartbitterer Fizz für alle Gelegenheiten

✦ Longdrinkglas ✦ Shaker

✦ 4 cl Wodka
✦ 2 cl Zitronensaft
✦ 2 TL Zucker
✦ 6–8 Eiswürfel
✦ Sodawasser zum Auffüllen

Alle Zutaten außer Sodawasser im Shaker zusammen mit den Eiswürfeln schütteln und in das Longdrinkglas gießen, dann mit Sodawasser auffüllen. Mit Trinkhalm servieren.

Screwdriver

fruchtiger Longdrink für alle Gelegenheiten

✦ mittelgroßer Tumbler
✦ Gästeglas

✦ 3 Eiswürfel
✦ 4 cl Wodka
✦ 10 cl Orangensaft

Die Eiswürfel in den Tumbler geben. Wodka und Orangensaft darüber gießen und gründlich umrühren.

▶ *Wodka Fizz (o.), Carin (u.)*

Joe Collins

erfrischender Collins für den Sommer

✦ Longdrinkglas ✦ Gästeglas

✦ 3–4 Eiswürfel
✦ 4 cl Wodka
✦ 2 cl Zitronensaft
✦ 2 cl Zuckersirup
✦ Sodawasser zum Auffüllen
Dekoration:
✦ 1 Zitronenscheibe
✦ 1 Cocktailkirsche

Zunächst die Eiswürfel in das Longdrinkglas legen. Alle Zutaten darüber gießen und umrühren. Die Früchte ins Glas geben. Den Drink mit einem Trinkhalm servieren.

Wodka Gibson

kräftiger Shortdrink (Aperitif)

✦ Cocktailglas ✦ Rührglas

✦ 5 cl Wodka
✦ 1–2 Spritzer Vermouth dry (Noilly Prat)
✦ 7–8 Eiswürfel
Dekoration:
✦ 2 Perlzwiebeln

Alle Zutaten im Rührglas zusammen mit den Eiswürfeln verrühren und durch das Barsieb in das vorgekühlte Cocktailglas seihen. Die Perlzwiebeln am Sticker ins Glas geben.

Saskia

(Création H. Klijndijk, Holland 1956)
süßer Shortdrink (After-Dinner-Drink)

✦ Cocktailglas ✦ Shaker

✦ 2 cl Wodka
✦ 2 cl Drambuie
✦ 1,5 cl Cointreau
✦ 1,5 cl Cherry Brandy
✦ 5–6 Eiswürfel

Alle Zutaten im Shaker zusammen mit den Eiswürfeln schütteln und durch das Barsieb in das gekühlte Cocktailglas seihen.

Bernice

(Création C. S. Berner, Tail O'the Cock, Los Angeles 1950)
fruchtiger Shortdrink für den Sommer

✦ Cocktailglas ✦ Shaker

✦ 2 cl Wodka
✦ 2 cl Galliano
✦ 2 cl frischgepresster Limettensaft
✦ 5–6 Eiswürfel

Alle Zutaten im Shaker zusammen mit den Eiswürfeln gut schütteln. Durch das Barsieb in das gekühlte Cocktailglas seihen.

Wodka Gimlet (li.), Red Velvet (re.)

Wodka Gimlet

erfrischender Shortdrink für jede Gelegenheit

✦ kleiner Tumbler ✦ Gästeglas

✦ 3–4 EL zerstoßenes Eis
✦ 4 cl Wodka
✦ 2 cl Rose's Lime Juice
Dekoration:
✦ 1 Limettenscheibe

Das zerstoßene Eis in den Tumbler geben. Die Zutaten darüber gießen und umrühren. Die Limettenscheibe an den Glasrand stecken.

Red Velvet

lieblicher Shortdrink (After-Dinner-Drink)

✦ Cocktailglas ✦ Shaker

✦ 3 cl Wodka
✦ 1,5 cl Crème de Cacao weiß
✦ 1,5 cl Cherry Brandy
✦ 5–6 Eiswürfel

Alle Zutaten im Shaker mit den Eiswürfeln schütteln und durch das Barsieb in das gekühlte Glas seihen.

Be Careful

(Création J. Keegan, Irland 1951) fruchtig-süßer Shortdrink (After-Dinner-Drink)

✦ Cocktailglas ✦ Shaker

✦ 3 cl Gin
✦ 2 cl Crème de Cacao weiß
✦ 1 cl Crème de Banane
✦ 1 cl Orangensaft
✦ 5–6 Eiswürfel

Alle Zutaten im Shaker zusammen mit den Eiswürfeln schütteln und durch das Barsieb in das gekühlte Cocktailglas seihen.

Wonder Night

(Création Johnnie Bax, Holland 1951) lieblicher Shortdrink (After-Dinner-Drink)

✦ Cocktailglas ✦ Shaker

✦ 2 cl Gin
✦ 2 cl Curaçao Triple sec
✦ 2 cl Mandarinenlikör
✦ 1 Spritzer Curaçao green
✦ 5–6 Eiswürfel

Alle Zutaten im Shaker zusammen mit den Eiswürfeln schütteln. Durch das Barsieb in das gekühlte Cocktailglas seihen.

◄ *Vienna Girl (o.), Wonder Night (u.)*

L'Abassadeur

(Création Rudy Sanders, Holland 1953) aromatischer Shortdrink für jede Gelegenheit

✦ Cocktailglas ✦ Shaker

✦ 3 cl Gin
✦ 1,5 cl Crème de Banane
✦ 1,5 cl Vermouth bianco
✦ 1 Spritzer Zitronensaft
✦ 5–6 Eiswürfel

Dekoration:

✦ 1 Ananasstück

Alle Zutaten im Shaker zusammen mit dem Eiswürfeln schütteln und durch das Barsieb in das gekühlte Cocktailglas seihen. Das Ananasstück an den Glasrand stecken.

Vienna Girl

(Création Leo Schwabl, Österreich 1952) halbtrockener Shortdrink (Aperitif)

✦ Cocktailglas ✦ Shaker

✦ 1 cl Gin
✦ 2 cl Curaçao Orange
✦ 2 cl Vermouth dry
✦ 1 cl Sahne
✦ 5–6 Eiswürfel

Alle Zutaten im Shaker zusammen mit den Eiswürfeln kurz schütteln und durch das Barsieb in das gekühlte Cocktailglas seihen.

Lilac Cooler

(Création S. Keating, Irland 1951)
erfrischender Longdrink für die Party

✦ Longdrinkglas ✦ Shaker

✦ 1,5 cl Cognac
✦ 1,5 cl Curaçao Triple sec
✦ 1,5 cl Vermouth rosso
✦ 1,5 cl Zitronensaft
✦ 6–8 Eiswürfel
✦ 14 cl Ginger-ale
Dekoration:
✦ 1 Zitronenscheibe

Alle Zutaten außer Ginger-ale im Shaker zusammen mit 3 bis 4 Eiswürfeln gut schütteln. Die restlichen Eiswürfel in das Longdrinkglas geben und den Drink durch das Barsieb seihen. Mit Ginger-ale auffüllen und umrühren. Die Zitronenscheibe an den Glasrand stecken.

Golden Cadillac

cremiger Shortdrink (After-Dinner-Drink)

✦ Cocktailglas ✦ Shaker

✦ 2 cl Galliano
✦ 2 cl Crème de Cacao weiß
✦ 2 cl Sahne
✦ 5–6 Eiswürfel

Alle Zutaten im Shaker zusammen mit den Eiswürfeln kurz und kräftig schütteln. dann durch das Barsieb in das gekühlte Cocktailglas seihen.

Golden Dream

(Création Roy Chanon, USA 1959)
lieblicher Shortdrink (After-Dinner-Drink)

✦ Cocktailglas ✦ Shaker

✦ 1,5 cl Galliano
✦ 1,5 cl Cointreau
✦ 1,5 cl Orangensaft
✦ 1,5 cl Sahne
✦ 5–6 Eiswürfel

Alle Zutaten im Shaker zusammen mit den Eiswürfeln kurz und kräftig schütteln und durch das Barsieb in das gekühlte Cocktailglas seihen.

Rusty Nail

würziger Shortdrink für den Abend

✦ kleiner Tumbler ✦ Gästeglas

✦ 3–4 Eiswürfel
✦ 4 cl Scotch Whisky
✦ 2 cl Drambuie

Die Eiswürfel in den Tumbler geben. Den Scotch Whisky und den Drambuie darüber gießen und umrühren.

1960–1969

Der Cocktail kommt in die Hausbar

„Überall ist Platz für eine Bar!“

Mit diesem Slogan warben Möbelfabrikanten und Buchautoren zu Beginn der 60er-Jahre bei einem immer mehr in Spendierlaune geratenen Heer von „Häuslebauern“ – für die Bar im eigenen Haus. Die ersten Ersparnisse flossen in Bausparverträge. Das Land ist groß und die nach wie vor prosperierende Wirtschaft gibt Arbeit in Hülle und Fülle und den Verdienst gleich dazu. Wo ein Bauplatz groß genug ist für ein Einfamilienhaus, entzündet sich in ganz Europa das Baufieber. Mit mehr Platz im Untergeschoss kommt auch die Idee des Partyraums endlich zur Ausführung. „Welche Hausbar darf es sein?“, fragte Peter Engelmeier in dem 1968 erschienenen Buch „Die gepflegte Hausbar“.

Auch wenn darauf jetzt keine Antwort gegeben werden muss, eines steht fest: Der Cocktail kommt nach der Prohibition zum zweiten Mal in die Privaträume zurück. Befreit vom Mythos des Exklusiven und Noblen gelangen Rezepte für Mixgetränke in immer mehr Haushalte.

Doch von der Hausbar zur Cocktailparty ist noch ein weiter Weg. Was in den USA in den 20er-Jahren langsam aber sicher zu einem Begriff wurde – eine Einladung zum Cocktail, beschränkt auf zwei Stunden und einige wenige Mixgetränke, beginnt sich erst in den USA von neuem zu etablieren. „Lifestyle“ ist das Motto der Generation, die noch einen Hauch des Krieges spürte. Die Nachgeborenen freilich, das wird sich erst gegen Ende des Jahrzehnts weisen, haben mit der auftretenden „Steifheit“ solcher Anlässe gar nichts am Hut. Der Sinn steht nach: Weg mit dem Muff. Die Cocktailparty als Inbegriff gehobenen Spießertums? Oh ja, auch das! Aber nicht nur. Und schließlich wird sie einige Jahrzehnte später wieder von einer „Post-Yuppie-Generation“ popularisiert, denn die 90er-Jahre werden auch zum Jahrzehnt des Remake.

Hausbars beleben den Alltag in „Normaldeutschland"

The American Style of Life im Eigenheim

„Die gemütliche Bar im Keller ist eigentlich die begehrenswerteste Form von ‚Gastronomie zu Hause'. Wer es sich leisten kann, einen Kellerraum zu diesem Zweck freizumachen, aus- oder umzubauen, oder wer eben dabei ist, ein Haus mit vorbereitetem Barkeller für die Kellerbar zu errichten, der sei herzlich beglückwünscht: er wird seinen Entschluss nicht bereuen – und seine Freunde auch nicht. Bald wird der Keller zum ‚Lebensraum' par excellence, kein Nachbar wird sich durch allzu laute Musik gestört fühlen, kostbare Wohnzimmermöbel werden nicht mehr

in Mitleidenschaft gezogen, wenn sich um die Hausbar einmal besonders ausgelassene Gäste versammeln … und vieles andere mehr, was man positiv nennen kann“, schrieb vor über 30 Jahren Engelmeier in seinem Buch.
Man wird sich fragen wollen, weshalb um alles in der Welt der Deutsche unbedingt seine eigene Bar im Keller haben wollte, wo es doch genügend andere Möglichkeiten außer Haus gab, sich zu vergnügen. Trinkhalle, Gaststätte, Restaurant, Kneipe – allesamt gute deutsche Einrichtungen, aber ziemlich neben dem Trend der 60er-Jahre. America is beautiful und die in der Bundesrepublik lebenden GI's haben den Deutschen nicht nur die Umgangsformen der Demokratie beigebracht, sondern ihnen auch ihre Lebensart ganz sanft untergejubelt.
Manch einem muss klar geworden sein: That's life – wenn man mit einem Cocktailglas in der Bar steht, das Licht auf Halbdunkel gesetzt und im Hintergrund aus den Lautsprechern eigentlich nur ein Mann zuständig sein kann fürs Gefühlvolle: Frank Sinatra. Und plötzlich wird aus der Kellerbar in Dudenhofen die Oak Bar im New Yorker Plaza, und es stellt sich jenes unvergleichliche Gefühl ein, das jeden Amerikareisenden beglückt, wenn er, ganz Cocktailfan, versonnen am Tresen steht und den Mixologisten bei ihrer manchmal atemberaubenden Tätigkeit zusieht.

Altdeutscher Tresen contra mondäne Bar

Man kann das alles auch soziologisch betrachten, so wie es Wolfgang Schivelbusch getan hat: „Auf dem europäischen Kontinent und insbesondere in Deutschland hat die Bar, das heißt der Tresen, diese alles dominierende Bedeutung nie erlangt. Verglichen mit der langgestreckten amerikanischen Bar ist der deutsche Kneipen-Tresen ein kurzer Stummel. (Eine Zwischenlänge stellt die französische Bar dar. Die kommerzielle Durchdringung einer Kultur lässt sich also u.a. an der Länge des Tresens ablesen.) Seine wesentliche Funktion ist der Ausschank der Getränke, das Spülen der Gläser usw. Am Tresen zu trinken, in England und den USA der Normalfall, ist in der deutschen Kneipenkultur stillschweigendes Vorrecht der Stammgäste. Bis heute setzt man sich in der deutschen Kneipe zum Trinken an den Tisch. Es herrscht die Atmosphäre, die auch im Englischen mit dem deutschen Wort ‚Gemütlichkeit' bezeichnet wird." Und die hat in einer Bar, pardon, wenig zu suchen.

The Voice – der Bargänger par excellence

Es ist gerade die vollständige Abwesenheit dieser urdeutschen Form von Gemütlichkeit, von der die Faszination der Bar ausgeht. Es ist ein Ort, an dem ein anderes Tempo und damit eine andere Gemütlichkeit herrscht. Gleichzeitig ist darin eine Atmosphäre enthalten, die manche „Barfliege" zum ewigen Verweilen anstiftet. Was es dazu braucht? Frank Sinatra hat es mit einem seiner berühmten Lieder treffend ausgedrückt – mit der Melancholie eines von der Liebe Enttäuschten, dem Lied „One for my baby":

It's quarter to three
There's no one in the place
Except you and me
So, set'em up, Joe
I've got a little story
You oughta know
We're drinking, my friend
To the end of a brief episode
Make it one for my baby
And one more for the road

Der Song des 1998 verstorbenen Sängers Frank Sinatra gibt das immer wieder und in zahlreichen Büchern kol-

Keiner hat den Mythos Bar so schön besungen wie Frank Sinatra

portierte Klischee des amerikanischen Bargängers wieder: Wie auf dem Umschlag zu seiner Langspielplatte „No one cares" sitzt er im zerknitterten Trenchcoat mit schwarzem Anzug, weißem Hemd und Krawatte einsam am Tresen und blickt – die Lider schon leicht schwer – traurig in ein halb volles Cocktailglas. Was er trinkt, ist nicht zu definieren – anzunehmen schon: einen Manhattan. Harte Kost für einen, der seinen Kopf mit der einen Hand stützen muss. Das Ende einer kurzen amourösen Episode hat ihn wohl so mitgenommen, dass er nicht anders kann, als sich in einer Bar an den Tresen zu stellen, während sich um ihn herum vergnügt tanzende und angeregt sich unterhaltende Paare bilden.

Der Mythos

Angelo Peer, ein österreichischer Kolumnist, hat im Buch „Mythos Bar" treffende Worte für diesen Menschen gefunden, dem der Aufenthalt in der Bar zum Sinnbild des „American Way of Life" geworden ist: „Kaum ein Konzert, in dem er nicht den Schlüsselsong ‚Angel Eyes' von einem stilisierten Barhocker aus zelebrierte, in einer Art Sprechgesang. Fast schon im Rezitativ erzählend, nur vom Klavier begleitet, was sonst eigentlich den Glanz seiner Stimme nicht auf ideale Weise zur Geltung brachte, aber in diesem einen Fall das Publikum immer wieder in atemlose Stille versetzte. Die Story von einem Typ, der um zwei Uhr in der Früh in einer Bar sitzt und sich noch einen und noch einen Drink gibt, einen für die Frau, die ihn verlassen hat, und one more for the road."

Das einsame Trinken

Natürlich muss man zugeben, dass auch Trübsinn in einer Bar zu Hause sein darf und der Wein als Sorgenbrecher nicht ausreicht, um eine, wenn auch leicht überspielte und von zahlreichen Cocktails begleitete, Heiterkeit zurückzubringen. Am Ende bleibt der Mann dennoch einsam und muss es schmerzlichst wohl am Morgen danach verspüren. Es ist bezeichnend für den Verlauf seit der Industriellen Revolution im 19. Jahrhundert, dass Gaststätten und Bars eigentlich dort florierten (und damit auch die Trunkenheit), wo arbeitenden Menschen die Trennung von Wohnstatt und Arbeitsplatz aufgezwungen wurde: Was früher unter einem Dach erledigt wurde, das Kinder kriegen, das Beschlagen von Pferdehufen, das Gerben von Leder und andere handwerkliche Arbeiten, das Kochen und Essen, das Leiden und Sterben – es wurde nun aus dem Haus verlagert.

Und wo der Weg von der Fabrik nach Hause lang wurde, stand eine Taverne, eine Kaschemme, eine Spelunke, in der man mit billigem Fusel die Mühsal der Arbeit am Webstuhl mit einem Schluck hinunter spülen konnte. „Der Branntwein muss herhalten, diese unerträgliche Lebenssituation wenigstens zeitweise zu vergessen. Nicht soziale Berauschung, sondern alkoholische Betäubung liefert er. Damit beginnt das einsame Trinken, eine auf das industrialisierte Europa und Amerika beschränkte Form des Trinkens. In allen anderen Zeiten und Kulturen ist das Trinken kollektiv", schreibt Schivelbusch.

„Bar"-Kultur – entstanden aus sozialen Strukturen

Waren es in England die Gin Palaces – Gin-Paläste, eine beschönigende Umschreibung für eine Kaschemme mit einem Tresen – so kam in den USA die Bar gleichfalls aus dem selben Geiste in die Geschichte der Trinkkultur. „Der Tresen ist", so Schivelbusch weiter, „wie der Ladentisch, ein Ding, welches es im Privathaushalt nicht gibt. Von nun an ist die Gaststube in zwei Sphären aufgeteilt, den Raum hinter der Theke, wo der Wirt hantiert, und die eigentliche Gaststube. Der zum Tresen verwandelte Ladentisch erhält jedoch schnell eine neue Bedeutung, neben der rein kommerziellen. Am Tresen stehen und einen trinken, das wird die authentischste Trinksituation in der Kneipe. Der Grund dafür ist die Nähe des Wirtes und die Tatsache, dass der Tresen nicht nur Ladentisch, sondern Zapfstelle für die Getränke ist. Die physische Nähe zum Tresen belebt offenbar atavistische Erinnerungen an die ursprüngliche Rolle des Wirtes als Gastgeber, ein merkwürdig diametraler Widerspruch zur kommerziellen Bedeutung des Tresens als Ladentisch."

Tatsächlich sind soziale Strukturen, hervorgegangen auch aus der religiösen Ausrichtung einer ganzen Gesellschaft, verantwortlich dafür, dass eine Barkultur überhaupt entstehen konnte. In allen Ländern, in denen der Islam Staatsreligion ist, findet sich keine einzige American Bar, die diesen Namen verdient. Mit Ausnahme vielleicht von exterritorial zu betrachtenden Hotelressorts am Persischen

Der Tresen ist wie ein Ladentisch ein Ding, welches es im Privathaushalt nicht gibt

Golf, zum Beispiel in Oman und anderen Ländern, die angefangen haben, neben dem Öl auch die Reize der Landschaft (und vor allem des Klimas) zu verkaufen.

Bars außerhalb der westlichen Welt – eine Fehlanzeige

Die Prohibition, Bestandteil des Islams, soll nach einem zunächst fröhlich verlaufenen Abend in Medina eingeführt worden sein, als der Prophet Mohammed mit einigen Jüngern nach dem Essen zusammensaß. Einer der Jünger aus Mekka begann ein Gedicht zu rezitieren, das den Medinern offenbar nicht gerade schmeichelte. Einer der Jünger Mohammeds aus Medina soll darauf einen Knochen vom Tisch genommen und dem Mekka-Jünger über den Kopf gehauen haben. Auch wenn die Verwundung nicht schwerwiegend gewesen sein soll, es reichte Mohammed. Er fragte Allah, was er tun müsse, damit solche Vorfälle künftig unterblieben. „Gläubige: Wein und Glücksspiele sind Versuchungen des Satans.

Satan versucht Zwietracht unter Euch zu säen, durch Wein und Glücksspiele hält er Euch vom Gebet ab.“ Freilich waren die Araber fix genug, das Destillationsverfahren im 10. Jahrhundert zu erfinden und über die Iberische Halbinsel und Sizilien auch in Europa zu verbreiten.
Selbst im ganzen afrikanischen Kontinent findet sich, ausgenommen in ehemaligen Kolonien, nichts, was auf eine Barkultur, geschweige denn Cocktailkultur hinweisen würde. Selbst so weltberühmte Luxushotels wie das Raffle's in Singapur sind einsam funkelnde Diamanten in einer Cocktailwüste, westlich von Europa. Und selbst auf der Basis des konfuzianisch geprägten Buddhismus, wie er in Japan und im Süden Chinas vor der Revolution gelebt wird und wurde, hat sich keine Cocktailkultur etablieren können. Auch wenn uns aus dem Fernen Osten, so der Kritiker Angelo Peer, nur Grässlichstes über die Bar zu Ohren kommt. Dort, wo sich – so Peer – „einst britische Kolonialoffiziere und deren schriftstellerndes Gefolge mit Gin und Tonic gegen jegliche Art von Tropenkrankheiten impften, werden jetzt die Touristen busweise hingekarrt, im Block hinein getrieben, mit ‚Singapore Sling' (nicht dem dort erfundenen Original, sondern einer gesüßten Version) gefüttert und nach 25 Minuten wieder abgeführt. Die nächste Ladung wartet schon. Das ist die Bar verzerrt zur Perversion: Alles, was diesen Begriff jemals ausmachte und schön macht, das Alleinsein und das Unter-sich-sein, wird ins Gegenteil verkehrt.“

Wenn Bars das traute Heim ersetzen

Bars und Cocktails sind dort zu Hause, wo die Menschen einsam geworden sind, vereinsamt am Überfluss. Gesellschaften mit starken Familientraditionen, in denen sich das Leben weitgehend in der Familie abspielt, kennen keine Cocktails, keine Bars. Das gesellschaftliche Eintreffen in einem Lokal, das Unbekannte mit Bekannten zusammenführt, in dem ein Bartender zum „Mutterersatz“ wird, der nährt, findet in Ländern statt, in denen die Werte der Familie immer weiter abwirtschaften.

Von der Kunst, eine Cocktailparty zu geben

Im Jahr 1949 veröffentlichte das Herrenmagazin „Esquire“ einen „Blueprint for a Cocktailparty“: Nichts weniger als eine Checkliste für den Hausgebrauch. Und Leslie Brenner, die eine traumatische Cocktailparty-Erfahrung in ihrem Buch „The Art of the Cocktail Party“ aufarbeitet, weil sie als Kind bei den Partys im Elternhaus nicht dabei sein durfte, gibt denn auch den ultimativen Tipp für alle Eltern, die einen solchen schicken Anlass organisieren wollen: Kinder hätten auf einer Cocktailparty gar nichts zu suchen – man überlege sich nur mal, was der eigene Nachwuchs von einem hielte, wenn man beim Flirten ertappt würde …

Brenner erinnert an die erste Blütezeit der Cocktailparty in der Nachkriegszeit. Am schönsten wohl dargestellt mit der monströsen Party, die Audrey Hepburn im Film „Frühstück bei Tiffany’s“ gab, der 1961 in die Kinos kam. Freilich, das erste Revival einer typisch amerikanischen Form des „come together“ nach der Prohibition, die auf festen Regeln blühende Cocktailparty, dauerte nur gerade ein knappes Jahrzehnt. Die rebellische Jugend der 68er-Generation versetzte ihr – und insgesamt der ganzen Cocktailkultur – einen beinahe letalen Stoß. Mit dem Schlachtruf „Unter den Talaren der Muff von tausend Jahren“ fegten sie auch die Cocktailgläser vom Tresen, tranken die Spirits wenn schon unverdünnt und benötigten zu den Sit-ins und Teach-ins und dem ganzen Zauber des revolutionären Schicks vor allem Bier als Motor für endlose Monologe.

Die Gäste

Dass die Cocktailparty zum Ritual wurde, verdankt sie einigen Grundsätzen, von denen niemand abweichen darf, der eine solche Einladung ausspricht. Es müssen, laut Brenner, mindestens zwölf Personen anwesend sein, sonst darf – nach ihrer Definition – der Anlass nicht als Cocktailparty bezeichnet werden (rigoros, also calvinistisch geimpft sind die Amerikaner in gewissen Dingen der Lebensfreude sowieso …). Andernfalls hat man sonst nur ein paar Freunde für einige Drinks bei sich zu Hause. Cocktailpartys dürfen sich auch nur in einem Raum abspielen – sie müssen eine gewisse Intimität vermitteln – und bei 30 Gästen hört der Spaß, wie groß das Wohnzimmer auch sein mag, für Brenner auf. Die Gastgeber haben sonst keine Zeit mehr, neben dem Mixen von Cocktails auch auf die anwesenden Gäste – und sei es nur mit einem munteren Satz – einzugehen. Schließlich kann nicht jeder, der eine Cocktailparty geben will, auch noch gleich den Barman dazu anstellen.
Der Raum sollte gut gefüllt wirken und damit eine festliche Atmosphäre ausdrücken – wobei auch der Eindruck vermieden werden kann, dass eigentlich nur die Hälfte der Eingeladenen gekommen ist … Und überdies gibt die Autorin auch den nicht zu unterschätzenden Hinweis, man solle nebst Leuten, die sich kennen, auch solche einladen, die „gute Unterhalter“ sind – man hüte sich vor Quasselstrippen an einer Cocktailparty – die würden einem in einem solchen Raum hartnäckig an den Fersen kleben …

Die Getränke

Das Wichtigste – nebst den Gästen – bleiben die Cocktails. Auch da glauben sich die Amerikaner einer gewissen Sturheit verpflichten zu müssen. Sowohl „Esquire“ als auch Brenner halten sich ans Bewährte – bloß keine Experimente, denn die Party soll ja gelingen. Was Wunder, dass die Amerikaner unter „standard cocktails" nur drei verstehen: Martini, Manhattan und Old-Fashioned (die Empfehlung des Herrenmagazins). Brenner ist ein wenig einfallsreicher, sie nennt neben dem Manhattan und dem Old-Fashioned noch den Rob Roy und Sidecar. Natürlich vergisst die schreibende Gastgeberin nicht den Dry Martini, doch wünscht sie sich eine Wiederkehr des „klassischen" Königscocktails mit drei Teilen Gin und einem Teil Vermouth dry. Der sei, so die Dame, „cool, sauber, erfrischend, seriös und unterhaltend zugleich". Noch immer, meint sie, müsse ein Gast, der seinen Dry Martini mit Wodka gemixt wünsche, dies auch ganz öffentlich bekunden.

Alkoholfreie Cocktails dürfen natürlich auf keinen Fall fehlen – zumal bei einem „Paarlauf" immer ein Teil dazu verdammt ist, den Wagen heil und ohne Polizeikontrolle nach Hause zu bringen. Was eigentlich keine Probleme bieten dürfte, denn eine Cocktailparty beschränkt sich immer auf eine Dauer von – genau – zwei Stunden. Und für Gastgeber europäischen Zuschnitts, die viel auf das Reinheitsgebot halten: Kein Bier an einer Cocktailparty! Und noch ein ungeschriebenes Gesetz: Man benötigt immer mehr Eiswürfel, als der eigene Tiefkühler imstande ist abzugeben: Hier einen guten Vorrat anzulegen, empfiehlt die kluge Gastgeberin.

Die Häppchen

Die Cocktailparty ist per definitionem die einzige Veranstaltung, bei der Cocktails in Verbindung mit Essen gebracht werden. Was sonst keiner weiteren Diskussion bedarf, nämlich dass Nahrungsmittel in welcher Zubereitungsform auch immer nicht mit Cocktails in Berührung kommen dürfen, hier handelt es sich um eine aufmerksame Ausnahme.

Regel Nummer fünf, die Brenner in ihrem Handbuch für Cocktailpartys aufstellt: Wenn man eine Gabel zum Essen braucht, „können Sie es vergessen“: Wie viele „Hors d'œuvres“ eine kluge Gastgeberin servieren soll, hängt von der Zahl der eingeladenen Gäste ab: Drei bis vier sollten es mindestens sein. Ab 24 Gästen müsste man fünf bis sechs verschiedene Häppchen anbieten – abhängig davon, ob Sie im Freien ihre Cocktailparty organisiert haben (dann muss natürlich ein Grill bemüht werden), oder ob es draußen schneit und hagelt (dann braucht es ein wärmendes kleines Etwas dabei, von dem man immer wieder naschen kann, ohne sich die Hände wirklich schmutzig zu machen).

Die Musik

Schließlich, wenn die Cocktails gemixt und die Häppchen schön drapiert neben dem Cocktailwagen bereit stehen, darf der Gastgeber nicht vergessen, dass die Musik zum dritten, wichtigen Element einer gelungenen Cocktailparty gehört. Regel sechs, so Brenner: Niemand außer Ihnen bedient die Stereoanlage! Klassiker der Piano-Soli stehen bei der Cocktailparty- Expertin an erster Stelle: Nat King Cole, Thelonious Monk, Bud Powell, Art Tatum, Fats Waller sind die Lieblinge der Autorin, die es erst in zweiter Linie mit den Klassikern des Jazz hält: mit Dave Brubeck, Louis Armstrong, Errol Garner.

Wichtig ist wohl weniger, welche Art von Jazzmusik ausgewählt wird, da mögen die Präferenzen des Gastgebers gerne in den Vordergrund rücken. Doch diese uramerikanische Einrichtung besitzt ihre eigenen Regeln und lässt sich, als fixer Bestandteil des „American Way of Life“, natürlich auch nicht nach Belieben verändern. So ist Jazzmusik mit Sängern eher verpönt – fast, aber nicht ganz: Chet Baker, Billie Holiday und der unverwüstliche Frank Sinatra dürfen eine Cocktailparty durchaus musikalisch bereichern. Was auch immer auf den Tisch kommt an Cocktails und Häppchen, welche Musik auch immer aus den Lautsprechern des Wohnzimmers tröpfeln wird: Wer eine Cocktailparty gibt, wird mit einem Mal feststellen können, dass dieser Anlass mehr als alle anderen Formen des „come together" zu den kultiviertesten zählt und bei den Gästen auf viel Zuspruch stoßen wird.

Neue Klassiker entstehen

Die 60er Jahre haben es in sich: Zu den Klassikern der Cocktailgeschichte gesellen sich zum Beispiel die Coffee Drinks, deren Entstehung man in diese Zeit datieren darf und solche Leckereien wie einen Irish Coffee oder einen Italian Coffee. So zählt ein Rüdesheimer Kaffee zum festen Ritual beim Après-Ski, wenn man die letzten Sonnenstrahlen auf der Terrasse des winterlichen Urlaubshotels genießt. Und überdies kehren die Sours wieder ins Bewusstsein der trinkenden Menschheit zurück – aus einfachem Grund: Mittlerweile sind neue Liköre und Spirituosen auf dem Markt, mit denen man leicht einen Sour mixen kann: Wodka, Tequila, Apricot Brandy, Pisco oder Amaretto, der Mandellikör aus der norditalienischen Stadt Saronno.
Auch beim Wodka hat die Lust an Cocktailkreationen keinesfalls abgenommen, trotz Kuba-Krise und anderer Auseinandersetzungen mit dem „Reich des Bösen". So gelangt der Harvey Wallbanger auf die Barkarten, benannt nach einem Surfer, Beachboy und Lifeguard aus Kalifornien, der seinen Screwdriver mit einem Schuss Galliano trank. Dies führte dazu, dass sich Harvey beim Verlassen der Bar den Kopf am Türrahmen anschlug. Daher der Name dieses fruchtig-frischen Sonnentranks aus Kalifornien. Aber auch der Bull Shot, der kleine Bruder der

Bloody Mary entsteht im sechsten Jahrzehnt des 20. Jahrhunderts. Wohl aus Mangel an Tomatensaft, mixte ein Bartender voller Erbarmen mit einem an Kopfschmerzen und anderen Symptomen einer durchzechten Nacht leidenden Barbesucher den Wodka mit Consommé.
Am Ende des Jahrzehnts wird die Studentenbewegung die gesellschaftlichen Konventionen über den Haufen geworfen und die Verkrustungen der Nachkriegsgeneration aufgebrochen haben. Mit nachhaltigen Folgen für die Cocktailkultur des 20. Jahrhunderts, nicht aber für die Geschichte. In den Hotelbars wirken noch Barmänner der „alten Schule“ wie etwa ein Paul Nüesch, der während der Kriegsjahre in der Berner Bellevue-Bar solche Koryphäen wie Professor Ernst Ferdinand Sauerbruch, Winston Spencer Curchill, Bernard Law Viscount Montgomery of Alamein, König Faruk, Aristoteles Onassis und andere ungekrönte Häupter bediente, die eine Hauptseite oder auch nur eine Fußnote im großen Buch der Weltgeschichte belegen.

Kronenhalle *Geschichten – noch eine Bar*

Paul Nüesch wurde 1965, gleich zur Eröffnung, Chef de Bar in der Zürcher Kronenhalle. Bereits damals war das Restaurant an der Rämistraße eine in der ganzen Stadt und in Europa berühmte Institution geworden. Dies verdankte sie der jahrzehntelang wirkenden Wirtin Hulda Zumsteg, die im Alter von über 90 Jahren starb und noch jeden Tag in ihrem Lokal anzutreffen war. Die „Brasserie“, noch im 19. Jahrhundert eröffnet, wurde rasch zu einem beliebten Treffpunkt von Schrift-

Nur die feinsten Materialien kamen 1965 in Gustav Zumstegs Kronenhalle-Bar. Mahagoni, Bronze und Miró möblieren sie noch heute

stellern, Modeschöpfern und Künstlern. Hier beliebte Friedrich Dürrenmatt etwa die Uraufführungen seiner weltberühmt gewordenen Stücke zu feiern.
So hängen noch heute in der Kronenhalle Bilder von Klassikern der Moderne, die dank der Beziehungen ihres Sohnes Gustav Zumsteg zu namhaften Künstlern des 20. Jahrhunderts ins Restaurant kamen. Bilder, die sich heute kein noch so reicher Wirt mehr leisten könnte, schon deshalb nicht, weil die Bilder sich stimmungsreich ins Ambiente des 19. Jahrhunderts integrieren, das dieses Lokal verströmt.
1965 ließ sich die 1890 geborene Hulda Zumsteg auf Drängen ihres Sohnes Gustav dazu überreden, in einem ehemaligen Friseursalon eine Bar einzurichten. Sie sperrte sich zunächst, einer solchen Einrichtung für ihr mittlerweile zur Zürcher Institution gewordenes Lokal zuzustimmen. Für einen Menschen, der noch im 19. Jahrhundert zur Welt gekommen war, eine durch-

aus verständliche Haltung, zumal Hulda Zumsteg ja auch die Prohibitionszeit zumindest aus der Ferne mitbekommen hat und somit wusste, welche „Elemente" in ihrer Bar verkehren könnten. Doch Sohn Gustav setzte sich durch.

Nur das Beste

Man beauftragte Robert Hausmann, den damals besten Inneneinrichter der Stadt, eine Bar zu schaffen, deren Stimmung Eleganz und Luxus nach Zürcher Art ausströmen sollte. Eine Holztäfelung aus langen, schmalen Mahagoni-Latten, Mahagoni für den Tresen, einige Tische mit Marmorplatten aus Carrara, und an der Bar Tischleuchten aus Bronze, gestaltet für die Kronenhalle Bar von Giacometti. Jedoch nicht von Alberto, dem berühmtesten Schweizer Künstler des 20. Jahrhunderts, sondern von dessen Bruder Diego. Der Boden bestand aus Tropenhartholz, die Wände aus dunkelgrüner Stofftapete, daran die Bilder aus der Sammlung Zumsteg: Miró, Picasso, Tinguely, Rauschenberg. Man beschloss, für die Bar die gleichen Zutaten zu verwenden wie für das Restaurant: Die Kronenhalle Bar als gelungener Cocktail aus erlesenen Zutaten? Man darf das ruhig so stehen lassen.

Paul Nüesch gehört zur Galerie der bekannten Barkeeper des 20. Jahrhunderts. Dies hängt damit zusammen, dass er über jene hervorragenden Eigenschaften verfügte, die jeden Top-Barmann auszeichnen: Verschwiegenheit und Kompetenz. Die Kompetenz äußert sich beispielsweise in der Kreation von Drinks, die Paul Nüesch hinterlassen hat. Einer dieser Drinks ist der Dreierlei, der ohne Alkohol auskommt und mit den Zutaten Zitronensaft, Ananassaft, Orangensaft und Grapefruitsaft eine ausgewogene Fruchtmischung erzielt.

Aber auch im Umgang mit Menschen gewann Nüesch viel an Lebenserfahrung. So berichtet er in seinen mit Cocktailrezepten gewürzten Erinnerungen von einer Wette zweier junger Zürcher Künstler, von denen einer behauptete, er würde mit verwegenster Kleidung in der Kronenhalle Bar doch bedient. Am Künstlerstammtisch in der Zürcher „Oepfelchammer" hatten zwei Künstler die Wette ausgeheckt. Der eine machte sich auf – mit roten Schuhen, blauer Jacke und Mütze – und bestellte an der Bar von Paul Nüesch einen Viertel Rotwein. Und gewann die Wette – damals um einen Betrag von hundert Schweizer Franken. Nüeschs Motto: „Urteil ja – Vorurteil nein."

„Paul Nüesch war und ist ein treuer Befürworter des Longdrinks und spricht ihm psychologische Vorteile gegenüber Shortdrinks und Cocktails zu: „Ein Longdrink, der im 3-dl-Glas serviert wird, gibt einfach mehr her als ein winziger Cocktail. Und er erlaubt auch jungen Leuten die nicht genug Geld haben, sich längere Zeit in einer Bar aufzuhalten, zu plaudern, zu diskutieren. Beim Cocktail muss man unweigerlich bald einen zweiten bestellen, wenn man nicht auf dem Trockenen sitzen will."

Und was war eigentlich los in diesem Jahrzehnt? Ziemlich viel! Die Jugend stürmte die Universitäten, das „Establishment" begnügte sich mit Schadensbegrenzung, in den Bars mixte man die üblichen Cocktails, zumeist alte Bekannte. Es ist kein Mixgetränk überliefert, das die Geschichte des Cocktails bereichern würde – nicht wirklich. Es bahnt sich das an, was als „Dunkles Zeitalter des Cocktails" in die Historie eingehen wird.

Wodka Sour
delikater Sour

- mittelgroßer Tumbler
- Shaker

- 4 cl Wodka
- 2 cl Zitronensaft
- 2 TL Zucker
- 4–6 Eiswürfel

Dekoration:
- 1 Zitronenscheibe
- 2 Cocktailkirschen

Alle Zutaten im Shaker mit den Eiswürfeln schütteln und in den Tumbler gießen. Zitronenscheibe und Kirschen ins Glas geben.

Pisco Sour
erfrischender Sour für den Sommer

- mittelgroßer Tumbler
- Shaker

- 4 cl Pisco
- 2 cl Limetten- oder Zitronensaft
- 1 frisches Eiweiß
- 2 TL Zucker
- 4–6 Eiswürfel
- 2 Spritzer Angostura-Bitter

Dekoration:
- 1 Limettenscheibe
- 2 Cocktailkirschen

Alle Zutaten außer Angostura im Shaker zusammen mit den Eiswürfeln schütteln und in den Tumbler gießen. Die Limettenscheibe und die Kirschen ins Glas geben und den Angostura darüber träufeln.

Apricot Sour
fruchtiger Sour (After-Dinner-Drink)

- mittelgroßer Tumbler
- Shaker

- 4 cl Apricot Brandy
- 2 cl Zitronensaft
- 1 TL Zucker
- 4–6 Eiswürfel

Dekoration:
- 1 Zitronenscheibe
- 2 Cocktailkirschen

Alle Zutaten im Shaker zusammen mit den Eiswürfeln schütteln und in den Tumbler gießen. Die Früchte in das Glas geben.

Tequila Sour
würziger Sour für den Sommer

- mittelgroßer Tumbler
- Shaker

- 4 cl Tequila
- 2 cl Limetten- oder Zitronensaft
- 2 TL Zucker
- 4–6 Eiswürfel

Dekoration:
- 1 Limettenscheibe
- 2 Cocktailkirschen

Alle Zutaten im Shaker zusammen mit den Eiswürfeln schütteln und in den Tumbler gießen. Die Früchte in das Glas geben.

▶ *Apricot Sour (o.), Pisco Sour (u.)*

Amaretto Sour (Saronno Sour)

lieblicher Sour für den Abend

✦ mittelgroßer Tumbler
✦ Shaker

✦ 4 cl Amaretto
✦ 2 cl Zitronensaft
✦ 1 TL Zucker
✦ 4–6 Eiswürfel
Dekoration:
✦ 1 Zitronenscheibe
✦ 2 Cocktailkirschen

Alle Zutaten im Shaker zusammen mit den Eiswürfeln schütteln und in den Tumbler gießen. Die Zitronenscheibe und die Kirschen in das Glas geben.

Southern Comfort Sour

erfrischender Sour für die Party

✦ mittelgroßer Tumbler
✦ Shaker

✦ 4 cl Southern Comfort
✦ 2 cl Zitronensaft
✦ 1 TL Zucker
✦ 4–6 Eiswürfel
Dekoration:
✦ 1 Zitronenscheibe
✦ 2 Cocktailkirschen

Alle Zutaten im Shaker zusammen mit den Eiswürfeln schütteln und in den Tumbler gießen. Die Zitronenscheibe und die Kirschen in das Glas geben.

Grand Marnier Sour

aromatischer Sour (After-Dinner-Drink)

✦ mittelgroßer Tumbler
✦ Shaker

✦ 4 cl Grand Marnier
✦ 2 cl Zitronensaft
✦ 1 TL Zucker
✦ 4–6 Eiswürfel
Dekoration:
✦ 1 Zitronenscheibe
✦ 2 Cocktailkirschen

Alle Zutaten im Shaker zusammen mit den Eiswürfeln schütteln, dann in den Tumbler gießen. Die Früchte ins Glas geben.

Irish Coffee

klassische Kaffeespezialität für jede Gelegenheit

✦ Kaffeeglas ✦ Gästeglas

✦ 4 cl Irish Whiskey
✦ 2 TL brauner Zucker
✦ 1 Tasse heißer Kaffee
✦ leicht geschlagene Sahne

Irish Whiskey, Zucker und Kaffee in das gewärmte Kaffeeglas geben, alles gut verrühren. Eine Sahnehaube auf den Kaffee geben.

Swiss Coffee

würzige Kaffeespezialität für den Winter

✦ Kaffeeglas ✦ Gästeglas

- ✦ 4 cl Kirsch
- ✦ 2 TL brauner Zucker
- ✦ 1 Tasse heißer Kaffee
- ✦ leicht geschlagene Sahne

Kirsch und Zucker im Kaffeeglas erwärmen. Den heißen Kaffee dazugeben und gut umrühren. Die Sahne über einen Löffel auf den Kaffee fließen lassen.

French Coffee

delikate Kaffeespezialität (After-Dinner-Drink)

✦ Kaffeeglas ✦ Gästeglas

- ✦ 2 cl Cognac
- ✦ 2 cl Grand Marnier
- ✦ 1 TL brauner Zucker
- ✦ 1 Tasse heißer Kaffee
- ✦ leicht geschlagene Sahne

Cognac, Grand Marnier und Zucker in das vorgewärmte Kaffeeglas geben. Den Kaffee dazugießen und gut umrühren. Die Sahne vorsichtig über einen Löffel ins Glas laufen lassen.

Rüdesheimer Kaffee

bekömmliche Kaffeespezialität (After-Dinner-Drink)

✦ Rüdesheimer-Kaffee-Tasse
✦ Gästetasse

- ✦ 4 cl Weinbrand (Asbach Uralt)
- ✦ 3 Stücke Würfelzucker
- ✦ heißer Kaffee zum Auffüllen
- ✦ mit Vanillezucker gesüßte, geschlagene Sahne
- ✦ 1–2 TL Schokoladenraspel

Den Würfelzucker und den erwärmten Weinbrand in die vorgewärmte Kaffeetasse geben. Den Weinbrand anzünden und maximal 1 Minute brennen lassen. Mit dem heißen Kaffee auffüllen und umrühren. Eine Sahnehaube auf den Kaffee geben und mit Schokoladenraspeln bestreuen.

Italian Coffee

liebliche Kaffeespezialität für den Nachmittag

✦ Kaffeeglas ✦ Gästeglas

- ✦ 2 cl Brandy
- ✦ 2 cl Amaretto
- ✦ 1 TL brauner Zucker
- ✦ 1 Tasse heißer Kaffee
- ✦ leicht geschlagene Sahne

Brandy, Amaretto und Zucker im Kaffeeglas erwärmen. Den heißen Kaffee dazugeben und gut umrühren. Die Sahne vorsichtig über einen Löffel auf den Kaffee fließen lassen.

Caribbean Coffee

kräftige Kaffeespezialität zum Aufwärmen

✦ Kaffeeglas ✦ Gästeglas

✦ 4 cl weißer Rum
✦ 2 TL brauner Zucker
✦ 1 Tasse heißer Kaffee
✦ leicht geschlagene Sahne

Rum und Zucker im Kaffeeglas erwärmen. Den heißen Kaffee dazugeben und gut umrühren. Die Sahne vorsichtig über einen Löffel ins Glas laufen lassen.

Normandie Coffee

aromatische Kaffeespezialität für den Abend

✦ Kaffeeglas ✦ Gästeglas

✦ 4 cl Calvados
✦ 2 TL brauner Zucker
✦ 1 Tasse heißer Kaffee
✦ leicht geschlagene Sahne

Calvados, Zucker und Kaffee in das gewärmte Kaffeeglas geben, gut umrühren. Eine Sahnehaube auf den Kaffee geben.

Mexican Coffee

würzig-milde Kaffeespezialität für den Nachmittag

✦ Kaffeeglas ✦ Gästeglas

✦ 3 cl Kaffeelikör Kahlúa
✦ 1 cl Tequila
✦ 1 TL brauner Zucker
✦ 1 Tasse heißer Kaffee
✦ leicht geschlagene Sahne

Kaffeelikör, Tequila und Zucker im Kaffeeglas erwärmen. Den heißen Kaffee dazugeben und gut umrühren. Die Sahne vorsichtig über einen Löffel ins Glas laufen lassen.

Champion

(Création Hans Dürr, Schweiz 1962)
ausgewogener Shortdrink (Aperitif)

✦ Cocktailglas ✦ Shaker

✦ 2 cl Canadian Whisky
✦ 2 cl Vermouth dry
✦ 1 cl Bénédictine (Kräuterlikör)
✦ 1 cl Curaçao Triple sec
✦ 5–6 Eiswürfel

Alle Zutaten im Shaker zusammen mit den Eiswürfeln schütteln und durch das Sieb in ein vorgekühltes Cocktailglas seihen.

Olympia (li.), Sweet Memories (re.)

Olympia

(Création John Soepnel, Holland 1960)
würziger Shortdrink (After-Dinner-Drink)

✦ Cocktailglas ✦ Shaker

✦ 1,5 cl Canadian Whisky
✦ 1,5 cl Vermouth dry
✦ 1 cl Chartreuse grün
✦ 1 cl Escorial (Kräuterlikör)
✦ 1 cl Reineclaudensirup
✦ 5–6 Eiswürfel
Dekoration:
✦ 1 blaue Weintraube

Alle Zutaten im Shaker zusammen mit den Eiswürfeln schütteln und durch das Barsieb in das gekühlte Glas seihen. Die Traube ins Glas geben.

Sweet Memories

(Création Egil Moum, Norwegen 1961)
harmonischer Shortdrink für den Sommer

✦ Cocktailglas ✦ Shaker

✦ 2 cl weißer Rum
✦ 2 cl Curaçao Orange
✦ 2 cl Vermouth dry
✦ 5–6 Eiswürfel

Alle Zutaten zusammen im Shaker mit den Eiswürfeln schütteln und durch das Barsieb in das gekühlte Cocktailglas seihen.

Roberta (li.), Mar del Plata (re.)

Roberta

(Création Pietro Cuccoli, Italien 1963)
aromatischer Aperitif

✦ Cocktailglas ✦ Shaker

- ✦ 2 cl Wodka
- ✦ 2 cl Vermouth dry
- ✦ 2 cl Cherry Heering
- ✦ 2 Spritzer Campari
- ✦ 2 Spritzer Crème de Banane
- ✦ 5–6 Eiswürfel

Außerdem:

- ✦ 1 Stück Orangenschale

Alle Zutaten im Shaker mit dem Eis schütteln und durch das Barsieb in das gekühlte Glas seihen. Den Drink mit der Orangenschale abspritzen und diese ins Glas geben.

Mar del Plata

(Création Enzo Antonetti, Argentinien 1964)
würzig-milder Shortdrink

✦ Cocktailglas ✦ Shaker

- ✦ 3 cl Gin
- ✦ 2 cl Vermouth dry
- ✦ 1 cl Bénédictine
- ✦ 1 Spritzer Grand Marnier
- ✦ 5–6 Eiswürfel

Außerdem:

- ✦ 1 Stück Zitronenschale

Alle Zutaten im Shaker zusammen mit den Eiswürfeln schütteln und durch das Sieb in das gekühlte Cocktailglas seihen. Den Drink mit der Zitronenschale abspritzen und diese ins Glas geben.

A.M.B.A.

(Création G. R. Echenique, Argentinien 1965)
kräftiger Shortdrink für den Abend

✦ Cocktailglas ✦ Rührglas

✦ 2,5 cl Scotch Whisky
✦ 2 cl brauner Rum
✦ 1 cl Vermouth rosso
✦ 1 TL Cointreau
✦ 7–8 Eiswürfel

Dekoration:

✦ 1 Cocktailkirsche

Außerdem:

✦ 1 Stück Zitronenschale

Alle Zutaten im Rührglas zusammen mit den Eiswürfeln verrühren und durch das Barsieb in das gekühlte Cocktailglas seihen. Den Drink mit der Zitronenschale abspritzen, Kirsche ins Glas geben.

Mallorca

(Création Enrique Bastante, Spanien 1967)
halbtrockener Shortdrink für den Sommer

✦ Cocktailglas ✦ Shaker

✦ 3 cl brauner Rum
✦ 1 cl Vermouth dry
✦ 1 cl Crème de Bananes
✦ 1 cl Drambuie
✦ 5–6 Eiswürfel

Alle Zutaten im Shaker zusammen mit den Eiswürfeln gut schütteln und durch das Barsieb in das gekühlte Cocktailglas seihen.

Tuttosi

(Création Elio Cattaneo, Italien 1969)
aromatischer Shortdrink (After-Dinner-Drink)

✦ Cocktailglas ✦ Rührglas

✦ 3 cl Canadian Whisky
✦ 1,5 cl Brandy
✦ 1,5 cl Vermouth rosso
✦ 1 TL Galliano
✦ 1 TL Mandarinenlikör
✦ 7–8 Eiswürfel

Außerdem:

✦ 1 Stück Orangenschale

Alle Zutaten im Rührglas zusammen mit den Eiswürfeln verrühren und durch das Barsieb in das gekühlte Cocktailglas seihen. Den Drink mit der Orankenschale abspritzen und diese ins Glas geben.

Shirley Temple

leichter Drink ohne Alkohol für den Sommer

✦ Longdrinkglas ✦ Gästeglas

✦ 4 Eiswürfel
✦ 1 cl Grenadine
✦ 19 cl Ginger-ale

Dekoration:

✦ 2 Cocktailkirschen

Die Eiswürfel in das Longdrinkglas geben. Mit Grenadine und Ginger-ale auffüllen und umrühren. Den Glasrand mit den Kirschen garnieren.

Dreierlei

(Création Paul Nüesch, Kronenhalle-Bar, Zürich)
fruchtiger Drink ohne Alkohol

✦ Longdrinkglas ✦ Shaker

✦ 5 cl Orangensaft
✦ 5 cl Grapefruitsaft
✦ 4 cl Ananassaft
✦ 2 cl Zitronensaft
✦ 2 TL Zucker
✦ 6–8 Eiswürfel
Dekoration:
✦ 1 Orangenscheibe
✦ 1 Zitronenscheibe

Alle Zutaten im Shaker zusammen mit 3 bis 4 Eiswürfeln schütteln und durch das Barsieb in das mit 3 bis 4 Eiswürfeln gefüllte Glas seihen. Die Orangenscheibe und die Zitronenscheibe ins Glas geben. Mit Trinkhalm servieren.

Lemon Squash

erfrischender Drink ohne Alkohol für heiße Tage

✦ mittelgroßer Tumbler
✦ Gästeglas

✦ 1 Zitrone
✦ 2 TL Zucker
✦ 3 Eiswürfel
✦ Sodawasser zum Auffüllen

Die geschälte und geviertelte Zitrone in den Tumbler legen. Den Zucker darüber streuen und alles mit einem Stößel zerdrücken. Die Eiswürfel dazugeben, mit Sodawasser auffüllen und umrühren.

Sportsman

lieblicher Drink ohne Alkohol

✦ kleiner Tumbler ✦ Shaker

✦ 6 cl Orangensaft
✦ 2 cl Zitronensaft
✦ 2 cl Grenadine
✦ 1 frisches Eigelb
✦ 5–6 Eiswürfel
Dekoration:
✦ 1 Orangenscheibe

Alle Zutaten im Shaker zusammen mit den Eiswürfeln kräftig schütteln und durch das Barsieb in den Tumbler seihen. Die Orangenscheibe an den Glasrand stecken.

Blue Lagoon (Longdrink)

spritziger Longdrink

✦ Longdrinkglas ✦ Gästeglas

✦ 4 Eiswürfel
✦ 4 cl Wodka
✦ 2 cl Curaçao blue
✦ 14 cl Zitronenlimonade
Dekoration:
✦ 1 Zitronenscheibe

Die Eiswürfel in ein Longdrinkglas geben. Wodka und Curaçao blue darüber gießen, mit Limonade auffüllen und umrühren. Die Zitronenscheibe an den Glasrand stecken. Mit Trinkhalm servieren.

▶ *Dreierlei (li.), Blue Lagoon (re.)*

Blue Lagoon (Shortdrink)

(Création Andy McElhone, Harry's Bar, Paris 1960) süß-säuerlicher Shortdrink für den Sommer

- ✦ großes Cocktailglas
- ✦ Shaker

- ✦ 2 cl Wodka
- ✦ 2 cl Curaçao blue
- ✦ 2 cl Zitronensaft
- ✦ 3–4 Eiswürfel
- ✦ 2–3 EL zerstoßenes Eis

Dekoration:

- ✦ 1 Zitronenscheibe
- ✦ 1 Orangenscheibe
- ✦ 3–4 Cocktailkirschen

Alle Zutaten im Shaker zusammen mit den Eiswürfeln schütteln. Das zerstoßene Eis in das große Cocktailglas füllen und den Drink durch das Barsieb darüber seihen. Die Früchte ins Glas geben. Mit einem Trinkhalm servieren.

Salty Dog

feinherber Longdrink (Aperitif)

- ✦ mittelgroßer Tumbler
- ✦ Gästeglas

- ✦ 1 Zitronenachtel
- ✦ 1 Teller mit etwas Salz
- ✦ 3–4 Eiswürfel
- ✦ 4 cl Wodka
- ✦ 10 cl Grapefruitsaft

Den Rand des Tumblers mit dem Saft der Zitrone befeuchten, dann im Salz drehen, damit ein gleichmäßiger Salzrand entsteht. Die Eiswürfel vorsichtig ins Glas geben, den Wodka und den Grapefruitsaft darüber gießen, umrühren.

Bull Shot

würziger Pick-me-up für den ganzen Tag

- ✦ mittelgroßer Tumbler
- ✦ Gästeglas

- ✦ 2 Spritzer Zitronensaft
- ✦ 1 Spritzer Worcestersauce
- ✦ 1 Prise Selleriesalz
- ✦ 1 Prise Pfeffer
- ✦ evtl. etwas Tabasco
- ✦ 3–4 Eiswürfel
- ✦ 4 cl Wodka
- ✦ 10 cl gekühlte Consommé (gewürzte Kraftbrühe)

Den Zitronensaft, die Worcestersauce und die Gewürze in dem Tumbler verrühren. Die Eiswürfel dazugeben, mit Wodka und Consommé auffüllen und gut umrühren.

Bloody Bull
pikanter Pick-me-up (Aperitif)

✦ mittelgroßer Tumbler
✦ Gästeglas

✦ 2 Spritzer Zitronensaft
✦ 1 Spritzer Worcestersauce
✦ 1 Prise Selleriesalz
✦ 1 Prise Pfeffer
✦ evtl. etwas Tabasco
✦ 3–4 Eiswürfel
✦ 4 cl Wodka
✦ 5 cl Tomatensaft
✦ 5 cl gekühlte Consommé (gewürzte Kraftbrühe)
Dekoration:
✦ 1 Stück Stangensellerie

Zitronensaft, Worcestersauce und die Gewürze in dem Tumbler verrühren. Die Eiswürfel dazugeben, mit Wodka, Tomatensaft und Consommé auffüllen, gut verrühren. Das Selleriestück ins Glas geben.

Harvey Wallbanger
würzig-milder Longdrink für den Abend

✦ mittelgroßer Tumbler
✦ Gästeglas

✦ 3 Eiswürfel
✦ 4 cl Wodka
✦ 10 cl Orangensaft
✦ 1 cl Galliano

Die Eiswürfel und den Wodka in den Tumbler geben.
Mit Orangensaft auffüllen, umrühren und den Galliano darüber gießen.

Clamato
aromatischer Pick-me-up (Aperitif)

✦ mittelgroßer Tumbler
✦ Gästeglas

✦ 2 Spritzer Zitronensaft
✦ 1 Spritzer Worcestersauce
✦ 1 Prise Selleriesalz
✦ 1 Prise Pfeffer
✦ evtl. Tabasco
✦ 3–4 Eiswürfel
✦ 4 cl Wodka
✦ 5 cl Tomatensaft
✦ 5 cl Muschelsaft

Zitronensaft, Worcestersauce und die Gewürze in dem Tumbler verrühren. Die Eiswürfel dazugeben. Mit Wodka, Tomatensaft und Muschelsaft auffüllen und gut umrühren.

Black Russian
lieblicher Shortdrink für den Abend

✦ kleiner Tumbler ✦ Gästeglas

✦ 3–4 Eiswürfel
✦ 4 cl Wodka
✦ 2 cl Kaffeelikör Kahlúa

Die Eiswürfel in den Tumbler geben. Den Wodka und den Kaffeelikör darüber gießen und umrühren.

White Russian

bekömmlicher Shortdrink für den ganzen Tag

✦ kleiner Tumbler ✦ Gästeglas

- ✦ 3–4 Eiswürfel
- ✦ 3 cl Wodka
- ✦ 2 cl Kaffeelikör Kahlúa
- ✦ 2 cl Sahne

Zunächst die Eiswürfel in den Tumbler geben. Den Wodka und den Kaffeelikör darüber gießen und umrühren. Die Sahne langsam über einen Barlöffel auf den Drink fließen lassen.

Cavallino

(Création Paul Nüesch, Kronenhalle-Bar, Zürich) fruchtig-herber Longdrink

✦ Longdrinkglas ✦ Gästeglas

- ✦ 1 Grapefruitspalte
- ✦ 4 Eiswürfel
- ✦ 3 cl Wodka
- ✦ 3 cl Vermouth dry
- ✦ 14 cl Grapefruitsaft

Außerdem:

- ✦ 1 Stück Orangenschale

Die Grapefruitspalte in das Longdrinkglas legen und mit einem Barlöffel leicht zerdrücken. Mit Eis, Wodka, Vermouth und Grapefruitsaft auffüllen, gut umrühren. Den Drink mit der Orangenschale abspritzen und diese ins Glas geben.

Kronenhalle Fizz

(Création Paul Nüesch, Kronenhalle-Bar, Zürich) fruchtiger Longdrink

✦ Longdrinkglas ✦ Shaker

- ✦ 2 cl Gin
- ✦ 2 cl Cointreau
- ✦ 2 cl Apricot Brandy
- ✦ 1 cl Zitronensaft
- ✦ 1 TL Zucker
- ✦ 2 cl Ananassaft
- ✦ 5 cl Orangensaft
- ✦ 5 cl Grapefruitsaft
- ✦ 6–8 Eiswürfel

Dekoration:

- ✦ 1 Orangenscheibe
- ✦ 1 Zitronenscheibe

Alle Zutaten im Shaker zusammen mit 3 bis 4 Eiswürfeln schütteln und durch das Barsieb in das mit 3 bis 4 Eiswürfeln gefüllte Glas seihen. Die Früchte ins Glas geben. Mit Trinkhalm servieren.

Blue Lady

frischer Shortdrink für den Sommer

✦ Cocktailglas ✦ Shaker

- ✦ 3 cl Gin
- ✦ 1,5 cl Curaçao blue
- ✦ 1,5 cl Zitronensaft
- ✦ 1 TL Eiweiß
- ✦ 5–6 Eiswürfel

Alle Zutaten im Shaker zusammen mit den Eiswürfeln kräftig schütteln und durch das Barsieb in das gekühlte Cocktailglas seihen.

Kronenhalle Spezial (li.), Snowball (re.)

KRONENHALLE SPEZIAL

(Création Paul Nüesch, Kronenhalle-Bar, Zürich)
fruchtig-aromatischer Shortdrink für jeden Tag

✦ Cocktailglas ✦ Shaker

✦ 1,5 cl Gin
✦ 1,5 cl Cointreau
✦ 1,5 cl Apricot Brandy
✦ 1,5 cl Grapefruitsaft
✦ 5–6 Eiswürfel

Dekoration:

✦ 1 Cocktailkirsche

Alle Zutaten im Shaker zusammen mit den Eiswürfeln schütteln und durch das Barsieb ins gekühlte Glas seihen. Die Kirsche ins Glas geben.

SNOWBALL

süffiger Longdrink für die Party

✦ Longdrinkglas ✦ Gästeglas

✦ 3–4 Eiswürfel
✦ 4 cl Eierlikör
✦ 1 Spritzer Rose's Lime Juice
✦ 16 cl Zitronenlimonade

Dekoration:

✦ 1 Orangenscheibe
✦ 1 Cocktailkirsche

Die Eiswürfel in das Longdrinkglas geben, Eierlikör und Lime Juice darüber gießen. Mit Zitronenlimonade auffüllen und umrühren. Die Früchte am Sticker über den Glasrand legen. Mit einem Trinkhalm servieren.

Petrifier

(Création Andy MacElhone, Harry's Bar, Paris 1964)
hochprozentiger Longdrink für starke Männer

✦ Longdrinkglas ✦ Gästeglas

- ✦ 4 Eiswürfel
- ✦ 3 cl Wodka
- ✦ 3 cl Gin
- ✦ 3 cl weißer Rum
- ✦ 3 cl Cognac
- ✦ 3 cl Grand Marnier
- ✦ 3 cl Cointreau
- ✦ 1 TL Grenadine
- ✦ 2 Spritzer Angostura-Bitter
- ✦ 2 cl Ginger-ale
- ✦ 1 TL Calvados

Dekoration:

- ✦ 1 Orangenscheibe
- ✦ 1 Zitronenscheibe

Die Eiswürfel in das Longdrinkglas legen, dann alle Zutaten außer Calvados darüber gießen und gründlich umrühren. Die Früchte ins Glas geben. Den Calvados vorsichtig über den Drink gießen. Mit einem Trinkhalm servieren.

Apotheke

bitter-süßer Shortdrink zum Verdauen

✦ Cocktailglas ✦ Rührglas

- ✦ 2 cl Fernet Branca
- ✦ 2 cl Vermouth rosso
- ✦ 2 cl Crème de Menthe grün
- ✦ 7–8 Eiswürfel

Alle Zutaten im Rührglas zusammen mit den Eiswürfeln verrühren und durch das Barsieb in das gekühlte Cocktailglas seihen.

Pimm's No. 1

leichter Longdrink für den Sommer

✦ Longdrinkglas ✦ Gästeglas

- ✦ 3–4 Eiswürfel
- ✦ 5 cl Pimm's No. 1
- ✦ 15 cl Ginger-ale oder Zitronenlimonade

Dekoration:

- ✦ 1 Zitronenscheibe
- ✦ 1 Orangenscheibe
- ✦ 1 Stück Gurkenschale

Die Eiswürfel in das Longdrinkglas legen, Pimm's No. 1 darüber gießen und mit Ginger-ale oder Zitronenlimonade auffüllen und umrühren. Die Früchte und die Gurkenschale in das Glas geben. Mit einem Trinkhalm servieren.

1970–1979

Das dunkle Zeitalter der Cocktails

Rebellion gegen das Establishment

Das neue Jahrzehnt, das siebte des Jahrhunderts, sieht die Jugend auf der Straße und nicht mehr in den Universitäten. In Vietnam ist ein aussichtsloser Krieg der Amerikaner gegen den Vietkong im Gange, den sie am Ende verlieren werden. Die Jugend protestiert gegen das „Establishment“ – was das bedeutet, ist klar: Cocktails gehören zu den Errungenschaften der Bourgeoisie. Sie haben keinen Bestand mehr in der Kultur einer Jugend, die ihre Rebellion bis in alle Einzelheiten des Alltags durchzieht und nichts auslässt, was die „Alten“ so gelobt haben. Es muss wohl ohne äußeren Grund spießig geworden sein, mit einem Dry Martini an einer Cocktailparty herumzustehen und sich in belanglosem Smalltalk zu ergehen.

Haschisch statt Cocktails

Es ist das Jahrzehnt, das sich von Zwängen befreit sieht, die nach dem Zweiten Weltkrieg schleichend die Gesellschaft eingenommen und das gesellschaftliche Leben in Konventionen gezwängt haben. Das Jahrzehnt, in dem das gesellschaftliche Leben nur noch wenig mit der Lebenswirklichkeit der Jugendlichen gemeinsam hat: The Beatles, The Rolling Stones, The Kinks, The Who – englische Rockbands der ersten Stunde. In den USA randaliert Jim Morrison mit seinen Doors auf den Bühnen, von der Ost- bis zur Westküste und zurück. Während sich die letzten WASPs zu ihren Cocktailpartys in die Penthouses der Park Avenue in New York City zurückziehen und kopfschüttelnd die neue Zeit heraufbrechen sehen, drehen die Jugendlichen an ihren Rockkonzerten die ersten Joints und berauschen sich an Marihuana und Haschisch. Dem Alltag müssen beide irgendwie entkommen. Die „Etablierten“ mit ihren Martinigläsern, die Jugendlichen mit ihren tönernen Haschpfeifen, die sie im Head Shop

Im „Jahrzehnt der Befreiung" ist wenig Platz für Cocktails

erworben haben. Es ist die hohe Zeit der Subkultur, in der sich die Jugend rasch zurecht finden wird. Dass darin Cocktails keinen Platz mehr haben, versteht sich von selbst – nicht zuletzt sprechen Cocktailarchäologen von diesem Jahrzehnt und dem Beginn des folgenden als dem „dunklen Zeitalter" des Cocktails. Nicht ganz zu Recht.

Cocktailtrends – von Destillerien und Händlern gepusht

Während es früher Bartender waren, die mit ihrer Cleverness und Kreativität dafür sorgten, dass an unzähligen Abenden rund um die Welt immer wieder neue Cocktails entstanden, übernehmen jetzt die großen Getränkehändler diese Aufgabe. Angefangen hatte es kurz nach dem Zweiten Weltkrieg, als die Vertreter der Heublein & Co. in die entlegensten Bars der Vereinigten Staaten gingen und dort den in den USA destillierten Wodka anpriesen.

Der neue Trend: „Feuerwasser“ aus Agaven

Nun setzte sich diese Marketingstrategie voll durch. Wohl kreieren Barmänner auf der ganzen Welt, angestachelt von ihrem beruflichen Ehrgeiz, nach wie vor Cocktails und Drinks, doch mittlerweile organisieren sich die Destillerien selber und laden Barmänner zum fröhlichen Wettstreit ein. Sie haben gemerkt, dass der Erfolg eines Produktes davon abhängt, wie gut es bei Barmännern ankommt.

So lädt man Vertreter dieser Gilde zu einem Wettstreit in ein Nobelhotel ein und bittet sie, unter den gestrengen Augen, Nasen und Zungen der Juroren einen Cocktail zu mixen. Entweder auf der Basis der vorgegebenen Spirituose oder – was heute weit häufiger vorkommen muss, weil kaum noch Spirituosen für Cocktails zu entdecken sind – Likören und anderen Zutaten bis hin zum Mineralwasser. Garniert wird der Ausflug zu einer solchen Competition mit famosen Dinners und anderen Annehmlichkeiten. Marketing-Verantwortliche von Destillerien und Spirituosenhändler haben dadurch die rascheste Rückmeldung von der Front. Aber auch bei der IBU werden die Competitions immer anspruchsvoller. Dies besitzt den Vorteil, dass die dort prämierten Cocktails rasch in der ganzen Welt verbreitet werden und somit die Barkarten ganz wesentlich bereichern – mit ein Grund, weshalb die WM-Sieger-Drinks mittlerweile im Repertoire der wichtigsten Cocktailbücher nicht mehr fehlen dürfen. So wird verständlich, warum eine Spirituose ein Land zu erobern beginnt.

Mexikos Agavenschnaps erobert die Cocktailwelt

Denn die Welt der Cocktails wird um eine Spirituose reicher, eine, die bislang nur wenigen bekannt war, Tequila. Sie eignet sich hervorragend, um mit verschiedenen Likören und Säften gemixt zu werden. Den in Mexiko destillierten Agavenschnaps haben die jugendlichen Amerikaner auf ihren Ausflügen in die grenznahen Gegenden von Kalifornien und Texas kennen gelernt (nebst der dazugehörenden Rache Montezumas). Zwei Cocktails werden in das Pantheon des 20. Jahrhunderts aufgenommen – was nichts anderes heißt, als dass sie auf den Barkarten der westlichen Welt aufgetaucht sind: Tequila Sunrise und Margarita. Auch William Grimes verspricht sich von diesem Destillat, im Verbund mit Rum, für die Zukunft noch viele schöne Cocktails; Peter Bohrmann kennt in seinem „Falken-Mixbuch" bereits 50 Rezepte mit dem Schnaps aus Mexiko.

Rum, Wodka und Tequila

Das Mutterland der Cocktails, die USA, veröffentlichten Ende des Jahrzehnts eine Statistik, wonach zwischen Anchorage und Key West erstmals mehr Rum als Whiskey verkauft wird. Das klassische Destillat der USA verliert zusehends an Popularität – denn nicht zu vergessen ist die Manie der Amerikaner, ihre durch Übermengen von Hamburgern angelegten Fettreserven mit allen erdenklichen Mitteln abzutragen: Nicht FDH (Friss die Hälfte) ist das Motto der mit „Fun"-Obsessionen geplagten US-Bürger, sondern Light. Alles muss „leicht" sein – und da gehört nun mal der mastige Whiskey nicht mehr dazu. Wodka, Rum und Tequila werden am Ende des Jahrzehnts in der Gunst der Kampf- und Gelegenheitstrinker in den USA an oberster Stelle stehen, wenn sie in ihren bevorzugten Watering Holes einen Cocktail ordern. Was aber genau ist dieses heimtückische Getränk namens Tequila? Seine eigene Geschichte ist, wie immer, wenn es um Spirituosen geht, auch mit Politik verbunden.

Tequila *Geschichten – einfach pur*

Eine Prise Salz liegt in der Vertiefung des Handrückens hinter Daumen und Zeigefinger. Auf dem Tresen liegt eine halbe Zitronenscheibe, daneben ein kleines Glas,

randvoll gefüllt mit einer klaren, leicht öligen Flüssigkeit. Zuerst wird das Salz von der Hand geleckt, das Glas in einem Zug gekippt, schließlich die Zitrone von ihrer Schale gebissen. Das typische Tequila-Ritual der Trinkerinnen und Trinker, die den Schnaps pur genießen. Ein anderes Ritual ist lauter. Dabei wird nämlich ein Shotglas mit dickem Boden mit dem feurigen Wasser gefüllt und mit einem Spritzer Sprite gemischt. Das Glas wird mit einem Bierfilz oder einer Serviette bedeckt, leicht angehoben und kräftig auf den Tresen geknallt. Rasch ex und weg ist der Hochprozentige.
An der Zeremonie kann man in der Folge den Pegel der fröhlichen Zecher erkennen – und genauso den Sinn (oder Unsinn) des Umtrunks. Wenn es darum gehen soll, sich möglichst schnell in einen Zustand zu trinken, bei dem die Wahrnehmung der Umwelt leicht gestört wirkt, sind diese „geknallten" Tequilas gerade richtig. Aus Gründen, die Mediziner oder Chemiker besser kennen, verbreitet sich die Wirkung des Alkohols auf diesem „schnellen" Weg rascher im Kopf.
Die Wirkung hüllt den Trinker in das typisch flauschige Wohlgefühl, das mit jenem anderer alkoholischer Rauschmittel kaum vergleichbar ist. In Maßen genossen, fließt mit jedem Tropfen Agavenschnaps ein halbes Grad Wärme durch den Körper. Die Fahrt durch die Blutbahnen hinterlässt ein leicht betäubendes Gefühl, das aber schnell in Aktivität umschlagen kann. Folgt auf den ersten Tequila ein zweiter, weckt dieser die Lebensgeister zu anregenden Gedanken, der dritte steigert sie zu genialen Ideen, der vierte sorgt für Euphorie, der fünfte kündet große Taten an, der sechste den Heldenmut der Trinker, der siebte versetzt die Helden in den Kampf um Leben und Tod. Jeder weitere sorgt für den Abstieg in die Wehleidigkeit eines unheil-

vollen Erwachens, wenn das Maß des kunstvollen Trinkens voll ist. Stacheldraht durchzieht die Schläfen und selbst Katzenpfoten auf Sand sind quälend laut wie Technobeats.
So müssen sich anderntags die Gewohnheitstrinker in den „pulquerías" fühlen, die den billigen, noch nicht verarbeiteten, schwach alkoholischen Most, aus dem später Tequila wird, in sich hineinschütten. Kübelweise wird er in verlotterten, lärmigen Kaschemmen in den Großstädten Mexikos an jene Männer verkauft, die nach der Landflucht nun die Flucht aus dem Elend im Suff suchen.

„Honigwasser" einer göttlichen Pflanze

Beide Getränke, Tequila wie Pulque und auch der verwandte Mezcal werden aus dem zuckerhaltigen Saft „aguamiel", dem „Honigwasser", von Agaven hergestellt. Lange vor der Entdeckung Mexikos durch die spanischen Conquistadores kannten die Mayas, Ureinwohner Mexikos, die Wirkung und verehrten das Gewächs als göttliche Pflanze. Sie vereinte gleichzeitig das männliche wie das weibliche Prinzip des Lebens. Ihre starken Blätter, wie Lanzen gewachsen, konnten als Nadeln, als Waffen oder als Nägel verwendet werden. Der Saft ihrer Frucht löschte den Durst oder bescherte, wenn der Zucker fermentierte, einen schwachen Rausch.

Ein hochprozentiger Saft

Die moderne Zeit brachte nicht nur die Vertreibung der Mayas mit ihrer schon damals hoch stehenden Kultur – sie brachte auch die von den Arabern nach Spanien importierte Kunst der Destillation in die Neue Welt. Auch dort lernte man schnell den Umgang mit der Agave, um aus den zuckerhaltigen Säften der

„tequilana Weber" – so wird die Pflanze botanisch korrekt bezeichnet – hochprozentige Getränke zu destillieren. Bis dahin war allerdings der Pulque das Nationalgetränk Mexikos.
Im 19. und zu Beginn des 20. Jahrhunderts traf man sich in den „pulquerías" zum Trinken, Plaudern, Feiern, Singen, Lärmen. Mit dem Aufkommen des gebrannten Wassers aus dem Saft der Agaven, verkamen sie zu den Spelunken, in denen sich die armen Leute, Landarbeiter zumeist, den Frust wegschwemmten, denn ein veritabel destillierter Tequila kostet das Mehrfache. Mit verantwortlich für diese Entwicklung ist die Kommerzialisierung des Tequila auf der ganzen Welt, vor allem in den USA, die den größten Anteil an den rund 100 Millionen jährlich produzierten Flaschen Tequila importiert.

„Herz im Dampf"

Obwohl die Nachfrage stetig steigt, lässt sich der Agavenschnaps nicht unendlich herstellen. Die Natur bremst die Herstellung, denn die Frucht der Agave, von den Einheimischen „maguey" genannt, braucht sieben bis zehn Jahre zur vollen Reife. Sie wächst vor allem in zwei Gegenden knapp 50 Kilometer nördlich von Guadalajara. Aus dem Herzen der Agave tequilana Weber, der blauen Agave, wird der Most für den Tequila gewonnen. Das Herz wird im Dampf gekocht, der Saft zweimal destilliert und mit Wasser auf Trinkstärke verdünnt. Das Destillat kann als „Tequila blanco" sofort getrunken oder bis sechs Jahre gelagert werden. Liegt er in Holzfässern, meist aus junger Eiche, bekommt er die goldbraune Farbe und heißt als wenig gereifter „reposado" und als älterer Jahrgang „añejado". Von Gesetzes wegen sind mindestens 51 Prozent Alkohol von Agavensaft vorgeschrieben.

Rasch eroberte der mexikanische Schnaps die besten Plätze auf den Barkarten der Welt

Alkohol und Sex

Die Verbindung von Tequila und Sexualität, von Spirituosen und sexuellem Verhalten, haben – wer sonst – die Amerikaner untersucht. Die eher unbekannte Tequila-

Marke „Two Fingers“ (Zwei Finger) warb bei den männlichen Amerikanern mit einer blonden Schönheit und dem Slogan „Two Fingers is all it takes“. Möglich, dass die Werbung lange vor der Entdeckung des HI-Virus an den Plakatwänden entlang den US-Highways hing. „Alkoholische Getränke verursachen keinen Abbau von Hemmungen“, schreibt der englische Sozialhistoriker Andrew Barr in seiner „Sozialgeschichte des Alkohols“, „sie ermuntern Trinker dazu, ihre Hemmungen fahren zu lassen.“ 1978 wurden, so Barr, 520 US-College-Studenten über ihre Trinkgewohnheiten befragt. 70 Prozent gaben zu, dass sie Alkohol einsetzten, um eine Frau zum Beischlaf zu überreden, und 73 Prozent aller Männer und Frauen gaben zu, dass Alkohol manchmal oder meistens dazu führte, dass sie sexuell aktiver wurden.

„Chercher la femme“

Für eine „Sexualisierung“ des Cocktails muss man heute die Destillerien und ihre Produktmanager haftbar machen, die für die zahlreichen neuen Produkte des Dezenniums wie Peach Schnaps oder die Neuentdeckung alter Produkte wie Amaretto di Saronno oder Galliano Cocktails mit Namen belegten, die einem die Schamröte durchaus ins Gesicht treiben konnten. Man führe sich folgende Szene vor Augen: Kommt ein Gast in eine Bar, setzt sich an den Tresen, eine blonde Barkeeperin bedient den Mann mit der Frage: „Was hätten Sie denn gerne?“ – „Sex on the beach.“ Ein Schelm, wer sich Böses dabei denkt? Nicht nur.

Nicht erst seit Hemingway wissen Kenner der Cocktailkultur, dass vor allem Schriftsteller und solche, die es sein wollen, in American Bars sitzen und sich dort Inspirationen für ihre Bücher holen. Dass dabei auch das ewige Spiel vom „chercher la femme“ ausufernd zu betrachten und beschreiben ist, das war und ist wohl der ewige Reiz der

Autoren, „Material“ für eine fatale, eine lustige, eine absurde Geschichte über Frauen und Männer stets in Bars zu suchen. Zumal Schivelbusch bereits die Psychologie des Bargängers so beschreibt, dass sowohl Männer als auch Frauen ihre Bereitschaft zur Kommunikation zeigen. Der deutsche Autor Manfred Seiler hat in seinem Werk „Leben wie ein Abzählvers“ die Funktion der Bar als Kupplerin mit viel Humor geschildert und dabei keine Stereotypie ausgelassen:

Die Bar als Kupplerin

„Er geht in Harry's New York Bar und glotzt die Frauen an. Er geht in die Philoma Bar und glotzt die Frauen an. Und wenn es spät wird, geht er ins Maximilians und glotzt die Frauen an. Im Durchschnitt kommt auf zehn Besuche in Harry's New York Bar, in der Philoma Bar und im Maximilians eine Frauenbekanntschaft. An diese Statistik glaubt er. Sie ist von ihm.

Ene, mene, miste, was rappelt in der Kiste …

Ins Schumann's geht er nicht so gern. Die Frauen dort gefallen ihm nicht.

‚Gebildet bin ich selber.‘

Er liebt Datatypistinnen, Sekretärinnen, Arzthelferinnen. Er liebt Laborantinnen, medizinisch-technische Assistentinnen, Anwendungsprogrammiererinnen und Organisationsprogrammiererinnen. Gebietsrepräsentantinnen, Hotelkauffrauen, Bilanzbuchhalterinnen und Pressereferentinnen, Werbegrafikerinnen, Fakturistinnen, Kosmetikerinnen. Gelegentlich auch eine Zahnarztgattin. Und die gehen in Harry's New York Bar oder in die Philoma Bar.

Ins Schumann's gehen Lyrikerinnen, Regieassistentinnen, Schauspielerinnen, Schriftstellerinnen, Hochschuldozentinnen, Rundfunkreporterinnen, Journalistinnen und sonstige Kulturgroupies.“

Am Ende steht die Rauferei

Aber wo die Schönen der Nacht zusammenkommen mit allen Sorten von Gecken, sich mit Cocktails vom Alltag verabschieden und danach die unterschiedlichsten Illusionen und Depressionen zum Vorschein kommen lassen, geht es nicht immer stilvoll und charmant zu. Kaum ein Autor vergisst in seiner Bargeschichte das belebende Element einer ausschweifenden Keilerei. Sie steht am Ende einer Kette von unglücklichen Fügungen, die wildfremde Menschen zusammenbringt.

Auch bei Seiler endet der Abend in der Harry's New York Bar mit einer Rauferei. Am Ärgsten trieben es jedoch die Marineoffiziere in Lothar Günther Buchheims Roman „Das Boot", das zu Beginn des Jahrzehnts erschien und später verfilmt wurde. Das Kapitel „Bar Royal" erzählt von einem Gelage teils hochrangiger Offiziere in der Hotelbar in der französischen Hafenstadt La Rochelle am Atlantik und lässt keine Einzelheiten menschlicher Schwächen aus. Auch wenn keine Cocktails im Vordergrund stehen, sondern französischer Weinbrand.

Cocktails auf Cognac-Basis

Brandy-Cocktails, wie sie die Amerikaner nennen, haben Tradition – aber nicht in der Neuen Welt. Cocktails auf Cognac-Basis sind ein Privileg der Engländer, schon immer eine Gesellschaft standhafter Zecher, die sich an ihm gütlich taten, als die Regierung einen Importzoll auf Champagner erhob. Immerhin verdankt die Cocktailgeschichte dem Brandy drei Klassiker: den Brandy-Alexander, den Stinger und den Sidecar. Die ersten beiden sind typische After-Dinner-Cocktails – man trinkt sie vorzugsweise nach dem Essen, während der Sidecar zu den Aperitifs gehört. Cognac trinkt man natürlich auch pur, begleitet von einem Glas Eiswasser, um die Wärme des Destillats ungetrübt genießen zu können.

Cognac *Geschichten – samtig weich*

Cognac ist der Name einer Kleinstadt am Ufer des Flusses Charente, nördlich von Bordeaux. Im 15. Jahrhundert war die Charente weniger ihrer gebrannten Weine wegen berühmt als des Salzes wegen, das englische und skandinavische Kaufleute anzog. Sie nahmen aus dem Charente aber auch den in der Region Cognac gekelterten Wein mit – allerdings mit unangenehmen Folgen: Der Wein veränderte seine Substanz auf den langen Reisen übers Wasser vom Hafen in Bordeaux bis nach Skandinavien oder London.

Vin brûlé – Gebrannter Wein

Damit der Rebsaft seine Qualität unverändert bis in die Zielhäfen behielt, kamen die Kaufleute auf die – aus heutiger Sicht – bravouröse Idee, den Wein zu „brennen". Diesen als „vin brûlé" bezeichneten Wein verkosteten die Engländer und Skandinavier zu Hause mit Wasser. Er wurde nicht ganz unzutreffend „Brandywine" genannt. Anfänglich war dieser Weinbrand klar wie ein Kristall – mindestens bis ins 17. Jahrhundert. Als Frankreich mit England in den Krieg trat, musste der Branntwein in kleinen Eichenholzfässern gelagert werden und zwar während mehrerer Jahre. Welche Entdeckung, als man den „vin brûlé" daraufhin degustierte: Er hatte an Farbe und an Geschmack nur gewonnen.

Nach wie vor verwenden die Winzer der Charente ihre uralten Kupferkessel, den „Alambic Charentais", um den Weinmost zu destillieren. Was nach Meinung der seit dem frühen 18. Jahrhundert ansässigen Cognac-Firmen eine bessere Kontrolle des Brennverlaufs erlaubt. Danach kommt der Cognac in Eichenfässer

Ein guter Cognac ist wie eine Frau: Am besten im Alter zwischen 25 und 40 Jahren

aus dem Limousin – mit gutem Grund. Die Limousin-Eiche besitzt weniger Tannine als andere, gibt darum auch kaum den Holzton in das Destillat. Dies funktioniert aber nur, weil die für den Fassbau vorgesehenen Dauben vorher für drei Jahre im Freien getrocknet werden. Erst dann entstehen die Fässer.
Nach dem Gesetz muss der junge Branntwein mindestens zwei Jahre zunächst in den jungen, später in älteren Eichfässern lagern. Einen guten Cognac beurteilen die Bonvivants aber auch nach Herkunft und Alter. Nicht ganz politisch korrekt ist das Prädikat, wonach ein Cognac wie eine Frau ist: Am besten ist sie im Alter zwischen 25 und 40 Jahren.

Klassifizierung

Die besten Cognacs kommen aus den ersten beiden der sechs Anbaugebiete, die 1909 und 1938 gesetzlich festgesetzt wurden. In der Reihenfolge ihrer Qualität sind dies 1. Grande Champagne, 2. Petite Champagne, 3. Borderies, 4. Fins Bois, 5. Bons Bois und 6. Bois Ordinaires. Ein Cognac mit der Zusatzbezeichnung Fine Champagne besteht zu mindestens 50 Prozent aus Trauben der Grande Champagne und höchstens zu 50 Prozent aus Trauben der Petite Champagne. Eine Grande Champagne darf indessen nur zu 100 Prozent aus Trauben aus der Grande Champagne gekeltert und destilliert worden sein. Den Einfluss der Engländer liest man überdies auf dem Etikett jeder Cognacflasche. Die folgenden Buchstaben stehen für diese Bezeichnungen:
E = Especial
S = Superior
V = Very
C = Cognac
F = Fine
O = Old
X = Extra
P = Pale

Der Grand Marnier

Eng mit der Geschichte des Cognacs ist auch die des Grand Marnier verbunden, eines Liköres mit Orangenaroma, der aber kein fester Bestandteil der Cocktailgeschichte geworden ist. Er gilt vielen Barkeepern als zu fein. Sie verwenden stattdessen den Curaçao oder Cointreau für die Mixgetränke mit Orangenlikör – obschon sich auch ein Grand Marnier bestens vermixen ließ. Nicht nur seiner Pomeranzen, sondern auch der Grundspirituose wegen, die nicht im Triple Sec und Cointreau anzutreffen ist.

1880 gelang Louis Alexandre Marnier-Lapostolle, Schwager eines Destillerie-Besitzers in der Nähe von Paris, die gelungene „Hochzeit" des Cognacs mit einer damals raren exotischen Frucht, der Orange. Dass Marnier dem Likör mit seinem Familiennamen den Zusatz „Grand" beigab, widersprach überdies dem damaligen Trend, alles und jedes mit dem Attribut „Petit" zu versehen. Es bedurfte allerdings der Mithilfe von Marniers Freund Cesar Ritz, der den Likör im Londoner Savoy Hotel aufnahm und ihm innerhalb kürzester Zeit zum Durchbruch verhalf. Freilich muss noch ein anderer Pate erwähnt werden: Auguste Escoffier kreierte für den späteren englischen König Edward VII. eine Nachspeise, in der Grand Marnier die Hauptrolle einnimmt: Crêpe Suzette. Heute zählt die Firma Grand Marnier, die sich mittlerweile „Societé des Produits Marnier-Lapostolle" nennt, zu den fünftgrößten Einkäufern von Cognac.

Cocktails haben's schwer

Die Zeiten für den Cocktail standen in diesem Dezennium schlecht. In den USA kam der „light Whiskey" am 1. Juli 1972 erstmals auf den Markt. Miller bringt ein „Lite Beer", doch die Konsumenten entscheiden sich für Fruchtsäfte der Firma Snapple Fruit. Im gleichen Jahr gegründet, wird sie in den folgenden 20 Jahren rasch expandieren. In Europa entstehen die ersten „makrobiotischen" Restaurants, die fernöstliche Garmethoden und das auf dem Yin-Yang-Prinzip beruhende Ernährungsmodell propagieren. Auch wenn es schon seit Jahrzehnten vegetarische Restaurants auf der ganzen Welt gibt, so sind es die jugendlichen Indienfahrer, die neben dem Rausch und der Ekstase auch neue Lebensformen ausprobieren.

Der Cocktail bekommt in dieser Welt – wir wissen es – keinen Platz zugewiesen.
Nur in den USA hält sich die Cocktailkultur mühselig aufrecht – doch sind aus dieser Zeit nur wenige Klassiker überliefert, und wenn, beruhen sie weiterhin auf Wodka, Brandy und der neuen Spirituose Tequila. Wodka wird Mitte der 70er-Jahre in den USA weit mehr verkauft als der „hausgemachte“ Whiskey. Dennoch gelangt aus Südamerika ein neuer Likör in die amerikanische Bar und von dort sehr rasch nach Europa: Cream of Coconut. Logisch, dass sich diese Flüssigkeit am einfachsten mit Rum mischen lässt. Zumal Zuckerrohr und Kokosnuss aus den gleichen – tropischen und subtropischen – Breitengraden stammen.

Fruchtig, sinnlich – Piña Colada
Brasilientouristen erinnern sich gerne an das eher klebrige Mixgetränk namens Piña Colada oder an den Swimmingpool, „ein lieblich-fruchtiger Longdrink für die Sommerparty“, wie Bohrmann schreibt. In der Tat, die Coladas auf Cream of Coconut-Basis sind die für den Gaumen sinnlichsten Getränke, mit denen man sich beim Diaabend im Wohnzimmer wieder in den Karneval von Rio zurückversetzt oder von der überschäumenden Lebensfreude der Brasilianer träumt.
Freilich ist dieser Piña Colada schon früher erfunden worden, wie Grimes nachweist: Eine Bronzeplatte erinnert an der 104, Fortalezza Street in San Juan, Puerto Rico, an die Barrachina Bar, in der Don Ramón Portas Mingot 1963 zum ersten Mal zerstoßenes Eis, Sahne, Kokosnusscreme, frischen Ananassaft und Rum in einem Blender gemixt haben soll. Dies widerstrebt Ramón Marrero Pérez, besser bekannt als Poppa Monchito, der im Caribe Hilton auf Puerto Rico den gleichen Cocktail bereits 1954 erfunden haben will.

Wenig Neues

Auch wenn das Jahrzehnt in Sachen Cocktail wenig Neues bringt, so entstehen an den IBU-Championships neue WM-Drinks, und auch ein Tequila-Cocktail wird bald zu den Klassikern gehören, der Tequila Sunrise.
Eine einfache Tatsache lässt sich beim Betrachten der Cocktailgeschichte nicht aus der Welt schaffen: In den 70er-Jahren sind keine neuen Spirituosen mehr zu entdecken – ein Hinweis darauf, dass sich in der Geschichte kaum noch etwas bewegt. Und auch die wirtschaftliche Großwetterlage in Europa und den USA steht am Anfang einer längeren Depression. Nach Jahrzehnten ökonomischer Boom-Jahre, ausgelöst durch den Marshall-Plan, schlittert der Westen in der Nachkriegszeit erstmals in eine der seriösesten Wirtschaftskrisen des Jahrhunderts. Nach dem Börsenkrach von 1929 drehen die Ölscheichs am Golf die Förderhähne zu, die Inflation galoppiert den Notenbankchefs davon und an der Wall Street sind nicht mehr die „Drei-Martini-Lunches“ angesagt, sondern Perrier.

Jogging statt Drinking

Das französische Mineralwasser wird spät im Jahrzehnt eingeführt. Und obwohl Amerikaner offenbar lieber billigere Mineralwasser bevorzugen, wird Perrier innerhalb eines Jahrzehnts einen Umsatz von 177 Millionen US-Dollar erzielen. Der Grund ist einfach: Die Amerikaner wählen Jimmy Carter zum neuen US-Präsidenten, dessen Jogging-Leidenschaft die Mitbürger in den Fitness-Wahn stürzen wird. Da haben Cocktails, bedauerlicherweise, auf den imaginären Getränkekarten im Kopf keinen Platz mehr. Oder nur noch solche, die kaum mehr Alkohol aufweisen. Der Trend geht ins Natürliche – unumkehrbar? Fast.

Margarita
aromatische Margarita (Aperitif)

✦ Cocktailglas ✦ Shaker

✦ 1 Zitronenachtel
✦ 1 Teller mit etwas Salz
✦ 3 cl Tequila
✦ 1,5 cl Cointreau oder Curaçao Triple sec
✦ 1,5 cl frisch gepresster Limetten- oder Zitronensaft
✦ 5–6 Eiswürfel

Den Rand des Cocktailglases mit dem Saft des Zitronenachtels befeuchten und im Salz drehen, damit ein gleichmäßiger Salzrand entsteht. Die restlichen Zutaten im Shaker zusammen mit den Eiswürfeln kräftig schütteln und durch das Barsieb in das Glas seihen.

Frozen Margarita
erfrischende Margarita für heiße Tage

✦ großes Cocktailglas
✦ Mixer mit Messervorsatz

✦ 3 cl Tequila
✦ 1,5 cl Cointreau oder Curaçao Triple sec
✦ 1,5 cl frisch gepresster Limetten- oder Zitronensaft
✦ 10–12 Eiswürfel

Alle Zutaten im Mixer zusammen mit den Eiswürfeln mixen, bis Schnee entsteht. In das große Cocktailglas füllen und mit einem Trinkhalm servieren.

Pineapple Margarita
fruchtige Margarita

✦ großes Cocktailglas
✦ Mixer mit Messervorsatz

✦ 1 Scheibe frische Ananas in Stücken
✦ 4 cl Tequila
✦ 2 Spritzer Cointreau
✦ 2 cl frisch gepresster Limetten- oder Zitronensaft
✦ 2 TL Zucker
✦ 3–4 EL zerstoßenes Eis

Alle Zutaten im Mixer mit 2 Esslöffeln zerstoßenem Eis mixen. In das mit 1 bis 2 Esslöffeln zerstoßenem Eis gefüllte Glas gießen. Mit Trinkhalm servieren.

Banana Margarita
fruchtige Margarita

✦ großes Cocktailglas
✦ Mixer mit Messervorsatz

✦ ½ Banane, in Scheiben
✦ 4 cl Tequila
✦ 2 Spritzer Cointreau
✦ 2 cl frisch gepresster Limetten- oder Zitronensaft
✦ 2 TL Zucker
✦ 3–4 EL zerstoßenes Eis

Die Banane mit den übrigen Zutaten sowie mit 2 Esslöffeln zerstoßenem Eis im Mixer fein pürieren. In das große Cocktailglas gießen. 1 bis 2 Esslöffel zerstoßenes Eis dazugeben. Mit einem Trinkhalm servieren.

Strawberry Margarita (li.), Blue Margarita (re.)

Strawberry Margarita

fruchtige Margarita

- ✦ großes Cocktailglas
- ✦ Mixer mit Messervorsatz

- ✦ 4 cl Tequila
- ✦ 2 Spritzer Cointreau
- ✦ 2 cl frisch gepresster Limetten- oder Zitronensaft
- ✦ 2 TL Zucker
- ✦ 2–3 reife Erdbeeren
- ✦ 3–4 EL zerstoßenes Eis

Alle Zutaten zusammen mit 2 Esslöffeln zerstoßenem Eis im Mixer fein pürieren. Den Inhalt in das große Cocktailglas gießen, das restliche zerstoßene Eis dazugeben. Mit einem Trinkhalm servieren.

Blue Margarita

(Création Alexandro Esparaza, Mexiko 1978)
aromatische Margarita

✦ Cocktailglas ✦ Shaker

- ✦ 1 Zitronenachtel
- ✦ 1 Teller mit etwas Salz
- ✦ 3 cl Tequila
- ✦ 1,5 cl Curaçao blue
- ✦ 1,5 cl frisch gepresster Limettensaft
- ✦ 5–6 Eiswürfel

Den Rand des Cocktailglases mit dem Saft des Zitronenachtels befeuchten und im Salz drehen. Die restlichen Zutaten im Shaker mit den Eiswürfeln schütteln und durch das Barsieb in das Glas seihen.

Strawberry Daiquiri

fruchtiger Daiquiri

✦ großes Cocktailglas
✦ Mixer mit Messervorsatz

✦ 4 cl weißer Rum
✦ 2 Spritzer Erdbeerlikör
✦ 2 cl frisch gepresster Limetten- oder Zitronensaft
✦ 2 TL Zucker
✦ 2–3 reife Erdbeeren
✦ 3–4 EL zerstoßenes Eis

Alle Zutaten im Mixer zusammen mit 2 Esslöffeln zerstoßenem Eis mixen. In das große, mit 1 bis 2 Esslöffeln zerstoßenem Eis gefüllte Cocktailglas gießen. Mit einem Trinkhalm servieren.

Banana Daiquiri

fruchtig-milder Daiquiri

✦ großes Cocktailglas
✦ Mixer mit Messervorsatz

✦ ½ Banane, in Scheiben
✦ 4 cl weißer Rum
✦ 2 Spritzer Crème de Banane
✦ 2 cl frisch gepresster Limetten- oder Zitronensaft
✦ 2 TL Zucker
✦ 3–4 EL zerstoßenes Eis

Die Banane mit den übrigen Zutaten sowie mit 2 Esslöffeln zerstoßenem Eis im Mixer fein pürieren. In das große Cocktailglas gießen. 1 bis 2 Eiswürfel zerstoßenes Eis dazugeben. Mit einem Trinkhalm servieren.

Peach Daiquiri

fruchtiger Daiquiri für den Sommer

✦ großes Cocktailglas
✦ Mixer mit Messervorsatz

✦ ½ Pfirsich (geschält)
✦ 4 cl weißer Rum
✦ 2 Spritzer Peach Liqueur
✦ 2 cl frisch gepresster Limetten- oder Zitronensaft
✦ 2 TL Zucker
✦ 3–4 EL zerstoßenes Eis

Den Pfirsich in kleine Stücke schneiden und zusammen mit den übrigen Zutaten sowie mit 2 Esslöffeln zerstoßenem Eis im Mixer fein pürieren. In das große Cocktailglas gießen und 1 bis 2 Esslöffel zerstoßenes Eis dazugeben. Mit einem Trinkhalm servieren.

▶ *Strawberry Daiquiri*

Swimming Pool

(Création Charles Schuhmann, Schuhmann's Bar, München 1978)
bekömmliche Colada für die Sommerparty

✦ Longdrinkglas ✦ Shaker

✦ 2 cl Wodka
✦ 2 cl weißer Rum
✦ 2 cl Kokosmilch
✦ 2 cl Sahne
✦ 6 cl Ananassaft
✦ 1 cl Curaçao blue
✦ 3–4 Eiswürfel
✦ 3–4 EL zerstoßenes Eis
Dekoration:
✦ 1 Ananasstück
✦ 1 Cocktailkirsche mit Stiel

Alle Zutaten außer Curaçao blue im Shaker zusammen mit den Eiswürfeln schütteln. Durch das Barsieb in das mit zerstoßenem Eis gefüllte Longdrinkglas seihen. Den Curaçao blue über den Drink laufen lassen. Das Ananasstück und die Kirsche am Sticker über den Glasrand legen. Mit einem Trinkhalm servieren.

Carissima

(Création Peter Roth, Kronenhalle-Bar, Zürich 1979)
süßliche Colada ohne Alkohol

✦ Longdrinkglas ✦ Shaker

✦ 10 cl Kokosmilch
✦ 5 cl Ananassaft
✦ 3 cl Aprikosennektar
✦ 6–8 Eiswürfel

Alle Zutaten im Shaker zusammen mit 3 bis 4 Eiswürfeln schütteln und durch das Barsieb in das mit 3 bis 4 Eiswürfeln gefüllte Glas seihen. Mit Trinkhalm servieren.

Coco-La

(Création Peter Roth, Kronenhalle-Bar, Zürich 1978)
bekömmliche Colada (After-Dinner-Drink)

✦ Longdrinkglas ✦ Shaker

✦ 6–8 Eiswürfel
✦ 4 cl weißer Rum
✦ 1 cl Crème de Banane
✦ 2 Spritzer Apricot Brandy
✦ 8 cl Kokosmilch
✦ 4 cl Ananassaft
Dekoration:
✦ 1 Ananasstück

Zunächst 3 bis 4 Eiswürfel und die Zutaten im Shaker schütteln. Dann 3 bis 4 Eiswürfel in das Longdrinkglas geben und die Mischung durch das Barsieb darüber seihen. Das Ananasstück an den Glasrand stecken. Mit einem Trinkhalm servieren.

Coco-Banana

(Création Peter Roth, Kronenhalle-Bar, Zürich 1979) fruchtig-liebliche Colada

✦ Longdrinkglas ✦ Shaker

- ✦ 3 cl Kirsch
- ✦ 1,5 cl Crème de Bananes
- ✦ 7 cl Kokosmilch
- ✦ 7 cl Ananassaft
- ✦ 6–8 Eiswürfel

Alle Zutaten im Shaker zusammen mit 3 bis 4 Eiswürfeln schütteln. Durch das Barsieb in das mit 3 bis 4 Eiswürfeln gefüllte Longdrinkglas seihen. Mit Trinkhalm servieren.

Piña Colada

liebliche Colada für jede Gelegenheit

✦ Longdrinkglas ✦ Shaker

- ✦ 4 cl weißer Rum
- ✦ 6 cl Kokosmilch
- ✦ 6 cl Ananassaft
- ✦ 3–4 Eiswürfel
- ✦ 3–4 EL zerstoßenes Eis

Dekoration:

- ✦ 1 Ananasstück
- ✦ 1 Cocktailkirsche

Alle Zutaten im Shaker zusammen mit den Eiswürfeln schütteln. Das zerstoßene Eis in das Longdrinkglas füllen und die Mischung durch das Barsieb darüber seihen. Das Ananasstück an den Glasrand stecken, die Kirsche mithilfe eines Stickers an der Ananas befestigen. Mit Trinkhalm servieren.

Flying Kangaroo

(Création Charles Schuhmann, Schuhmann's Bar, München 1979)
liebliche Colada für den Sommer

✦ Longdrinkglas ✦ Shaker

- ✦ 3 cl weißer Rum
- ✦ 3 cl Wodka
- ✦ 1 cl Galliano
- ✦ 2 cl Kokosmilch
- ✦ 1 cl Sahne
- ✦ 2 cl Orangensaft
- ✦ 4 cl Ananassaft
- ✦ 3–4 Eiswürfel
- ✦ 3–4 EL zerstoßenes Eis

Dekoration:

- ✦ 1 Ananasstück

Alle Zutaten im Shaker zusammen mit den Eiswürfeln schütteln und durch das Barsieb in das mit dem zerstoßenen Eis gefüllte Longdrinkglas seihen. Das Ananasstück an den Glasrand stecken. Mit einem Trinkhalm servieren.

Juanita

(Création Paul Nüesch, Kronenhalle-Bar, Zürich 1979) lieblich-fruchtige Colada für die Sommerparty

✦ Longdrinkglas ✦ Shaker

✦ 4 cl weißer Rum
✦ 5 cl Kokosmilch
✦ 3 cl Ananassaft
✦ 3 cl Bitter Lemon
✦ 3 cl Orangensaft
✦ 6–8 Eiswürfel

Rum, Kokosmilch und Ananassaft im Shaker zusammen mit 3 bis 4 Eiswürfeln schütteln. 3 bis 4 Eiswürfel in das Longdrinkglas legen und die Mischung durch das Barsieb seihen. Mit Bitter Lemon auffüllen und gut umrühren. Dann den Orangensaft langsam über den Drink gießen. Mit Trinkhalm servieren.

Kir Royal

aromatischer Champagnercocktail für den Empfang

✦ Champagnerkelch
✦ Gästeglas

✦ 1 cl Crème de Cassis
✦ 9 cl gut gekühlter Champagner

Den Cassislikör in den gekühlten Champagnerkelch füllen. Mit Champagner auffüllen und leicht umrühren.

Kir Imperial

ausgezeichneter Champagnercocktail (Aperitif)

✦ Champagnerkelch
✦ Gästeglas

✦ 1 cl Himbeerlikör
✦ 9 cl gut gekühlter Champagner

Den Himbeerlikör in den gekühlten Champagnerkelch füllen. Mit Champagner auffüllen und leicht umrühren.

Porsche

feinherber Champagnercocktail (Aperitif)

✦ Champagnerkelch
✦ Rührglas

✦ 1 cl Gin
✦ 1 cl Cointreau
✦ 1 cl Vermouth dry
✦ 7–8 Eiswürfel
✦ 12 cl gut gekühlter Champagner

Dekoration:

✦ 1 Cocktailkirsche

Alle Zutaten außer Champagner im Rührglas zusammen mit den Eiswürfeln verrühren und durch das Barsieb in den gekühlten Champagnerkelch seihen. Mit Champagner auffüllen und leicht umrühren. Die Kirsche ins Glas geben.

▶ *Kir Imperial*

Passat

(Création Peter Roth, Kronenhalle-Bar, Zürich 1979) exotischer Champagnercocktail für den Sommer

✦ Champagnerkelch ✦ Shaker

✦ 2 cl Apricot Brandy
✦ 2 cl Curaçao Triple sec
✦ 2 Spritzer frisch gepresster Limettensaft
✦ 4 cl Maracujasaft
✦ 5–6 Eiswürfel
✦ 5 cl gut gekühlter Champagner

Dekoration:

✦ 1 Limettenscheibe
✦ 1 Cocktailkirsche

Alle Zutaten außer Champagner im Shaker zusammen mit den Eiswürfeln schütteln und durch das Barsieb in den gekühlten Champagnerkelch seihen. Mit Champagner auffüllen und umrühren. Die Limettenscheibe und die Kirsche am Sticker über den Glasrand legen.

Lena

(Création Alberto Chirici, Italien 1971) halbtrockener Shortdrink

✦ Cocktailglas ✦ Rührglas

✦ 3 cl Bourbon Whiskey
✦ 1,5 cl Vermouth rosso
✦ 1 TL Vermouth dry
✦ 1 TL Campari
✦ 1 TL Galliano
✦ 7–8 Eiswürfel

Dekoration:

✦ 1 Cocktailkirsche

Alle Zutaten im Rührglas mit den Eiswürfeln verrühren. Durch das Sieb in das gekühlte Glas seihen. Die Kirsche am Sticker ins Glas geben.

Gloria

(Création Giorgio Guida, Italien 1976) aromatischer Shortdrink

✦ Cocktailglas ✦ Rührglas

✦ 1,5 cl Brandy
✦ 1,5 cl American Whiskey
✦ 1,5 cl Campari
✦ 1 cl Vermouth bianco
✦ 1 cl Amaretto
✦ 7–8 Eiswürfel

Dekoration:

✦ 1 Stück Zitronenschale
✦ 1 Cocktailkirsche

Alle Zutaten im Rührglas mit den Eiswürfeln verrühren. Durch das Sieb in das gekühlte Glas seihen. Zitronenschale und Kirsche am Sticker über den Glasrand legen

Elisa

(Création Aldo Ferrier, Italien 1976)
zartbitterer Shortdrink (After-Dinner-Drink)

✦ Cocktailglas ✦ Rührglas

✦ 3 cl Rum
✦ 1 cl Averna Amaro
✦ 1 cl Apricot Brandy
✦ 1 cl Vermouth bianco
✦ 1 cl gekühlter, trockener Sekt
✦ 7–8 Eiswürfel

Dekoration:

✦ 1 Stück Orangenschale
✦ 1 Cocktailkirsche

Alle Zutaten außer Sekt im Rührglas zusammen mit den Eiswürfeln verrühren und durch das Barsieb in das gekühlte Cocktailglas seihen. Mit Sekt auffüllen. Die Orangenschale zusammen mit der Kirsche am Sticker über den Glasrand legen.

Ramcooler

(Création Fred Falkenberg, Kanada 1976)
erfrischender Drink

✦ Longdrinkglas ✦ Shaker

✦ 4,5 cl weißer Rum
✦ 1,5 cl Galliano
✦ 6 cl Limettensaft
✦ 3–4 Eiswürfel
✦ 3–4 EL zerstoßenes Eis

Dekoration:

✦ 1 Limettenscheibe
✦ 1 Cocktailkirsche

Alle Zutaten im Shaker mit 3 bis 4 Eiswürfeln schütteln. Durch das Sieb in das mit zerstoßenem Eis gefüllte Glas seihen. Die Limettenscheibe ans Glas stecken und die Kirsche ins Glas geben.

Green Hope

(Création Sven Aage Joansbraten, Norwegen 1979)
erfrischender Shortdrink

✦ Cocktailglas ✦ Shaker

✦ 3 cl Wodka
✦ 1,5 cl Curaçao green
✦ 1 cl Crème de Bananes
✦ 1 TL Grapefruitsaft
✦ 1 TL Zitronensaft
✦ 5–6 Eiswürfel

Dekoration:

✦ 2 Cocktailkirschen

Alle Zutaten im Shaker mit den Eiswürfeln schütteln. Durch das Sieb in das Glas seihen. Die Kirschen am Sticker über den Glasrand legen.

Sunny Dream (li.), Aleluja (re.)

Festrus

(Création Bjarne Eriksen, Norwegen 1973)
leicht-bitterer Shortdrink (Aperitif)

✦ Cocktailglas ✦ Rührglas

✦ 2 cl Wodka
✦ 2cl Grand Marnier
✦ 2 cl Cinzano-Bitter
✦ 7–8 Eiswürfel

Dekoration:

✦ 1 Stück Orangenschale

Alle Zutaten im Rührglas zusammen mit den Eiswürfeln verrühren und durch das Barsieb in das gekühlte Cocktailglas seihen. Den Drink mit der Orangenschale abspritzen und diese ins Glas geben.

Sunny Dream

(Création Mark Wood, Kanada 1979)
cremiger Shortdrink für den Nachmittag

✦ Cocktailglas
✦ Mixer mit Messervorsatz

✦ 1,5 cl Apricot Brandy
✦ 1 TL Cointreau
✦ 1 cl Orangensaft
✦ ½ Kugel Vanilleeis
✦ 2 Eiswürfel

Dekoration:

✦ 1 Orangenscheibe

Alle Zutaten im Mixer mit den Eiswürfeln mixen. In das gekühlte Glas gießen. Die Orangenscheibe an den Glasrand stecken.

Aleluja

(Création Antonio Texeira Jesu, Portugal 1979)
erfrischend-fruchtiger Longdrink für den Sommer

✦ Longdrinkglas ✦ Shaker

✦ 3 cl Tequila
✦ 1,5 cl Maraschino
✦ 1,5 cl Curaçao blue
✦ 1,5 cl Zitronensaft
✦ 1 TL frisches Eiweiß
✦ 6–8 Eiswürfel
✦ 10 cl Bitter Lemon

Dekoration:

✦ 1 Zitronenscheibe
✦ 2 Cocktailkirschen
✦ 1 Pfefferminzzweig
✦ 1 Stück Orangenschale

Alle Zutaten außer Bitter Lemon im Shaker zusammen mit 3 bis 4 Eiswürfeln schütteln und durch das Barsieb in das Longdrinkglas seihen. Die restlichen Eiswürfel dazugeben. Mit Bitter Lemon auffüllen und umrühren. Die Zitronenscheibe mit den Kirschen am Sticker an den Glasrand stecken. Den Pfefferminzzweig und die Orangenschale ins Glas geben. Mit einem Trinkhalm servieren.

Tequila Sunrise

fruchtiger Longdrink für den Sommer

✦ mittelgroßer Tumbler
✦ Gästeglas

✦ 3 Eiswürfel
✦ 4 cl Tequila
✦ 10 cl Orangensaft
✦ 1 cl Grenadine

Die Eiswürfel in den Tumbler geben. Mit Tequila und Orangensaft auffüllen, umrühren. Den Grenadine über den Drink fließen lassen, mit einem Barlöffel leicht aufrühren.

Tequini

sehr trockener Shortdrink (Aperitif)

✦ Cocktailglas ✦ Rührglas

✦ 5 cl Tequila
✦ 1–2 Spritzer Vermouth dry (Noilly Prat)
✦ 7–8 Eiswürfel

Außerdem:

✦ 1 Stück Zitronenschale

Den Tequila und den Vermouth im Rührglas zusammen mit den Eiswürfeln verrühren und durch das Barsieb in das vorgekühlte Cocktailglas seihen. Den Drink mit der Zitronenschale abspritzen und diese ins Glas geben.

Freddy Fudpucker

fruchtig-aromatischer Longdrink für die Party

✦ mittelgroßer Tumbler
✦ Gästeglas

✦ 3 Eiswürfel
✦ 4 cl Tequila
✦ 10 cl Orangensaft
✦ 1 cl Galliano

Die Eiswürfel in den Tumbler geben. Mit Tequila und Orangensaft auffüllen, umrühren und dann den Galliano darüber gießen.

Vampiro

pikanter Longdrink (Aperitif)

✦ mittelgroßer Tumbler
✦ Gästeglas

✦ 3 Eiswürfel
✦ 4 cl Tequila
✦ 2 Spritzer Limettensaft
✦ 10 cl Sangrita pikante (gewürzter Frucht- und Gemüsesaft)

Den Tumbler mit den Eiswürfeln füllen und die Zutaten darüber gießen. Umrühren und gleich servieren.

El Diabolo

erfrischender Longdrink für die Sommerparty

✦ Longdrinkglas ✦ Gästeglas

✦ 4 Eiswürfel
✦ ½ Limette
✦ 4 cl Tequila
✦ 2 cl Crème de Cassis
✦ 12 cl Ginger-ale

Das Longdrinkglas mit den Eiswürfeln füllen, darüber die Limette auspressen. Tequila und Crème de Cassis dazugeben. Mit Ginger-ale auffüllen und umrühren.

Banana Bliss

süßlicher Shortdrink (After-Dinner-Drink)

✦ kleiner Tumbler ✦ Gästeglas

✦ 3–4 Eiswürfel
✦ 3 cl Cognac
✦ 3 cl Crème de Bananes

Die Eiswürfel in den Tumbler geben. Den Cognac und den Bananenlikör darüber gießen, umrühren.

Lumumba

aromatischer Longdrink für den Nachmittag

✦ Longdrinkglas ✦ Gästeglas

- ✦ 3–4 Eiswürfel
- ✦ 4 cl Brandy
- ✦ 10 cl kalter Kakao
- ✦ leicht geschlagene Sahne
- ✦ Kakaopulver

Die Eiswürfel in das Longdrinkglas legen. Mit Brandy und kaltem Kakao auffüllen, dann umrühren. Eine Sahnehaube auf den Drink geben und mit Kakaopulver bestreuen.

French Connection

bittersüßer Shortdrink (After-Dinner-Drink)

✦ Tumbler ✦ Gästeglas

- ✦ 3 cl Cognac
- ✦ 3 cl Amaretto
- ✦ 3–4 Eiswürfel

Alle Zutaten im Tumbler zusammen mit den Eiswürfeln verrühren. Sofort servieren.

Café Paggi

(Création Paul Nüesch, Kronenhalle-Bar, Zürich) ausgezeichnete Kaffeespezialität für den Sommer

✦ kleiner Tumbler ✦ Shaker

- ✦ 2 cl Cognac
- ✦ 2 cl Kaffeelikör
- ✦ 1 TL Zucker
- ✦ 1 kalter doppelter Espresso
- ✦ 5–7 Eiswürfel
- ✦ leicht geschlagene Sahne

Alle Zutaten außer Sahne im Shaker zusammen mit 3 bis 4 Eiswürfeln schütteln und durch das Barsieb in den mit 2 bis 3 Eiswürfeln gefüllten Tumbler seihen. Eine Haube aus leicht geschlagener Sahne auf den Kaffee setzen.

God Mother

lieblicher Shortdrink für den ganzen Tag

✦ kleiner Tumbler ✦ Gästeglas

- ✦ 3–4 Eiswürfel
- ✦ 4 cl Wodka
- ✦ 2 cl Amaretto

Die Eiswürfel in den Tumbler geben. Den Wodka und den Amaretto darüber gießen, umrühren.

WYBOROWINA

(Création Klaus Wieser, Kronenhalle-Bar, Zürich 1973)
feinherber Longdrink für die Sommerparty

✦ Longdrinkglas ✦ Gästeglas

✦ 4 Eiswürfel
✦ 4 cl Wodka
✦ 10 cl Grapefruitsaft
✦ 5 cl Bitter Lemon
✦ 1 cl Peach Liqueur
Dekoration:
✦ 1 Gurkenscheibe
✦ 1 Cocktailkirsche

Die Eiswürfel in das Longdrinkglas geben. Alle Zutaten darüber gießen und umrühren. Die Gurkenscheibe und die Kirsche ins Glas geben. Mit einem Trinkhalm servieren.

GOD FATHER

aromatischer Shortdrink für den Abend

✦ kleiner Tumbler ✦ Gästeglas

✦ 3–4 Eiswürfel
✦ 4 cl Scotch Whisky
✦ 2 cl Amaretto

Die Eiswürfel in den Tumbler geben. Die restlichen Zutaten darüber gießen und gut verrühren.

WHITE SPIDER

würziger Shortdrink (After-Dinner-Drink)

✦ Cocktailglas ✦ Rührglas

✦ 4 cl Wodka
✦ 2 cl Crème de Menthe weiß
✦ 7–8 Eiswürfel

Den Wodka und die Crème de Menthe im Rührglas zusammen mit den Eiswürfeln verrühren. Durch das Barsieb in das vorgekühlte Cocktailglas seihen.

LADY LYSSA

(Création Jean-Claude Schwizer, Zürich 1970)
aromatischer Shortdrink (Aperitif)

✦ Cocktailglas ✦ Shaker

✦ 4 cl Gin
✦ 1 cl Cointreau
✦ 1 cl Apricot Brandy
✦ 5–6 Eiswürfel
Dekoration:
✦ 1 Cocktailkirsche
Außerdem:
✦ 1 Stück Orangenschale

Alle Zutaten im Shaker zusammen mit den Eiswürfeln schütteln und durch das Barsieb in das gekühlte Cocktailglas seihen. Den Drink mit der Orangenschale abspritzen und diese zusammen mit der Kirsche ins Glas geben.

1980–1989

Die Yuppies entdecken den Luxus und den Cocktail

Tropicals erobern definitiv die Bars

Der Raum ist schwarz, ein dunkles Loch, und doch eine der wenigen Bars dieser Welt, die in unglaublich kurzer Zeit ihre Fama über den ganzen Erdball verstreut haben. Die Tische sind klein, die Stühle von Thonet, der Tresen steht rechts vom Eingang und hat für deutsche Verhältnisse eine unglaubliche Länge. Was sofort auffällt, ist die Abwesenheit jeglichen Schnickschnacks in der Ausstattung: Messing nur an der Bar, diskrete Leuchter und nur ein einziges Bild an der Wand: Edward Hoppers „Nighthawk". Schon wieder.
Dieser uramerikanische Maler des 20. Jahrhunderts hat als einziger Künstler eine über die Jahrzehnte von der ganzen Menschheit akzeptierte Metapher für Bar geschaffen: Bogey und Bacall beim Ausgehen. Aber Achtung: Aus Hollywood ist der Cocktail verschwunden, kommt aber später mit voller Wucht wieder zurück. Nur gerade Bond, James Bond, hält dem Vodkatini und der englischen Krone eisern die Treue.

Die Tempojahre

Im Januar 1982 wird die Welt der Bars und der Cocktails um ein Watering Hole bereichert, das auf der imaginären Landkarte der First-Class-Bars sofort einen Stammplatz einnimmt: Schumann's an der Maximilianstraße in München, dort leicht zurückversetzt und nur mit einem schlichten Neonschriftzug des Barbesitzers versehen. Charles Schumann, Deutschlands gebildetster Barmann, kam in den 70ern. Er studierte Politologie, aber mehr noch das Nachtleben, und bald war er, zunächst als Kellner in der Münchner ‚Harry's New York Bar', die prominenteste Gestalt der Szene.

Die Yuppies reklamieren den Luxus für sich und verhelfen dem Cocktail wieder zu Ehren

„Charles, längst saturiert, längst mit prima Einkommen, schöner Frau und prächtigem Söhnchen ausgestattet, schimpft auf München. Er hasst die Enge, die hier herrscht, er hasst die reichen Kinder, die in seiner Bar Hunderte von Mark für Cocktails verpulvern", schreibt der in der Rolle des übers Ziel hinausschießenden Spötters erfahrene Autor Maxim Biller über die Bar in Münchens Innenstadt, die rasch zum Treffpunkt der Reichen, Schönen, Gebildeten wird. Die „Tempojahre" – so Biller – brechen an. Eine neue Gruppe von Menschen bevölkert die Innenstädte mit ihren Finanzzentren in Tokio, Singapur, München, Mailand, Frankfurt, Paris, London und New York – um nur die wichtigsten zu nennen. Young Urban Professionals, abgekürzt sind sie zum Inbegriff eines besonderen Lebensgefühls geworden: Yuppies.

Die Gier nach Exklusivem

Es wird ein verrücktes Jahrzehnt werden – aber nicht für den Cocktail, das sei vorweggenommen. Die Wirtschaft erholt sich nach dem Ölschock nachhaltig und fährt ab Mitte der 80er-Jahre mit Vollgas in eine total überhitzte Konjunktur hinein. Diese macht über Nacht aus Habenichtsen Millionäre, wenn sie die richtigen Tipps ihrer Vermögensverwalter angewendet – oder vielleicht besser – sie erst gar nicht zur Kenntnis genommen haben. Spekulative Börsengewinne werden noch am gleichen Tag mitgenommen, wie es in der Fachsprache heißt. Allerdings werden sie nicht nur für den Kauf neuer Aktien genommen, sondern auch an den zahlreichen Bars verputzt, in denen der Champagner in Strömen zu fließen beginnt.

Falsch wäre es allerdings zu behaupten, die Yuppies hätten Entscheidendes zur Cocktailkultur beigetragen – haben sie im Grunde nicht. Aber dennoch dürfen sie als Vorreiter eines Revivals der Cocktailkultur der 90er-Jahre bezeichnet werden, in ihrer Sucht (und Gier) nach allem Echten, Luxuriösen, Auserwählten – und was anderes soll denn ein Cocktail sein?

Tropicals – ein Lebensgefühl

Auf nach Brasilien. Das ehemalige Einwandererland, das größte auf dem südamerikanischen Kontinent wird zum beliebten Reiseziel jener Leute, die überall dort hin müssen, wo die anderen auch hinfahren. Ohne Besuch eines Karnevals in Rio lässt sich eine Yuppie-Party kaum bestehen. Charterflüge an die Copacabana, mit Zwischenstopp in Rio de Janeiro, kommen in die Versandkataloge von Quelle und Neckermann. Die Kleinstadtbar beim Bahnhof verkauft zum ersten Mal neben der Piña Colada auch so sonnig-wohlklingende Cocktails wie Caipirinha, Batida de Coco – aber nicht den Latin Lover. Den serviert Charles Schumann schon zwei Jahre nach der Eröffnung

Die Tropical-Welle erreicht den Alten Kontinent – Europa entdeckt Brasilien

seiner Bar den verwöhnten Stammgästen und solchen Menschen, die es werden wollen.

Die Sommerdrinks, Tropicals, haben es in sich. Sie löschen mit ihren Limettensäften, der Minze den heftigsten Durst und feuern mit dem Cachaça, im Latin Lover vermischt mit Tequila, den jugendlichen Übermut an. Tatsächlich sind diese südamerikanischen und brasilianischen Mixgetränke bei den jungen Menschen rasch sehr populär. Nicht weil sie an Hemingway erinnern oder an Jörg Fauser (der genauso gut geschrieben und genauso viel gesoffen hat wie das Vorbild), sondern weil sie das Lebensgefühl einer Generation widerspiegeln, das sich gerne lässig und weitgereist zeigt. Eine These, die auch Grimes stützt, weil tropische Cocktails das Versprechen von Freizeit und Laissez-faire einlösen und obendrein der Kreativität mancher Barmänner freien Lauf lassen. Ein ganzer Kontinent ist zu entdecken, zwar mit nur einer Spirituose, aber einer Vielzahl von Fruchtsäften und -likören, die bis dahin der westlichen Welt verborgen geblieben waren.

Generationswechsel in den Bars

Es ist ein Jahrzehnt, in dem junge Barmänner wie Charles Schumann oder Peter Roth die Leitung von eigenen oder fremden Bars übernehmen und damit auch einen zeitgeistorientierten Geschmack in die Schumann- oder in die Kronenhalle-Bar bringen. Andererseits darf man die üblichen Hotelbars als Quelle der Kreativität gerne beiseite schieben: Barman zu werden, ist kein anzustrebender Beruf, wenn man, wie immer in Zeiten der Hochkonjunktur, in anderen Jobs rasch mehr Geld verdienen kann. So trocknen gerade Hotelbars personalmäßig aus. Wer will sich schon mit überlangen Arbeitszeiten und schlechtem Lohn plagen? Tatsächlich ist das Image des Barmans ziemlich angekratzt, und so mancher glaubt, er könne mal zwischen zwei Engagements als Schauspieler oder zwei Fernostreisen schnell am Tresen stehen und ein paar Cocktails mixen.

Dies führte zu einer schleichenden Verkümmerung der Cocktailkultur in den 80er-Jahren. Wenig neue gemixte Drinks sind aus den 80er-Jahren überliefert, und die wenigen, die zu erwähnen sich lohnen, setzen eine Welle fort, die schon im vorangegangenen Jahrzehnt die Bars er-

fasste: Drinks auf Cachaça-Basis werden erweitert durch Cocktails wie der Caipiriñha, den Batida Mango. Aber auch mit Wodka lassen sich weiter prächtige Cocktails mixen wie etwa der Caipiroska, der bald bei der Jeunesse dorée zu einem beliebten Drink avancieren wird. In der Summe bilden Rum, Cachaça und Wodka weiterhin die wichtigsten Spirituosen, wenn es darum geht, eine jünger werdende Schar von Barflies mit neuen Cocktails zu bedienen.
So ist es kein Wunder, wenn es am nahenden Ende des Jahrhunderts doch immer wieder die gleichen Watering Holes sind, in denen die vom Cocktail besessenen Barkeeper täglich ihre Anstrengung darauf ausrichten, nicht nur die mittlerweile häufiger werdenden und zahlungskräftigen jungen Gäste in die Kunst des Cocktailtrinkens einzuführen. Sie nehmen auch die Mühe auf sich, eigene Drinks zu kreieren, die später in das Wartezimmer der Klassiker gelangen – zumal es für einen wirklichen Klassiker doch einige Jahrzehnte des Ausharrens auf Barkarten rund um den Globus bedarf, bis er geadelt wird.

Ladykiller *Geschichten – weltmeisterlich*

Gerade 33 Jahre alt ist Peter Roth, als er in der nationalen Vorausscheidung zur Weltmeisterschaft im Cocktailmixen mit seinem Longdrink den ersten Platz belegt. Gemäß dem Reglement der IBA, der Internationalen Barkeeper Vereinigung, ist im Jahre 1984 ein Longdrink zu prämieren. Doch bevor der Barchef der Kronenhalle Bar nach Hamburg zur Competition reisen kann, muss er sich gegen die nationale Konkurrenz durchsetzen. Seinen Cocktail nennt er „Ladykiller" –

ein Mischgetränk, das in der Bar vor allem von Frauen bestellt wird. Es ist besonders die Zusammensetzung der Zutaten, die dem weiblichen Gaumen schmeichelt, seine Fruchtigkeit und auch die Garnitur. Eine Orangenspirale wird zu einer Rosette geformt, in deren Mitte eine sündhaft rote Cocktailkirsche sitzt.

Liebreiz für Augen, Nase, Gaumen

Peter Roth gewinnt mit seinem Ladykiller die Weltmeisterschaft. Dem Barkeeper hilft dabei die Tropical-Welle, die zu dieser Zeit noch am Anfang steht, zu weltmeisterlichen Ehren. Die Wertung der Jury wird blind vorgenommen, wie bei der Degustation von Weinen. Die Jury beurteilt zunächst den optischen Auftritt des Cocktails – denn das Auge trinkt bei jedem Cocktail immer mit! Auch wenn die Beurteilung des Aussehens in der Gesamtbewertung nicht dominiert. Als Nächstes schreiben die Juroren Punkte auf für das Bouquet: Auch in der Nase sollte der Cocktail seinen Liebreiz entfalten. Am meisten aber zählt bei der Wertung, wie der Gaumen auf die gemixten Zutaten reagiert sowie der Abgang zum Schluss, wie beim Wein: „Er sollte so sein, dass man beim letzten Schluck des Cocktails gleich wieder einen bestellen möchte", sagt dazu Peter Roth.

Die Qualität des Cocktails erschöpft sich aber nicht in der Degustation allein. Wer es wie Peter Roths Ladykiller geschafft hat, in Cocktailbüchern anderer Autoren aufgenommen zu werden – selbst unter dem Preis der Vereinnahmung und Nachahmung – weiß, dass der Cocktail drauf und daran ist, in den Hotelbars und American Bars zum Standard zu werden. Mindestens zum Cocktail, den ein pfiffiger Barmann auch gerne bereit ist, auf der Basis eines schriftlichen Rezeptes zu mixen.

Tropisch und exotisch muss es sein

Dass der Ladykiller mit seinem Maracujasaft und dem Ananassaft so gut in die Landschaft der 80er-Jahre passt, verdankt er nicht nur dem Eigengeschmack, der ihn weiterhin an Popularität gewinnen lässt, sondern auch dem Zeitgeist der 80er-Jahre: Tropical Drinks sind die Highlights jedes Bargängers – die „harten" Cocktails im Stile eines Manhattan oder des Dry Martini verkriechen sich im Halbdunkel der Cocktailöffentlichkeit und warten auf einen Barfly-Prinz, der das schlafende Dornröschen wieder weckt. Stimmt aber nicht ganz, würde der Cocktailarchäologe einwenden. Der Dry Martini überlebt, indem er sich den „tropischen" Trinkgewohnheiten anpasst.
Anistatia R. Miller und Jared M. Brown haben in ihrer Liebeserklärung an den Martini unter dem Titel „Shaken, not stirred" noch einige Cocktails gelistet, die auf der Basis von Wodka oder Gin und exotischen Likören wie Malibu, Crème de Banane, Papayasaft, Grapefruitsaft und anderen Zutaten vermischt werden. Sie tragen so viel sagend nichts sagende Namen wie „Let stand", „Patricia Delicia", „Tropical Dream", „Miami Special" oder „Banana Martini". Letzterer wurde in der Monkey Bar in New York kreiert und besteht aus 7,5 cl Skyy Wodka, Spritzern von Crème de Banane und Martini & Rossi Extra-Dry. Garniert wird der Cocktail mit einer Scheibe karamelisierter Banane. Wenn ein solcher Drink auf der Barkarte des neuen Jahrtausends fehlen sollte, so wäre dies ein zuverlässiger Hinweis darauf, dass der Weltuntergang ausgeblieben ist …
Das Beispiel demonstriert nur, wie weit sich ein Barman aus dem Fenster lehnen kann, ohne dass er riskieren muss, öffentlich an den Pranger gestellt zu werden: Es gibt keine Gerichtsbarkeit für schlechte Cocktails außer dem Markt: Der entscheidet letztlich zuverlässig, ob sich ein Produkt

Alles muss leicht sein. Cocktails mit Fruchtsäften werden zu Kassenschlagern

durchsetzt oder nicht. Vergleicht man die Myriaden von Cocktails, die seit der Mitte des 19. Jahrhunderts gemixt worden sind, und die Zahl der Cocktails, die man in einer Bar immer wieder antrifft, so dürfte das Verhältnis etwa zehntausend zu einhundert sein.

Dass das Rezept für den Banana Martini dennoch erwähnt werden muss, hat mit dem unwiderstehlichen Hang der Amerikaner zur Exzentrik zu tun, die keineswegs vor Cocktails Halt macht. Um auf einer Welle mitzuschwimmen, werden manchmal lange Umwege genommen. Mitunter auch ein Hinweis darauf, wie wenig Cocktails die 80er Jahre hervorbringen, die es schaffen werden, in die Ewige Liste der populärsten Mixgetränke aufgenommen zu werden. Und Paul Harrington fasst in seiner „Drinks

Bible for the 21st Century“ nur noch 275 Cocktails ins Auge, denen er ein Überleben im neuen Jahrtausend wünscht.

Hauptsache leicht

Es nützt nichts. Das Jahrzehnt will „leichte“ Produkte, und die tropischen Drinks kommen diesem Begehren am nächsten. Am Ende des Jahrzehnts hat McDonald’s einen Hamburger auf den Markt gebracht, der nur noch zehn Prozent Fett beinhaltet. Degustationsnotizen sind nicht bekannt, wohl aber der Wunsch, bei gleich bleibendem Konsum von Burgern und Softdrinks möglichst weniger Fett zu sich zu nehmen. So beginnen die amerikanischen Hersteller von Softdrinks, ihre Getränke mit NutraSweet zu süßen. Andererseits kündigt Coca-Cola 1985 an, ihr klassisches Getränkerezept, das während 99 Jahren gültig war, durch ein süßeres zu ersetzen, welches dem Geschmack der Jugend besser entspräche. Doch muss der Getränkehersteller, nach massivem Protest seiner Konsumenten, das alte Rezept beibehalten und es als Coca-Cola classic kennzeichnen.

Ein weiteres Merkmal für das Tropenfieber im Getränkesektor ist der Erwerb der Mehrheit von Tropicana Products, einer in Florida ansässigen Firma, die pasteurisierte Fruchtsäfte herstellt, durch den Weltkonzern Seagram Co. Außerdem führt die Eli Lily Co. das Antidepressivum Prozac auf dem Markt ein. Patienten, die dieses Medikament einnehmen, verlieren an Gewicht, ohne eine besondere Diät einzuhalten. Die Erhöhung des Serotonin-Spiegels im Gehirn ermöglicht offenbar eine kontrolliertere Nahrungsaufnahme. Als Tüpfelchen auf dem i führt der amerikanische Kongress ein Gesetz ein, dass Warnetiketten auf allen alkoholischen Getränken Pflicht seien.

Cachaça – sanfter Bruder des Rums

Die Menschen entdecken ihr Bewusstsein für Gesundheit und den eigenen Körper: Überhöhter Alkoholgenuss ist verpönt, alkoholfreie Cocktails beginnen die Bars hüben und drüben des Atlantiks zu erobern. Und wenn sie denn schon Alkohol enthalten müssen, dann soll er leicht (nicht so ölig wie Whisky oder Cognac) sein und den Gaumen mit den Zutaten erfrischen. Das Destillat Cachaça eignet sich in dieser Hinsicht hervorragend, die leichten Fruchtsäfte anregend zu verbinden. Aber was soll Cachaça sein? Ein eigenständiges Destillat? Ein Rum-Derivat?

Weder das eine noch das andere. Die Basis für diese Spirituose ist die gleiche, Zuckerrohr – doch wird der Cachaça direkt aus dem Saft der Pflanze gewonnen und der Saft danach in der Destillerie gebrannt.

Im Gegensatz zum Rum, dem „älteren Bruder" sozusagen, ist der Cachaça ein fruchtiges Destillat, das keinen weiteren Ausbau im Fass verlangt. Mit einem Alkoholvolumen von 39 bis 43 Prozent präsentiert es sich als „sanfteres" Wässerchen. Ein simpler, klarer Schnaps, der in der Nase ziemlich ausgeprägt wirkt, im Gaumen sich aber eher wie ein Rohling gebärden würde, tränke man ihn pur. Deswegen gehört er vermischt mit Limetten und Zuckerrohr. Was man sonst noch dazu mixt, das bleibt der Fantasie des Barmanns überlassen. Dieser „Aguardente de cana", Zuckerrohrbrand, lässt sich mit Rum, Kokosnusscreme, braunem Rum, Tequila und einer ganzen Reihe von Likören aus den Tropen mischen, deren Fruchtbasis Pfirsiche, Kokosnüsse oder Bananen sind. Des Weiteren alle Formen von tropischen Fruchtsäften wie Maracuja, Ananas, Orangen, Bananen, Grapefruit.

Hauptsache bleibt: Die Drinks müssen frisch aussehen und auch so wirken – mit einem gewichtigen Unterschied: sie schmecken nach Fernweh.

Exotische Früchte – ohne sie sind die Tropicals nur der halbe Genuss

Zubehör

Geschichten – absolut unentbehrlich

Was wäre der Cocktail ohne seine Zutaten aus Silber, Chromstahl und Glas, verziert und unverziert? In den frühesten Tagen des 19. Jahrhunderts wurden die meisten Cocktails so „geschüttelt", dass man sie von einem größeren Glas in ein anderes umgoss. Ein Hin und Her, dass etwas umständlich wirkte und vor allem eine kleine Sauerei auf der Theke hinterließ, die bei jedem Cocktail wieder aufgewischt werden musste. Es war wieder einmal ein namenloser Barmann, der eines Tages herausfand, dass ein kleineres Glas gut in ein größeres hineinpasst. Er pfropfte das kleinere Glas über das Größere, hielt es hoch, vergewisserte sich, dass kein Tropfen des Cocktails ausfließen konnte und begann die beiden Gläser zu schütteln. „For a bit of show", wie es in einer zeitgenössischen Quelle heißt.

Was dem Zimmermann die Axt, sind dem Barman Shaker & Co.

Shaker in allen Formen

Die erfindungsreichen Amerikaner ließen es nicht dabei bewenden. Schon 1872 meldete William Harnett aus Brooklyn, New York, ein Patent an, mit dem man sechs Shaker zugleich in eine runde Halterung geben konnte. Mittels einer Handpresse wurden die sechs Shaker gleichzeitig geschüttelt – das Patent wurde angenommen, über die Fabrikation weiß niemand etwas. Das Gerät steht in keiner Bar der Welt, höchstens in einem Museum. Der klassische Shaker, wie ihn alle Barmänner kennen, wurde 1881 patentiert – erfunden von einem gewissen Williams.

Nun fehlte noch ein Strainer – ein Barsieb aus einer Metallplatte mit einer Drahtspirale, die sich der Größe des Mixglases anpasst. Auch der kam bald darauf zur Welt, in einzelnen Patenten sogar im Shaker enthalten, wie in der Erfindung von Louis W. Rice. Die Shaker, die seither industriell gefertigt worden sind, erzählen auch ein Stück amerikanische Designgeschichte – und Cocktailgeschichte dazu. So zeigen einige Shaker aus den 20er Jahren meist Abbildungen von Hähnen, auf den gläsernen Shakern waren es geätzte Darstellungen. Oder der Kopf des Shakers ist ganz in der Form eines Hahnenkopfes aus Silber gehalten, während der untere Teil, sozusagen der Bauch, aus Glas besteht.
Solche Shaker werden heute von Antiquitätenhändlern in der ganzen Welt gesucht und erzielen Preise von mehreren tausend US-Dollar. Vor allem, wenn es sich um schöne silberne Exemplare handelt, in der Form eines Leuchtturms, des berühmten Boston Lighthouse. Kein Wunder, dass die Shaker-Industrie gerade zur Prohibitionszeit blühte, als es sich ziemte, den selbst gebrauten „Badewannen-Gin" an einer Cocktailparty in den eigenen vier Wänden zu mixen. Es versteht sich auch von selbst, dass die Amerikaner eine Vielfalt in der Produktion ihrer beliebtesten „Barware" erreichten, für die sie von den Europäern mit Recht beneidet werden.

Der Fall der Mauer – Cocktails im Sozialismus

Das Ende des Jahrzehnts ist von politischen Ereignissen überschattet, welche die Weltordnung, bislang aus zwei Blöcken bestehend, auf den Kopf stellt. Als am 9. November 1989 die Mauer in Berlin geöffnet wird, bricht ein

System zusammen, das von fast allen gehasst und von wenigen nur geliebt worden war: Die bislang sozialistisch regierten Staaten wie die DDR, Polen, Bulgarien, Tschechoslowakei, Ungarn und Rumänien entledigen sich in unblutigen Revolutionen ihrer Despoten, wenn sie nicht, wie Erich Honecker, von selbst den Hut genommen haben. Der „Eiserne Vorhang" ist gefallen, einem halben Kontinent müssen auch in Sachen Cocktail jedoch erst noch die Augen geöffnet werden.
Doch vorerst haben die Menschen dort andere Sorgen, als abends in Bars herumzulümmeln und so zu tun, als hätten sie dies schon immer getan. Freilich, die ehemals sozialistischen Länder als weiße Flecken auf der Cocktaillandkarte betrachten zu wollen, wäre eine Anmaßung sondergleichen. So ist im volkseigenen Henschelverlag bereits 1963 „Ein feucht-fröhlich Brevier" für die Bewohner des real existierenden Sozialismus erschienen, in dem eine recht stattliche Zahl von Mixgetränken angeboten wird. Mit Hinweis auf Spirituosen, von denen anzunehmen ist, dass sie mit Ostmark wohl kaum zu beschaffen waren.

Ein „sozialistischer" Dry Martini

Unter dem Kapitel Bowlen findet sich der Hinweis, dass man „niemals verzinkte oder Blechgefäße" verwenden soll. Punkt sechs, zur Herstellung einer Bowle, mahnt zur Zurückhaltung: „Der in den Rezepten geforderte Sekt ist fast immer durch Fruchtschaumwein oder Sodawasser zu ersetzen. In letzterem Fall wird das fertige Getränk etwas schwächer." Mag sein, dass es Walter Ulbricht damals nicht gerne gesehen hat, wenn man im Arbeiter- und Bauernstaat den volkseigenen Rotkäppchen-Sekt getrunken hätte – so man welchen überhaupt zu Gesicht bekam. Allerdings fehlt in dem feuchtfröhlichen Büchlein der kapitalistischste aller Cocktails, der Dry Martini keinesfalls. Schon ein wenig unverständlich, was der Cocktail der

amerikanischen Mittelklasse im sozialistischen Paradies zu suchen hatte. Auch wenn die Zutaten für den Fixstern aller Cocktails selbst in der DDR vorhanden waren – und dies nicht nur in der Literatur.
So zum Beispiel im Buch „Wir mixen“, das 1985 die 19. Auflage erlebte und im VEB Fachbuchverlag Leipzig erschienen ist. Die Autoren Udo Henseler und Dr. Bernhard Wechsel veröffentlichten ein Rezept für den Dry Martini in einer schon damals etwas zurückgebliebenen Variante. Zumal vorgesehen wird, ein Glas Dry Gin und ein Glas trockener Vermouth mit einem Spritzer Bitters „gut auf Eis“ zu mischen, ins Glas zu geben und zur Garnierung eine Olive einzulegen. Bei der Zubereitung des Martini-Cocktails mit süßem Vermouth werde anstelle einer Olive eine Kirsche eingelegt. Wer in der DDR nicht gerade nach einem staatseigenen Cocktailrezept verfahren wollte, begab sich in den Intershop und kaufte gegen Devisen die Spirits seiner Wahl oder nippte in der Lounge eines Inter-Hotels am Mixgetränk. Tempi passati.

Kleine historische Reminiszenz

Auch „im Reich des Bösen“, wie der in den 80er-Jahren regierende US-Präsident Ronald Reagan alle Länder unter einen Hut steckte, die noch immer mit den staatsphilosophischen Anweisungen eines Karl Marx herumexperimentierten, wurden Cocktails keineswegs verschmäht. Ob sie allerdings die Qualitäten aufwiesen, die in der westlich-kapitalistischen Welt zum Alltag gehörten, bleibt für immer dahingestellt.

Waldmeisterbowle

(Création Peter Roth, Kronenhalle-Bar, Zürich) aromatische Bowle für den Frühling

- ✦ Champagnerkelche
- ✦ Bowlengefäß
- ✦ Rezept für ca. 14 Gläser

- ✦ 1 Büschel Waldmeister
- ✦ 100 ml Apricot Brandy
- ✦ 50 ml Galliano
- ✦ 100 ml Zuckersirup
- ✦ 1 l trockener Weißwein
- ✦ 1 Flasche gut gekühlter Sekt oder Champagner

Dekoration:

- ✦ Waldmeister

Den Waldmeister sorgfältig waschen, trockenschütteln und in das Bowlengefäß geben. Die übrigen Zutaten außer Sekt oder Champagner dazu gießen und umrühren. Die Bowle für 6 Stunden kühl stellen. Dann den Waldmeister aus dem Gefäß nehmen. Die Gläser zu drei Vierteln mit der Bowle füllen, dann mit Sekt oder Champagner auffüllen. Zuletzt einen Waldmeisterblätterkranz in jedes Glas geben.

Erdbeerbowle

(Création Peter Roth, Kronenhalle-Bar, Zürich) fruchtige Bowle für den Frühling

- ✦ Champagnerkelche
- ✦ Bowlengefäß
- ✦ Rezept für ca. 18 Gläser

- ✦ 500 g frische Erdbeeren
- ✦ 100 ml Kirsch
- ✦ 100 ml Grand Marnier
- ✦ 150 ml Zuckersirup
- ✦ 1 l trockener Weißwein
- ✦ 1 Flasche gut gekühlter Sekt oder Champagner

Die Erdbeeren waschen und vierteln. Die Erdbeerstücke in das Bowlengefäß geben. Die übrigen Zutaten außer Sekt oder Champagner darüber gießen und verrühren. Die Bowle für 2 Stunden kühl stellen. Die Gläser zu drei Vierteln mit der Bowle füllen. Mit Sekt oder Champagner auffüllen.

LIMETTENBOWLE

(Création Erich Bauernfeind, Schlosshotel Bühlerhöhe, Deutschland)
erfrischende Bowle für heiße Tage

- ✦ Champagnerkelche
- ✦ Bowlengefäß
- ✦ Rezept für ca. 14 Gläser

- ✦ 3 Limetten
- ✦ 150 ml Rose's Lime Juice
- ✦ 150 ml Limettensirup
- ✦ 300 ml frisch gepresster Limettensaft
- ✦ 1 Flasche trockener Riesling
- ✦ 1 Flasche gut gekühlter Sekt

Dekoration:

- ✦ Limettenschalenspiralen

Die Limetten waschen und in kleine Stücke schneiden. Die Limettenstücke zusammen mit den übrigen Zutaten außer Sekt in das Bowlengefäß geben, verrühren und für 2 bis 3 Stunden kühl stellen. Zunächst die Gläser zu drei Vierteln mit Bowle füllen, dann jeweils mit Sekt auffüllen. Mit den Limettenschalenspiralen garnieren.

SANGRIA

(Création Peter Roth, Kronenhalle-Bar, Zürich)
bekömmliche Bowle für das ganze Jahr

- ✦ Longdrinkgläser
- ✦ Bowlengefäß
- ✦ Rezept für ca. 10 Gläser

- ✦ 175 g Zucker
- ✦ 175 ml Wasser
- ✦ 2 Prisen Zimtpulver
- ✦ 1,5 l spanischer Rotwein
- ✦ 3 Orangen
- ✦ 3 Zitronen
- ✦ 20–30 Eiswürfel
- ✦ 500 ml gut gekühltes Mineralwasser mit Kohlensäure

Zucker und Wasser zusammen aufkochen, Zimtpulver beifügen und auskühlen lassen. Das Zuckerwasser, den Wein und je 1 in Scheiben geschnittene Orange und Zitrone in das Bowlengefäß geben. Für einige Stunden kühl stellen. Vor dem Servieren die restlichen Zitronen und Orangen in Scheiben schneiden. In jedes Glas 2 bis 3 Eiswürfel und je eine Scheibe der Früchte geben. Die Gläser zu drei Vierteln mit der Sangria füllen, mit Mineralwasser auffüllen und leicht umrühren.

Ananasbowle

(Création Peter Roth, Kronenhalle-Bar, Zürich)
süffige Bowle für die Party

✦ Champagnerkelche
✦ Bowlengefäß
✦ Rezept für ca. 18 Gläser

✦ 1,5 kg frische Ananas
✦ 100 ml Cointreau
✦ 50 ml Maraschino
✦ 100 ml Zuckersirup
✦ 1 l trockener Weißwein
✦ 1 Flasche gut gekühlter Sekt oder Champagner
Dekoration:
✦ Cocktailkirschen

Die Ananas schälen, in kleine Stücke schneiden und in das Bowlengefäß geben. Die übrigen Zutaten außer Sekt oder Champagner darüber gießen und umrühren. Die Bowle für 6 Stunden kühl stellen. Die Gläser zu drei Vierteln mit der Bowle füllen, dann mit Sekt oder Champagner auffüllen. Zuletzt 1 Kirsche in jedes Glas geben.

◂ *Cristal (li.), Testa Rossa (re.)*

Testa Rossa

fruchtiger Champagnercocktail für den Sommer

✦ Champagnerkelch
✦ Gästeglas

✦ 5 cl eiskaltes Himbeerpüree
✦ 10 cl gut gekühlter Sekt oder Champagner

Das Himbeerpüree in den gekühlten Champagnerkelch geben. Mit Sekt oder Champagner vorsichtig auffüllen und umrühren.

Cristal

(Création Peter Roth, Kronenhalle-Bar, Zürich 1984)
erfrischender Champagnercocktail für jede Gelegenheit

✦ Champagnerkelch
✦ Rührglas

✦ 1 cl Brandy
✦ 1 cl Cointreau
✦ 1 cl Maraschino
✦ 7–8 Eiswürfel
✦ 12 cl gut gekühlter Champagner
Dekoration:
✦ 1½ Kiwischeiben
✦ 1 Cocktailkirsche

Zuerst den gekühlten Champagnerkelch mit den Kiwischeiben und der Kirsche garnieren. Alle Zutaten außer Champagner im Rührglas mit dem Eis verrühren und durch das Barsieb ins Glas seihen. Mit Champagner auffüllen, leicht umrühren.

COURAGE

(Création André Richiger, Kronenhalle-Bar, Zürich 1985) würziger Champagnercocktail

✦ Champagnerkelch
✦ Rührglas

✦ 1 cl Cognac
✦ 1 cl Cointreau
✦ 1 cl Bénédictine
✦ 7–8 Eiswürfel
✦ 12 cl gut gekühlter Champagner

Alle Zutaten außer Champagner im Rührglas mit dem Eis verrühren. Durch das Sieb in das gekühlte Glas seihen. Mit Champagner auffüllen, leicht umrühren.

ORIENT EXPRESS

(Création Peter Roth, für den Nostalgie Istanbul Orient Express, 1989) perlender Champagnercocktail

✦ Champagnerkelch
✦ Gästeglas

✦ 1 cl Brandy
✦ 1 cl Peach Liqueur
✦ 8 cl gut gekühlter Champagner

Dekoration:

✦ 1 Cocktailkirsche
✦ ½ TL Zuckerperlen

Den Brandy und den Pfirsichlikör in den gekühlten Champagnerkelch gießen. Mit Champagner auffüllen und leicht umrühren. Kirsche und Zuckerperlen ins Glas geben.

BORA BORA

(Création Peter Roth, Kronenhalle-Bar, Zürich 1984) exotischer Drink ohne Alkohol

✦ Longdrinkglas ✦ Shaker

✦ 10 cl Ananassaft
✦ 6 cl Maracujasaft
✦ 1 cl Zitronensaft
✦ 1 cl Grenadine
✦ 6–8 Eiswürfel

Dekoration:

✦ 1 Ananasstück
✦ 1 Cocktailkirsche

Alle Zutaten im Shaker mit 3 bis 4 Eiswürfeln schütteln und durch das Barsieb in das mit 3 bis 4 Eiswürfeln gefüllte Glas seihen. Das Ananasstück an den Glasrand stecken, die Kirsche mit einem Sticker an der Ananas befestigen. Mit Trinkhalm servieren.

FESTA

(Création Peter Roth, Kronenhalle-Bar, Zürich 1986) leicht-bitterer Longdrink ohne Alkohol für den Sommer

✦ Longdrinkglas ✦ Gästeglas

✦ 4 Eiswürfel
✦ 15 cl Orangensaft
✦ 1,5 cl Orangenpunsch (Fertigprodukt)
✦ 3 cl San Pellegrino bitter

Die Eiswürfel in das Longdrinkglas geben. Die restlichen Zutaten darüber gießen und umrühren. Mit einem Trinkhalm servieren.

Ines

(Création Alain Nevers, Frankreich 1982) ausgewogener Shortdrink

✦ Cocktailglas ✦ Shaker

✦ 2 cl Gin
✦ 2 cl Vermouth dry
✦ 2 cl Vermouth rosé
✦ 1 TL Amaretto
✦ 5–6 Eiswürfel
Dekoration:
✦ 1 gefüllte Olive

Alle Zutaten im Shaker mit dem Eis schütteln und durch das Sieb in das gekühlte Glas seihen. Die Olive ins Glas geben.

Happy Night

(Création Peter Roth, Kronenhalle-Bar, Zürich 1986) fruchtiger Drink ohne Alkohol

✦ Longdrinkglas ✦ Shaker

✦ 10 cl Orangensaft
✦ 6 cl Aprikosennektar
✦ 1 cl Zitronensaft
✦ 1 cl Grenadine
✦ 6–8 Eiswürfel
Dekoration:
✦ 1 Orangenscheibe
✦ 1 Pfefferminzblatt
✦ 1 Cocktailkirsche

Alle Zutaten im Shaker mit 3 bis 4 Eiswürfeln schütteln und durch das Sieb in das Glas seihen. 3 bis 4 Eiswürfel dazugeben. Die Früchte am Sticker über den Glasrand legen. Mit einem Trinkhalm servieren.

Blue Moon

(Création Johnny Johnston, Irland 1982) erfrischender Longdrink für jede Gelegenheit

✦ Longdrinkglas ✦ Shaker

✦ 6–8 Eiswürfel
✦ 3 cl Gin
✦ 1,5 cl Cointreau
✦ 1,5 cl Curaçao blue
✦ 1,5 cl Ananassaft
✦ Bitter Lemon zum Auffüllen
Dekoration:
✦ ½ Ananasscheibe
✦ 1 Cocktailkirsche

Zunächst 3 bis 4 Eiswürfel in das Longdrinkglas legen. Die übrigen Zutaten außer Bitter Lemon im Shaker zusammen mit 3 bis 4 Eiswürfeln schütteln und durch das Barsieb in das Glas seihen. Mit Bitter Lemon auffüllen und umrühren. Die Ananasscheibe an den Glasrand stecken, die Cocktailkirsche mithilfe eines Stickers an der Ananas befestigen. Mit einem Trinkhalm servieren.

Rheingold

(Création Rocco Di Franco, Italien 1984) zartbitterer Aperitif

✦ Cocktailglas ✦ Rührglas

✦ 3 cl Gin
✦ 2 cl Cointreau
✦ 1 TL Vermouth dry
✦ 1 TL Campari
✦ 7–8 Eiswürfel
Außerdem:
✦ 1 Stück Orangenschale

Alle Zutaten im Rührglas zusammen mit den Eiswürfeln verrühren und durch das Barsieb in das gekühlte Cocktailglas seihen. Den Drink mit der Orangenschale abspritzen und diese ins Glas geben.

Izcaraqua

(Création Paolo T. Monaco, Venezuela 1984) aromatischer Shortdrink (After-Dinner-Drink)

✦ Cocktailglas ✦ Shaker

✦ 1,5 cl Scotch Whisky
✦ 1,5 cl Vermouth dry
✦ 1,5 cl Amaretto
✦ 1,5 cl Crème de Bananes
✦ 5–6 Eiswürfel
Außerdem:
✦ 1 Stück Zitronenschale

Alle Zutaten im Shaker zusammen mit den Eiswürfeln schütteln und durch das Barsieb in das gekühlte Cocktailglas seihen. Die Zitronenschale ins Glas geben.

Moonlight

(Création Daniel Pion, Frankreich 1982) feiner Shortdrink (After-Dinner-Drink)

✦ Cocktailglas ✦ Shaker

✦ 1 cl Mandarinenlikör
✦ 1 TL Cognac
✦ 1 TL Zuckersirup
✦ 5–6 Eiswürfel
✦ 2,5 cl kalter Kaffee
✦ 1,5 cl Sahne
Dekoration:
✦ 1 Orangenschalenspirale
Außerdem:
✦ 1 Stück Mandarinenschale

Mandarinenlikör, Cognac und Zuckersirup im Shaker zusammen mit den Eiswürfeln schütteln. Durch das Sieb in das gekühlte Cocktailglas seihen. Den Kaffee dazugeben, umrühren und die Sahne über einen Barlöffel auf den Cocktail fließen lassen. Den Drink mit der Mandarinenschale abspritzen. Die Orangenschalenspirale an den Glasrand hängen.

▶ *Rheingold (li.), Izcaraqua (re.)*

Ladykiller

(Création Peter Roth, Schweiz 1984)
fruchtig-lieblicher Longdrink für jede Gelegenheit

✦ Longdrinkglas ✦ Shaker

- ✦ 3 cl Gin
- ✦ 1,5 cl Cointreau
- ✦ 1,5 cl Apricot Brandy
- ✦ 6 cl Maracujasaft
- ✦ 6 cl Ananassaft
- ✦ 6–8 Eiswürfel

Dekoration:

- ✦ 1 Orangenschalenspirale
- ✦ 1 Cocktailkirsche
- ✦ 2 Pfefferminzblätter

Alle Zutaten im Shaker zusammen mit 3 bis 4 Eiswürfeln schütteln und durch das Barsieb in das mit 3 bis 4 Eiswürfeln gefüllte Longdrinkglas seihen. Die Orangenschalenspirale um die Kirsche wickeln und so eine Rose formen. Zuammen mit den Minzblättern am Sticker über den Glasrand legen. Mit einem Trinkhalm servieren.

Violetta

(Création Malti Harju, Finnland 1987)
spritziger Longdrink für den ganzen Tag

✦ Longdrinkglas ✦ Shaker

- ✦ 6–8 Eiswürfel
- ✦ 1,5 cl Anisette
- ✦ 1,5 cl Parfait Amour
- ✦ 3 cl Ananassaft
- ✦ 1 Spritzer Grenadine
- ✦ Sodawasser zum Auffüllen

Dekoration:

- ✦ 1 Orangenscheibe
- ✦ 1 Cocktailkirsche
- ✦ 1 Pfefferminzzweig

Zuerst 3 bis 4 Eiswürfel in das Longdrinkglas legen. Alle Zutaten außer Sodawasser im Shaker mit 3 bis 4 Eiswürfeln schütteln und durch das Barsieb in das Glas seihen. Mit Sodawasser auffüllen und umrühren. Die Früchte und den Minzzweig ins Glas geben. Mit Trinkhalm servieren.

Ladykiller (li.), Violetta (re.)

Olé

(Création Frank Mc Dermott, Australien 1987)
aromatischer Shortdrink für den Sommer

✦ Cocktailglas ✦ Rührglas

✦ 3 cl Tequila
✦ 3 cl Crème de Bananes
✦ 2 Spritzer Curaçao blue
✦ 7–8 Eiswürfel

Dekoration:

✦ 1 Limettenscheibe

Alle Zutaten im Rührglas zusammen mit den Eiswürfeln verrühren und durch das Barsieb in das gekühlte Cocktailglas seihen. Die Limettenscheibe an den Glasrand stecken.

Magic Star

(Création Analleto José Abreu, Portugal 1987)
cremiger Shortdrink

✦ Cocktailglas ✦ Shaker

✦ 2 cl Crème de Cacao weiß
✦ 2 cl Pisang Ambon
✦ 1 cl Kiwilikör, 1 cl Sahne
✦ 2 Spritzer Grenadine
✦ 5–6 Eiswürfel

Dekoration:

✦ 1 Karambolenscheibe
✦ Schokoladenraspel

Alle Zutaten im Shaker mit Eis schütteln. Durch das Sieb in das Glas seihen. Die Obstscheibe an den Glasrand stecken. Die Raspeln auf den Drink streuen.

Caipirinha

erfrischender Drink

✦ mittelgroßer Tumbler
✦ Gästeglas

✦ 1 Limette
✦ 2 TL feiner Rohrzucker
✦ 3 EL zerstoßenes Eis
✦ 4 cl Cachaça

Die Limette in kleine Stücke schneiden und zusammen mit dem Zucker in den Tumbler geben. Beides mit einem Stößel zerdrücken. Zerstoßenes Eis und Cachaça hinzufügen, umrühren. Mit einem kurzen Trinkhalm servieren.

Latin Lover

(Création Charles Schuhmann, Schuhmann's Bar, München 1984)
exotischer Drink für heiße Tage

✦ Longdrinkglas ✦ Shaker

✦ 2 cl Cachaça
✦ 2 cl Tequila
✦ 1 cl Zitronensaft
✦ 2 cl Rose's Lime Juice
✦ 6 cl Ananassaft
✦ 3–4 Eiswürfel
✦ 3–4 EL zerstoßenes Eis
Dekoration
✦ 1 Ananasstück

Alle Zutaten im Shaker mit Eis kräftig schütteln und durch das Barsieb in das Longdrinkglas seihen. Mit zerstoßenem Eis auffüllen. Das Ananasstück an den Glasrand stecken. Mit Trinkhalm servieren.

Batida Papaya

fruchtiger Drink
für die Sommerparty

✦ großes Cocktailglas
✦ Mixer mit Messervorsatz

✦ 4 cl Cachaça
✦ 2 EL frische Papayastücke
✦ 1 cl frisch gepresster Limettensaft
✦ 2 TL fein gemahlener Rohrzucker
✦ 3–4 EL zerstoßenes Eis

Alle Zutaten im Mixer zusammen mit 2 Esslöffel zerstoßenem Eis fein pürieren. In das Cocktailglas gießen. 1 bis 2 Eßlöffel zerstoßenes Eis dazugeben. Mit einem Trinkhalm servieren.

Batida Mango

fruchtiger Drink
für die Sommerparty

✦ großes Cocktailglas
✦ Mixer mit Messervorsatz

✦ 4 cl Cachaça
✦ 2 EL frische Mangostücke
✦ 1 cl frisch gepresster Limettensaft
✦ 2 TL fein gemahlener Rohrzucker
✦ 3–4 EL zerstoßenes Eis

Alle Zutaten im Mixer zusammen mit 2 Esslöffel zerstoßenem Eis fein pürieren. In das Cocktailglas gießen. 1 bis 2 Eßlöffel zerstoßenes Eis dazugeben. Mit einem Trinkhalm servieren.

Salto mortale

(Création Kronenhalle-Bar, Zürich 1982)
trockener Shortdrink (Aperitif)

✦ Cocktailglas ✦ Rührglas

✦ 4 cl Wodka
✦ 1 cl Sherry dry
✦ 1 cl Rose's Lime Juice
✦ 7–8 Eiswürfel
Dekoration:
✦ 1 Limettenscheibe

Alle Zutaten im Rührglas zusammen mit den Eiswürfeln verrühren und durch das Barsieb in das gekühlte Cocktailglas seihen. Die Limettenscheibe ins Glas geben.

Mon Petit

(Création Sergio Mancini, St. Moritz 1984)
fruchtiger Shortdrink

✦ Cocktailglas ✦ Shaker

✦ 2 cl Wodka
✦ 1,5 cl Apricot Brandy
✦ 2,5 cl Ananassaft
✦ 1 TL Campari
✦ 2 Spritzer Mandarinenlikör
✦ 5–6 Eiswürfel
Dekoration:
✦ 1 Erdbeere
✦ 1 Ananasstück

Alle Zutaten im Shaker mit dem Eis schütteln und durch das Barsieb in das gekühlte Glas seihen. Die Erdbeere mit einem Spießchen am Ananasstück befestigen und an den Glasrand stecken.

Manager-Drink

(Création Peter Roth, Kronenhalle-Bar, Zürich 1985)
fein-herber Longdrink

✦ Longdrinkglas ✦ Gästeglas

✦ 3–4 Eiswürfel
✦ 2 cl Wodka
✦ 2 cl Vermouth dry
✦ 10 cl Grapefruitsaft
✦ 5 cl Bitter Lemon
✦ 1 cl Curaçao blue
Dekoration:
✦ 1 Grapefruitspalte
✦ 1 Cocktailkirsche

Die Eiswürfel in das Longdrinkglas geben. Mit den übrigen Zutaten außer Curaçao auffüllen und gut umrühren. Dann den Curaçao blue darüber gießen. Die Früchte auf einen Sticker stecken und am Glasrand befestigen. Mit Trinkhalm servieren.

Caipiroska

erfrischender Drink

✦ mittelgroßer Tumbler
✦ Gästeglas

✦ 1 Limette
✦ 2 TL feiner Rohrzucker
✦ 3 EL zerstoßenes Eis
✦ 4 cl Wodka

Die Limette in kleine Stücke schneiden. Mit dem Zucker in den Tumbler geben. Beides mit einem Stößel zerdrücken. Eis und Wodka hinzufügen, umrühren. Mit kurzem Trinkhalm servieren.

Creativity

(Création Peter Roth, Kronenhalle-Bar, Zürich 1984) prickelnder Longdrink

✦ Longdrinkglas ✦ Gästeglas

✦ 4 Eiswürfel
✦ 3 cl Bourbon Whiskey
✦ 1 cl Grand Marnier
✦ 1 Spritzer Rose's Lime Juice
✦ 15 cl Ginger-ale
Dekoration:
✦ 2 Limettenscheiben
✦ 1 Cocktailkirsche

Die Eiswürfel in das Longdrinkglas geben. Alle Zutaten darüber gießen und umrühren. Die Limettenscheiben und die Kirsche ins Glas geben.

Harmony

(Création Peter Roth, Kronenhalle-Bar, Zürich 1986) ausgewogener Shortdrink für den Abend

✦ Cocktailglas ✦ Rührglas

✦ 3 cl Canadian Whisky
✦ 1,5 cl Peach Liqueur
✦ 1,5 cl Berentzen Appel
✦ 7–8 Eiswürfel
Dekoration:
✦ 1 Cocktailkirsche
✦ 1 Stück Orangenschale

Alle Zutaten im Rührglas zusammen mit den Eiswürfeln verrühren und durch das Barsieb in das gekühlte Cocktailglas seihen. Die Kirsche und die Orangenschale mit einem Sticker am Glasrand befestigen.

Samba

(Création Peter Roth, Kronenhalle-Bar, Zürich 1986) exotischer Longdrink für den Sommer

✦ Longdrinkglas ✦ Shaker

✦ 2 cl weißer Rum
✦ 1 cl Malibu
✦ 1 cl Curaçao blue
✦ 7 cl Maracujasaft
✦ 7 cl Ananassaft
✦ 6–8 Eiswürfel
Dekoration:
✦ 1 Cocktailkirsche
✦ 1 Kiwischeibe
✦ 1 Ananasstück

Alle Zutaten im Shaker zusammen mit 3 bis 4 Eiswürfeln schütteln. Durch das Barsieb in das mit 3 bis 4 Eiswürfeln gefüllte Longdrinkglas seihen. Die Kirsche und die Kiwischeibe mit einem Sticker an dem Ananasstück befestigen und dieses an den Glasrand stecken. Mit einem Trinkhalm servieren.

Campari Shakerato

bitterer Shortdrink (Aperitif)

✦ Cocktailglas ✦ Shaker

✦ 5 cl Campari
✦ 5–6 Eiswürfel

Den Campari zusammen mit den Eiswürfeln im Shaker kräftig schütteln und durch das Barsieb in das gekühlte Cocktailglas seihen.

Long Island Ice Tea (li.), Austrian Friendship (re.)

Long Island Ice Tea

süffiger Drink für die Party

✦ Longdrinkglas ✦ Gästeglas

- ✦ 4–5 EL zerstoßenes Eis
- ✦ 2 cl Gin oder Tequila
- ✦ 2 cl Wodka
- ✦ 2 cl weißer Rum
- ✦ 1 cl Curaçao Triple sec
- ✦ 2 Spritzer Zitronensaft
- ✦ 2 cl Cola

Dekoration:

- ✦ 1 Zitronenscheibe

Das Longdrinkglas mit dem zerstoßenen Eis füllen. Die übrigen Zutaten darüber gießen und umrühren. Die Zitronenscheibe ins Glas geben.

Austrian Friendship

(Création Fritz Schaller, Sparkling Bar, Innsbruck 1984) süßlicher Longdrink

✦ Longdrinkglas ✦ Shaker

- ✦ 1,5 cl Williams
- ✦ 1,5 cl Pfirsichlikör
- ✦ 1,5 cl Batida de Coco
- ✦ 1,5 cl Cherry Brandy
- ✦ 12 cl Ananassaft
- ✦ 6–8 Eiswürfel

Alle Zutaten im Shaker zusammen mit 3 bis 4 Eiswürfeln schütteln und durch das Barsieb in das Longdrinkglas seihen. 3 bis 4 Eiswürfel dazugeben. Mit einem Trinkhalm servieren.

Pierino

(Création Peter Roth, Kronenhalle-Bar, Zürich 1980) feinherber Longdrink für den Sommer

✦ Longdrinkglas ✦ Shaker

✦ 3 cl Pisco
✦ 1,5 cl Cointreau
✦ 2 Spritzer Limettensaft
✦ 10 cl Grapefruitsaft
✦ 6–8 Eiswürfel
✦ Bitter Lemon zum Auffüllen

Dekoration:

✦ ⅙ Limette
✦ 3 blaue Weintrauben

Alle Zutaten außer Bitter Lemon im Shaker zusammen mit 3 bis 4 Eiswürfeln schütteln. Durch das Barsieb in das Longdrinkglas seihen, mit 3 bis 4 Eiswürfeln und Bitter Lemon auffüllen, umrühren. Die Weintrauben mit einem Sticker an der Limette befestigen und an den Glasrand stecken. Mit einem Trinkhalm servieren.

Perry Spezial

(Création Hildegard Müllner, Kronenhalle-Bar, Zürich 1986) erfrischender Longdrink

✦ Longdrinkglas ✦ Gästeglas

✦ 2 Limettenscheiben
✦ 4 Eiswürfel
✦ 4 cl Gin
✦ 1 cl Sherry dry
✦ 1 cl Rose's Lime Juice
✦ 14 cl Tonic water

Die Limettenscheiben und die Eiswürfel in das Longdrinkglas geben. Die übrigen Zutaten außer Tonic water darüber gießen. Dann mit Tonic water auffüllen und umrühren.

Ice-Coffee Amaretto

(Création Peter Roth, Kronenhalle-Bar, Zürich 1980) bekömmliche Kaffeespezialität

✦ Kaffeeglas ✦ Shaker

✦ 2 cl Cognac
✦ 1 cl Amaretto
✦ 1 TL Zucker
✦ 1 Tasse kalter Kaffee
✦ 3–4 Eiswürfel
✦ 1 Kugel Vanilleeis
✦ leicht geschlagene Sahne

Alle Zutaten außer Eis und Sahne im Shaker zusammen mit den Eiswürfeln schütteln und durch das Barsieb in das Kaffeeglas seihen. Das Vanilleeis dazugeben und eine Haube aus leicht geschlagener Sahne auf den Kaffee setzen.

1990–1999

Cocktail is back

„Cocktail" – der Film

Brian Flanagan ist ein smarter Typ. Eben aus der Armee entlassen, lungert er in New York in der Bar seines Onkels herum. Er weiß noch nicht recht, was er tun soll. Und schreibt sich an der Uni ein. Studieren will er – Betriebswirtschaft. Wie jeder „senkrechte" Amerikaner hat er nur eines im Kopf: Er will den „american dream" zu Ende träumen und denkt dabei, fatalerweise, nur ans Geld. Um sich seinen Lebensunterhalt im teuren New York zu finanzieren, jobbt er abends – in einer Bar in Manhattan's Upper East Side.

Eine sülzige Liebesgeschichte

Brian Flanagan ist Tom Cruise. Der US-Schauspieler spielt in dem in den frühen 90er Jahren gedrehten Film „Cocktail" die Hauptrolle. Die Romanvorlage (und auch das Drehbuch) schrieb Heywood Gould. Niemand kennt Heywood Gould – obwohl sein Roman besser ist als die eigene Drehbuchvorlage. Aber alle kennen Tom Cruise. Die Story jedoch ist enttäuschend: Cocktails werden nur als Vorwand benützt, um eine sülzige Liebesgeschichte zu feiern, in der am Ende die wahre Liebe über die Geldgier siegt. Tom Cruise bekommt seine geliebte Freundin zurück, die obendrein noch schwanger ist und heiratet in den feinsten Geldadel New Yorks hinein. Die Geliebte ist eine mittelmäßig begabte Künstlerin, die in einer schmuddeligen New Yorker Snack Bar als Kellnerin arbeitet, dem stinkreichen Vater aber nicht auf der Tasche liegen will.
Um Cocktails geht es nur am Rande und weniger noch um die Idee des sexy smiling Tom Cruise, in allen Shopping Malls Amerikas eine Cocktailbar-Kette unter dem Namen „Flanagan – Cocktails and Dreams" im Franchising-Modell einzurichten. Heute freuen sich alle, dass Flanagans Traum reine Hollywood-Fiktion geblieben ist.

Was Tom Cruise im Film „Cocktail" zusammenschüttet, verdient auch in mildem Licht das Prädikat „ungenießbar".

Nichts wäre für die Cocktailgeschichte erbärmlicher und untrügliches Zeichen eines kulturellen Niedergangs, als eine Kettenbildung im Bereich der Cocktailbars: Hunderte von Bars mit der gleichen Einrichtung und den gleichen Cocktails … Ein Albtraum. Natürlich gibt es mehrere Harry's New York Bars, doch die dürfen nicht in den

gleichen Topf geworfen werden, da hinter den Tresen qualifizierte Barkeeper arbeiten, die das Erlebnis Cocktail durch ihre Mixkunst erst zur selbigen machen.
Wer den Streifen jedoch genauer anschaut, entdeckt einige witzige Barszenen. Da wirbeln die Spirituosen- und Likörflaschen durch die Luft, da werden die Cocktails ganz im „american high-speed-mixing“-Verfahren in die mit Eis gefüllten Gläser gegossen. Viel Spektakel, kein Inhalt. Auch wenn man über die zubereiteten Cocktails gar nichts erfährt und noch weniger, was die beiden fixen Kerle hinter der Theke mixen, sind Details unübersehbar: Die neue Lust der Amerikanerinnen und Amerikaner, abends auszugehen, sich zu vergnügen und Cocktails zu genießen. Möglichst bunt sollen die Getränke sein, möglichst „fancy“ und nicht zu alkoholhaltig.

Ein sauberes Vergnügen, bitte

Vorbei sind die Yuppie-Zeiten, in denen Champagner kübelweise getrunken wurde. Zwar will die „Jeunesse dorée“ Manhattans weiter feiern, aber am Tag danach genauso wieder fit sein für einen harten Arbeitstag. Schon der Gedanke, den frühen Morgen mit einem „Harry's Pick-me-up“ oder einer „Prairie-Oyster“ beginnen zu müssen – falls die Twens diese Cocktails überhaupt kennen –, kommt gar nicht erst auf. „Clean fun“ nennen die Amerikaner diese Form von Lustigsein. Wohl wäre es vermessen, zwischen der Lustseuche AIDS und dem Cocktailtrend der 90er-Jahre eine wie auch immer zu zeichnende Parallele zu ziehen. Und doch bleibt der Cocktail auch im letzten Jahrzehnt des Auslaufmodells 20. Jahrhundert nach wie vor ein getreuer Spiegel gesellschaftlicher Vorgänge. Und noch genauer reflektiert Hollywood mit seiner unersättlichen Fiktionsmaschinerie das, was die

Durchschnittsamerikaner bewegt: Ein zuverlässiger Seismograf, der kleinste Beben im Wandel einer Gesellschaft registriert.

„Safer Fun" – Cocktails ohne Reue

Nach acht Jahren „Reaganomics" befindet sich das Land, das ab 1992 von dem ebenso smarten wie verwegenen Bill Clinton regiert wird, in bester Verfassung. Die Wirtschaft kann wohl nicht verhindern, dass sie einen leichten Schnupfen bekommt, der in Europa zu einer rezessiven Phase führt, doch erholt sich die US-Wirtschaft. Diesmal aber sind die Gewinner nicht die Arbeitslosen, die wieder Jobs kriegen, sondern die Aktionäre. Der Begriff „shareholder value" steht für eine neue Generation von Business-Leuten, die nur auf den Applaus von Wall Street aus sind. Am Ruder sind nun clevere Harvard- oder Stanford-Absolventen. Kinder der 68er-Generation, aber ohne die Macken ihrer Eltern, die sich noch immer um „Natural Food" und um die Umwelt kümmern.

Safer trinken ist in

Amerikas Jugend will wieder „fun" haben – und „action". Aber alles muss „safer" sein. Und weil das Mit-Gefühl für den Körper und die Gesundheit schon viel früher erwacht, sind diese als „Generation X" bezeichneten Amerikaner voll auf die Wellness-Welle umgestiegen: Cocktails ohne Alkohol und mit viel Frucht gehören zu den Topsellern in Bars rund um den Globus. Und wenn schon Alkohol sein muss, dann wohl dosiert und nur vom besten. Mit einem Wort: Sie lieben Shooters – kleine Cocktails mit insgesamt wenig Flüssigkeit, aber viel Hochprozentigem. Mit der Shooter-Welle fand praktisch jeder Likör, sonst nicht vermixbar, Eingang in einen Drink.

Exquisit und von bester Qualität

Eine Errungenschaft der 80er-Jahre setzt sich im darauf folgenden Jahrzehnt fort. Die in ihrer Midlife-Krise steckenden Yuppies haben mit ihrem Hang zum Luxus, zum Exaltierten und zur absoluten Qualität – ergreifend geschildert in Brest Eaton Ellis Schocker „American Psycho" – Maßstäbe gesetzt, von denen nicht abgewichen wird. Weder in den USA noch in Europa. Heute findet sich in fast jeder Stadt ein Restaurant, in dem man eine französisch oder italienisch inspirierte Bistro-Küche antreffen kann – die auch noch schmeckt. Und in fast jeder Stadt steht ein Barmann hinter einem Tresen, der bei der Bestellung eines Tom Collins nicht zur Antwort gibt, dass Tom heute gerade nicht da ist und der Gast vielleicht morgen nochmals vorbeischauen soll …

Hits der 90er: Tequila und Rum

Zwei Spirituosen besetzen in den 90er-Jahren die Hitliste fast aller Bars: Tequila und Rum. Produkte, die Emigranten aus der Karibik und Mexiko in die USA gebracht haben. Im Dezennium des Cocktailrevivals bieten diese beiden Schnäpse unzählige Möglichkeiten einer kreativen und lustvollen Zubereitung neuer Cocktails. Vieles von dem, was in den 90er-Jahren an Cocktails gemixt wird, kennt wohl die immer gleichen Grunddestillate wie Gin, Wodka, Brandy, Whisky, Tequila und Rum. Doch stößt zu diesen Spirituosen eine Fülle von Likören hinzu, die den Aromareichtum von Cocktails entscheidend erweitern.

Cranberries

Letztlich gelangt auch ein Saft in Europa in alle Bars, auf den sich bislang nur die Amerikaner so vehement gestützt hatten: Cranberry – Vaccinum macrocarpon Ait, zu deutsch etwas umständlicher, aber korrekt: Kulturpreiselbeere. Die findet man vor allem in Nordamerika. Eiförmige bis runde, glatte, feste Beeren wachsen an einem kleinen Halbstrauch, werden sehr aromatisch und großfrüchtiger als die in Europa bekannte Preiselbeere. Und weil sie in den USA auf Plantagen wächst, haben sich Farmer darauf spezialisiert und bieten die Frucht als schmackhaften Saft an, der nicht nur einer Vielzahl von Cocktails eine fruchtige Note verleiht. In Zürich beispielsweise wurde 1997 eine American Bar mit Fumoir eingerichtet und auf den Namen „Cranberry“ getauft. Hier gehört der Saft zu den Hauptzutaten fast aller Cocktails, außer natürlich zu einem – unvermeidlich ihn zu nennen – zum Dry Martini.

Aromatisierte „Wasser“

Destillerie-Giganten wie Stolichnaya oder Absolut – um einmal Wodka zu bevorzugen – sind in den 90er-Jahren dazu übergegangen, ihre Grundspirituose mit allerlei Aromen anzureichern, um dem fruchtigen Zeitgeist in den Bars besser zu entsprechen. Stolichnaya und Absolut aromatisieren ihren Schnaps unter anderem mit Zimt, Kaffee, Limonen, Pfirsich, Erdbeeren und Vanille. Diese Aromen werden beim Herstellungsverfahren beigegeben und „würzen“ das im Endergebnis klare, gebrannte Wasser. Der „Georgian Twist“ etwa besteht aus 6 cl Stolichnaya Erdbeerwodka und 1 Spritzer Stolichnaya Limonenwodka. Und beim „Blanche Dubois“ wird der Limonenwodka durch Vanillewodka ersetzt.

Designerliköre

Die Liköre werden alle nach dem gleichen Muster auf den Markt geworfen: Im Bestreben, die Cocktailbar um neue Produkte zu bereichern und die alten (und die neuen) ins

Gespräch zu bringen, scheuen die Destillerien keinen Aufwand. Meist wird ein Barmann angeheuert, der aufgrund seiner reichen Erfahrung hinter der Theke mit diesen Designerlikören einige einfache Mixgetränke zubereiten soll, die man nachher in die Form einer kleinen Broschüre bringt und unter die Barmänner im Lande streut.

Barmänner erweisen sich auch hier als zuverlässige Seismografen der Cocktaillandschaft und melden ebenso zuverlässig jegliche Regungen an den Hersteller zurück: Die Menge von Flaschen, die täglich geleert werden und nachbestellt werden müssen, gelangen in eine perfekt geschmierte Marketingabteilung, die aus den angelieferten Daten flugs ihren eigenen Zahlen-Cocktail zubereitet. Am Ende entsteht daraus kein Getränk, sondern ein Trend. Ein hausgemachter allerdings.

Der Trend-Drink

Nicht hausgemacht, sondern in seriöser Form ermittelt, wurde die Trend-Spirituose der 90er-Jahre. „Drinks", das Exclusiv-Journal der Deutschen Barkeeper-Union e.V. hat Barkeeperinnen und Barkeeper „zwischen Kempten und Kiel, Dresden und Düsseldorf" befragt und einen „Trend-Drink" aus den gesammelten Daten kreiert. So hat die Umfrage 1997 ergeben, dass der Trend bei braunem Rum und Cachaça nach oben zeigt. Nach unten zeigt der „In"-Daumen indessen bei weißem Rum und Tequila. „In" sind auch Liköre wie Apricot Brandy und Pfirsich; bei den Säften schwingen Zitrone, Maracuja (als Nektar) und Orange oben aus, während Ananas als Zutat zu Cocktails stagniert. Und eine noch wichtigere Erkenntnis aus der deutschen Umfrage darf nicht verschwiegen werden: Den Shaker nehmen wieder mehr Barkeeper zur Hand. Die Cocktailkultur lebt wieder auf!

Zuckerrohr, die Basis für den Rum – die beliebteste Spirituose der 90er-Jahre

Der „Trend-Drink 97/98" besteht demnach aus folgenden Zutaten: 4 cl brauner Rum, 2 cl Erdbeersirup, 2 cl frisch gepresstem Limettensaft, 4 cl Maracujanektar und 8 cl Orangensaft. Der nahezu perfekte Drink für ein trendiges, junges Publikum, das sich bei einem „fancy" Cocktail entspannen und trotzdem nicht zu viel Alkohol intus haben will. Denn die 4 cl braunen Rums gehen vorzüglich in den Fruchtsäften und dem Erdbeersirup auf und „verwässern" die 40 Volumenprozente des Destillats aus Zuckerrohr. Fazit der Zeitschrift „Drinks": „In den meistverkauften Drinks in deutschen Bars spielen Basisspirituosen wie Wodka, Gin, Whisky, Brandy und Tequila nur Nebenrolllen. Die Hitliste wird zu 70 Prozent vom Rum und von Cachaça beherrscht." Höchste Zeit also, sich diese Spirituose einmal etwas näher anzusehen.

Zuckerrohr *Geschichten – richtig historisch*

Rum verdankt seinen Ruhm seit seinen Anfängen der berauschenden Wirkung des Destillates aus Zuckerrohr. Ganz am Anfang der Geschichte steht ein holländischer Plantagenbesitzer, der 1636 mit Zuckerpflanzen aus Brasilien an der Karibikinsel Barbados anlegt und die Pflanze der von englischen Siedlern bewohnten Insel verkauft. 1651 taucht in zeitgenössischen Quellen erstmals „Rumbullion" auf, der auch „Teufelstöter" genannt wird und auf der Insel Barbados hergestellt wird. Richard Ligon, ein englischer Gelehrter, nennt den Rum, der vermutlich vom lateinischen Wort saccharum (Zucker) stammt, „ein heißes, höllisches und schreckliches Getränk".
Den damals zur See verkehrenden Kaufleuten und Matrosen hilft der Rum mit den darin enthaltenen Vitaminresten gegen Skorbut – und als Seelentröster. Hauptumschlagplatz des Rums war anfangs Jamaika, das die Engländer 1655 von den Spaniern befreit hatten, auch um ihre Zuckerabhängigkeit von den spanischen Besatzern zu beenden. Was allerdings zu einem dreijährigen Krieg zwischen der englischen und spanischen Krone führte. Wichtige Stützpunkte lagen auf Guadelupe, Kuba und in Britisch- und Holländisch-Guyana.

Bacardi – der wohl bekannteste Rum

Der Brenner, der den rauen Schnaps verbesserte und damit weltweit Berühmtheit erlangte, war Emilio Bacardi. Sein Vater Don Facundo Bacardi war 1830 aus Katalanien nach Kuba eingewandert und handelte dort zunächst mit Wein. 1862 erwarb er auf Kuba eine ausrangierte Brennerei. Emilio verbesserte die Herstellungsmethoden und brannte schließlich einen Rum mit geringerem Alkoholgehalt als die ersten, eher rauen Destillate, mit einer feineren Struktur und würzigeren Aromen. Zumindest im nahen Florida machte der neue Schnaps bald die Runde, denn amerikanische Soldaten, die in Tampa/Florida 1898 auf ihren Einsatz im spanisch-amerikanischen Krieg warteten, bekamen von einem Bartender im Tampa Bay Florida Hotel, damals erstmals nachgewiesen, einen Cocktail namens „Cuba Libre" ausgeschenkt. Er bestand aus Rum und Coca-Cola – unmöglich also, dass sich das Mixgetränk auf den Sieg der Befreiung Kubas durch den Lìder Màximo beziehen konnte.

Zuckerrohr – die Basis jeder Rumsorte

Wer an der Bar Rum bestellt, bekommt weißen oder braunen, in Eichenfässern gereiften Bacardi eingeschenkt – on the rocks, pur mit einem Spritzer Zitronensaft oder gemixt. Andere Destillate wie etwa ein Havana Club, die „staatseigene" Rumsorte Kubas, fristen ein zweitrangiges Dasein oder bleiben Trouvaillen für Kenner der Materie – trotzdem jeder Rum aus Zuckerrohr hergestellt wird. Aus dem in der Pflanze enthaltenen süßen Stoff wird vor allem Rohrzucker gewonnen. Dabei wird der Saft herausgepresst und eingekocht, bis Kristalle entstehen – roher brauner Zucker. Daneben bleibt die Melasse übrig, ein zähflüssiger Sirup, der mit speziell gezüchteter Hefe versetzt und anschließend vergoren wird. Nach dem Brennen wird die klare, farblose Flüssigkeit mit Wasser auf die gewünschte Alkoholstärke verdünnt.

Erstklassiger alter Rum wird in Eichenfässern gelagert, die ihm die dunkle Farbe und das Aroma verleihen, das ihn von anderen Produkten unterscheidet. Die

Erstklassiger alter Rum wird in Eichenfässern gelagert, die ihm Farbe und Aroma geben

weniger feine, aber sehr verbreitete Variante reift in Stahltanks heran, bleibt also klar von Anfang an. Für edleren weißen Rum wird das Destillat in einem an das Brennverfahren anschließenden Vorgang mit Aktivkohle gereinigt.

Rum pur – die neue Welt

In den Regalen der Spirituosenhändler ist die Auswahl auf die gängigsten Marken der Rum-Welthändler beschränkt. Seltene, alte Rumsorten sind schwer zu finden, doch verleiht der nach wie vor ansteigende Konsum diesem Destillat – nach dem Höhenflug der Single Malt Whiskys – den Status einer Spirituose. Sie eignet sich hervorragend als Digestif und wird pur genossen, wie etwa ein von der Fachwelt hochgelobter Westherhall Plantation Rum aus Grenada.

Cocktails im World Wide Web

Das letzte Jahrzehnt des 20. Jahrhunderts zeichnet sich nicht nur durch „reale“, sondern auch durch virtuelle Bargründungen aus. Seit 1995 vergeht kein Tag auf der ganzen Welt, an dem nicht über das Internet geschrieben wird. Ob Segen oder Fluch, ob es eine Spielwiese für Träumer und Trinker bleibt oder ob das WWW – das World Wide Web – zu einem Tummelplatz für knallhartes Electronic Commerce Business wird, über die Zukunft dieses Informationsmediums lassen gebetene und ungebetene Autoren die wildesten Spekulationen zirkulieren.
Fakt ist indessen, dass das Internet bereits zahllose Cocktail-Lounges kennt, in denen Liebhaber(innen) von Mixgetränken im Flüsterton oder lauthals ihre Meinungen verbreiten. So stellt eine Webseite in den USA allen geschundenen und gestressten Barkeepern ihre Seiten zur Verfügung, um die wildesten Bargeschichten, die man nota bene noch selbst erlebt haben soll, niederzuschreiben. Auch hier gilt, was der Volksmund mit einem Augenzwinkern gerne sagt: Wenn es denn schon nicht wahr ist, dann ist es wenigstens gut erfunden.
Cocktailfans holen sich mittlerweile auf Datenbanken mit zum Teil bis zu 5 000 (!) Rezepten Anregungen für den Hausgebrauch. Aber auch Zubehör für die Hausbar lässt sich mühelos und gegen Angabe der Kreditkartennummer über das Netz bestellen. Wer hinsichtlich neuester Trends auf der Höhe der Zeit sein will, wählt sich bei www.bartender.com ein. Die Homepage der US-Zeitschrift „The Bartender“ bietet eine gelungene Auswahl von Beiträgen aus der eigenen Postille, aber auch neue Drink-Ideen. Man kann, so Fragen offen sind, auch einen Briefkasten-Onkel bemühen, der bereitwillig Auskunft erteilt. Auch gibt es ein Pinboard, auf dem man sich mit der weltweiten Cocktailgemeinde austauschen kann.

Private Cocktail-Lounges im Web

Neben diesen Webseiten mit handfesten kommerziellen wie auch ideellen Absichten tummeln sich auch Privatpersonen mit ihrer Homepage im Internet. Sie verfolgen durchaus ernsthafte Absichten, wie beispielsweise Georg Schneider aus der Bundesrepublik Deutschland, der in einem Telekommunikationsunternehmen beschäftigt ist. Warum er der Menschheit Hinweise zu seiner Lieblingsbar und zu seinem Lieblingscocktail überlässt, auf diese Frage antwortete er – per E-Mail: „Ein Grund ist natürlich, dass ich mich für Cocktails interessiere. Daher lag die Idee natürlich nahe, eine entsprechende Seite mit diesem Thema in meine Homepage zu integrieren. Außerdem konnte ich so einige Links, die mir sehr gut gefallen und die ich sowieso öfters auf der Suche nach neuen Rezepten und Ideen besucht habe, auch einigen anderen Leuten zur Verfügung stellen."

Alles nur noch virtuell?

Cocktails nippen und doch nicht zu den lonely Barflies zu gehören, die im Irgendwo der großen Welt stumm für sich oder mit anderen netten Menschen plaudernd, in einer Bar sitzen – Schneider ist der neue Typus des Cocktail-Liebhabers, der die Zuneigung zu einem gemixten Getränk virtuell mit einem Viertel der Menschheit teilen will. Allerdings privat und im kleinen Kreis. Eine Entwicklung, die heftig zu bedauern wäre, entstände daraus am Ende des 20. Jahrhunderts die neue Form des gesellschaftlichen Zusammenseins: Man teilt die Cocktail-Vorlieben über die eigene Homepage der Menschheit mit, bleibt aber in den eigenen vier Wänden. Wird darum die Menschheit am Anfang des neuen Jahrhunderts die Bar meiden?

Unsinn – und damit das Unsinn bleibt, muss man wohl, wie dies der österreichische Journalist Helmut A. Ganste-

Barkeeper verrichten einen wahren Dienst am Menschen – und trösten ganz nebenbei auch gebrochene Herzen

rer im Buch „Mythos Bar" getan hat, einem ganzen Berufsstand öffentliches Lob aussprechen: Für die Wiederbelebung der Cocktailkultur mithilfe seines untrüglichen Erfindungsgeistes und den scheinbar unendlichen kommunikativen Fähigkeiten: Den Barkeepern beiderlei Geschlechts natürlich.

Barkeeper – Seelentröster, Freunde, Ritter des 20. Jahrhunderts

Gansterer im Originalton, echt weanerisch: „Die zweitliebsten Menschen auf der Welt sind die Barkeeper. Sie sind das eigentlich Mütterliche. Wirkliche Mütter fallen dagegen ab. Die Barkeeper stützen die Schwächen des Gastes, drehen sie in Stärken um. Im Idealfall sind sie Leibwächter, werfen sich unauffällig über jeden Stören-

fried, killen und verscharren ihn. Sie sind die Ritter des 20. Jahrhunderts. Leider sind sie dem Verderben geweiht. Schuld daran sind die Aristokraten. Die Aristos haben mit infamer genetischer Intelligenz einen mörderischen Widerspruch erfunden: Das Trinkgeld und den Satz ‚Aber vertrinkens das nicht, gell?'. Das musste im Wege des Trotzes zum Gegenteil führen. So kam es, dass die Barkeeper, obwohl abgeschreckt durch das Beispiel ihrer Gäste, selber trinken. (…)
Die Barkeeper trinken aus drei Gründen: erstens weil sie auf keine habsburgischen Befehle mehr hören. Zweitens, weil sie unerbittlich korrekt sind: Ein Trinkgeld gehört nicht in Windeln, sondern in Wein investiert. Drittens, weil sie von den Amateuren gelangweilt sind und endlich erleben wollen, wie ein Profi trinkt. Natürlich würden sie dadurch im Schnitt kürzer leben als so genannte normale Männer. Da sie aber nicht nur Männer, sondern auch Mütter sind, die bekanntlich länger leben als Väter, gleicht sich das aus. Sie werden gleich alt wie unsereiner. Ich erzähle das nur, weil man sonst glaubt, Barkeeper seien Menschen wie du und ich."
Die Typologie des Barmanns, diese duale Fähigkeit Trinker und Mütter zu sein, trägt wie immer einen Kern Wahrheit. Für den kanadischen Whisky Canadian Club warb eine Anzeige nicht mit den Vorzügen des Destillates, sondern mit sechs Typisierungen von Barmännern. „What's behind the man behind the bar?" Es gibt den „Raconteur", der den ganzen Abend lang witzige Geschichten erzählen kann, es gibt die „Autorität", die sich in allen Sportarten gleich gut auskennt. Ihr folgt der „Philosoph", der jede nur erdenkliche Idee in ihrer ganzen Länge diskutiert. Danach der „Innovator", bereit, jeden Wunsch nach einem ausgefallenen Cocktail zu erfüllen (und die Kreation nach dem Namen des Gastes zu betiteln), der „Verständnisvolle" mit den starken Schultern und schließ-

lich „der Freund“, dessen Händedruck tatsächlich etwas bedeutet, dessen Lächeln ehrlich ist, der Menschen wirklich mag.

Garanten für das Überleben des Cocktails

Am Ende des Jahrzehnts gehört der größte Lorbeerkranz nicht den Destillerie-Ingenieuren und Aromatiseuren, den Produktmanagern und virilen Außendienstlern, die im Wettstreit um Marktanteile immer neue Produkte auf den Markt bringen. Er gehört ganz allein den Tausenden von weiblichen und männlichen Barkeepern auf der ganzen Welt, die ihren Beruf mit Freude erfüllen. Die die Welt der Cocktails mit unvergänglichen und – das gehört dazu wie der Mond zur Erde – vergänglichen Cocktails bereichert haben, sei es für Minuten, für Stunden, für die Ewigkeit der Cocktailgeschichte. Dass sie noch nicht zu Ende geschrieben ist, verdanken alle Barflies einem ungenannten amerikanischen Mathematiker.

H.L. Menecken, ein Kulturhistoriker der ersten Jahrhunderthälfte, bezeichnet den Cocktail „als größten aller Beiträge an den amerikanischen ‚way of life‘ zur Rettung der Menschheit“, wie ihn William Grimes zitiert. Menecken ließ sich von einem Mathematiker ausrechnen, wie viele Cocktails sich aus dem Flaschenbestand einer anständigen Bar mixen lassen. Hier nun das Ergebnis: siebzehn Milliarden, achthundertvierundsechzig Millionen, dreihundertzweiundneunzig Tausend und 788 Cocktails. In Zahlen: 17 864 392 788.

„Wir haben nach dem Zufallsprinzip 273 versucht“, ließ sich Mencken weiter vernehmen, „und fanden allesamt gut.“

Planteur

(Création Thomas Hänni, Hotel Carlton, St. Moritz 1995)

- ✦ Longdrinkglas
- ✦ Mixer mit Messervorsatz

- ✦ 8 cl Karottensaft
- ✦ 60 g Erdbeeren mit Pfeffer
- ✦ 3 cl Mandarinensaft
- ✦ 3 cl Ananassaft
- ✦ 4 cl Mineralwasser ohne Kohlensäure
- ✦ 6–8 Eiswürfel

Alle Zutaten im Mixer mit 3 bis 4 Eiswürfeln mixen und durch ein Küchensieb passieren. 3 bis 4 Eiswürfel in das Longdrinkglas geben und die Mischung darüber gießen. Mit einem langem Trinkhalm servieren.

Carla

(Création Simone Bogarelli, Hotel Principe Leopoldo, Lugano 1994)

- ✦ Longdrinkglas
- ✦ Mixer mit Messervorsatz

- ✦ 8 cl Rhabarbersaft
- ✦ 80 g reife Erdbeeren
- ✦ 4 cl Kokosmilch
- ✦ 4 cl Mineralwasser ohne Kohlensäure
- ✦ 6–8 Eiswürfel

Alle Zutaten im Mixer mit 3 bis 4 Eiswürfeln mixen und durch das Küchensieb passieren. In das mit 3 bis 4 Eiswürfeln gefüllte Glas gießen. Mit Trinkhalm servieren.

Tabu

(Création Peter Roth, Kronenhalle-Bar, Zürich 1993) erfrischender Diätdrink für den ganzen Tag

- ✦ Longdrinkglas
- ✦ Mixer mit Messervorsatz

- ✦ 10 cl Karottensaft
- ✦ 70 g reife Erdbeeren
- ✦ 1 cl gepresster Zitronensaft
- ✦ 2 Spritzer flüssiger Süßstoff
- ✦ 5 cl Mineralwasser ohne Kohlensäure
- ✦ 6–8 Eiswürfel

Alle Zutaten im Mixer zusammen mit 3 bis 4 Eiswürfeln mixen und durch das Küchensieb passieren. 3 bis 4 Eiswürfel in das Longdrinkglas geben, die Mischung darüber gießen. Mit einem Trinkhalm servieren.

▸ *Tabu (li.), Carla (re.)*

Temptation

(Création Helma Jouck, Hotel Storchen, Zürich 1997) exotischer Drink ohne Alkohol für die Sommerparty

✦ Longdrinkglas ✦ Shaker

✦ 10 cl Orangen-Maracuja-Saft
✦ 8 cl Ananassaft
✦ 2 cl Zitronensaft
✦ 1 cl Curaçao red (alkoholfrei)
✦ 1 cl Mangosirup
✦ 6–8 Eiswürfel

Dekoration:

✦ 2 Limettenscheiben
✦ 2 Cocktailkirschen

Alle Zutaten im Shaker zusammen mit 3 bis 4 Eiswürfeln schütteln und durch das Barsieb in das mit 3 bis 4 Eiswürfeln gefüllte Longdrinkglas seihen. Die Limettenscheiben und die Kirschen am Sticker über den Glasrand legen. Mit einem langen Trinkhalm servieren.

Energy-Cocktail

(Création Peter Roth, Kronenhalle-Bar, Zürich 1997) erfrischender Drink ohne Alkohol für den ganzen Tag

✦ Longdrinkglas
✦ Mixer mit Messervorsatz

✦ 2–3 reife Erdbeeren
✦ 1 TL fein gemahlener Rohrzucker
✦ 1 TL Guaranapulver (coffeinhaltig, aus Apotheke oder Reformhaus)
✦ 1 cl frisch gepresster Zitronensaft
✦ 10 cl frisch gepresster Orangensaft
✦ 6–8 Eiswürfel

Dekoration:

✦ 2 Pfefferminzblätter
✦ 1 Erdbeere

Alle Zutaten im Mixer zusammen mit 3 bis 4 Eiswürfeln mixen. 3 bis 4 Eiswürfel in das Longdrinkglas geben und die Mischung darüber gießen. Die Minzeblätter und die Erdbeere am Sticker ins Glas geben. Mit einem Trinkhalm servieren.

Happy Driver

(Création Peter Roth, Kronenhalle-Bar, Zürich 1998) fruchtiger Drink ohne Alkohol für jede Jahreszeit

✦ Longdrinkglas ✦ Shaker

✦ 10 cl Orangensaft
✦ 6 cl Pfirsichnektar
✦ 1 cl Zitronensaft
✦ 1 cl Grenadine
✦ 6–8 Eiswürfel

Dekoration:

✦ 1 Orangenscheibe
✦ 1 Zitronenscheibe

Alle Zutaten im Shaker zusammen mit 3 bis 4 Eiswürfeln schütteln und durch das Barsieb in das Longdrinkglas seihen. 3 bis 4 Eiswürfel dazugeben. Die Früchte an den Glasrand stecken. Mit einem Trinkhalm servieren.

Raquel

(Création Manuel de Sausa Jardim, Portugal 1990) bekömmlicher Shortdrink (After-Dinner-Drink)

✦ Cocktailglas ✦ Shaker

✦ 2 cl Wodka
✦ 1,5 cl Parfait Amour
✦ 1,5 cl Curaçao blue
✦ 1,5 cl Cherry Heering
✦ 1 TL Sahne
✦ 4–5 Eiswürfel

Dekoration:

✦ Schokoladenpulver
✦ 1 Cocktailkirsche
✦ 1 Minzezweig

Alle Zutaten im Shaker zusammen mit den Eiswürfeln gut schütteln. Durch das Barsieb in das gekühlte Cocktailglas seihen. Etwas Schokoladenpulver über den Drink geben. Die Kirsche und die Minze an den Glasrand stecken.

Debutante (li.), Messicano (re.)

DEBUTANTE

(Création Yasushige Mori, Japan 1990)
würzig-milder Shortdrink (Aperitif)

✦ Cocktailglas ✦ Shaker

✦ 3 cl Tequila
✦ 2,5 cl Peach Liqueur
✦ 1 TL Pfefferminzlikör
✦ 1 TL Zitronensaft
✦ 5–6 Eiswürfel
Dekoration:
✦ 1 Cocktailkirsche

Alle Zutaten im Shaker zusammen mit den Eiswürfeln schütteln und durch das Barsieb in das gekühlte Cocktailglas seihen. Die Kirsche an den Glasrand stecken.

GOLDEN TEAR

(Création Bardur Gudlaugsson, Island 1993)
leicht-herber Shortdrink

✦ Cocktailglas ✦ Rührglas

✦ 4 cl Wodka Citron
✦ 1 cl Vermouth dry
✦ 1 cl Gold Liqueur
✦ 7–8 Eiswürfel
Dekoration:
✦ 1 Kumquat

Alle Zutaten im Rührglas zusammen mit den Eiswürfeln verrühren und durch das Barsieb in das gekühlte Cocktailglas seihen. Die Kumquat an den Glasrand stecken.

MESSICANO

(Création Eros del Priore, Italien 1990) lieblicher Longdrink für jede Gelegenheit

✦ Longdrinkglas ✦ Shaker

✦ 3 cl Gin
✦ 2 cl Peach Liqueur
✦ 1 cl Amaretto
✦ 1 cl Erdbeersirup
✦ 10 cl Orangensaft
✦ 6–8 Eiswürfel

Dekoration:

✦ 1 Limettenscheibe
✦ 1 Orangenschalenspirale
✦ 1 Cocktailkirsche
✦ 1 Minzezweig

Alle Zutaten im Shaker zusammen mit 3 bis 4 Eiswürfeln schütteln und durch das Barsieb in das Longdrinkglas seihen. 3 bis 4 Eiswürfel dazugeben. Die Früchte und die Minze an den Glasrand stecken. Mit Trinkhalm servieren.

ROYAL TEMPTATION

(Création George Liddle, Großbritannien 1993) süßer Shortdrink (After-Dinner-Drink)

✦ Cocktailglas ✦ Shaker

✦ 2,5 cl Amaretto
✦ 2 cl Kaffeelikör Kahlúa
✦ 1 cl Midori Melon Liqueur
✦ 1 TL Sahne
✦ 5–6 Eiswürfel

Dekoration:

✦ 1 Stück Orangenschale
✦ feine Minzschokoladenflocken

Alle Zutaten im Shaker zusammen mit den Eiswürfeln kurz und kräftig schütteln. Durch das Barsieb in das gekühlte Cocktailglas seihen. Die Orangenschale ins Glas geben und Schokoladenflocken darüber streuen.

Red Hope

(Création John Nesset, Norwegen 1993)
erfrischender Longdrink für die Sommerparty

✦ Longdrinkglas ✦ Shaker

✦ 6–8 Eiswürfel
✦ 3 cl Gin
✦ 1,5 cl Crème de Bananes
✦ 1 TL Apricot Brandy
✦ 1 Spritzer Erdbeersirup
✦ 12 cl Zitronenlimonade

Dekoration:

✦ 1 Limettenspalte
✦ 1 Pfefferminzblatt
✦ 1 Erdbeere

Zuerst 3 bis 4 Eiswürfel in das Longdrinkglas geben. Alle Zutaten außer Limonade im Shaker zusammen mit 3 bis 4 Eiswürfeln schütteln und durch das Barsieb in das Glas seihen. Mit der Zitronenlimonade auffüllen, umrühren. Die Limettenspalte, das Pfefferminzblatt und die Erdbeere am Sticker über den Glasrand legen. Mit einem Trinkhalm servieren.

Sweetheart

(Création Kazuhiro Takagai, Japan 1996)
cremiger Shortdrink (After-Dinner-Drink)

✦ Cocktailglas ✦ Shaker

✦ 2 cl Parfait Amour
✦ 1,5 cl Amaretto
✦ 1,5 cl Vanillesirup
✦ 1,5 cl Sahne
✦ 1 TL Curaçao red
✦ 5–6 Eiswürfel

Dekoration:

✦ Zimtpulver
✦ 1 Cocktailkirsche
✦ 1 Stück Zitronenschale
✦ 1 Minzezweig

Alle Zutaten im Shaker zusammen mit den Eiswürfeln kurz schütteln und durch das Barsieb in das gekühlte Cocktailglas seihen. Etwas Zimtpulver über den Drink geben, die Früchte und die Minze an den Glasrand stecken.

Red Hope (li.), Milky Way (re.)

Milky Way

(Création Hisashi Kishi, Japan 1996)

✦ Longdrinkglas ✦ Shaker

✦ 3 cl Gin, 3 cl Amaretto
✦ 2 cl Erdbeersirup
✦ 8 cl Ananassaft
✦ 6 Eiswürfel

Dekoration:

✦ ½ Apfelscheibe
✦ 1 Zitronenstück
✦ 1 Ananasblatt

Alle Zutaten im Shaker mit 3 Eiswürfeln schütteln und durch das Sieb in das mit 3 Eiswürfeln gefüllte Glas seihen. Die Deko an den Glasrand stecken. Mit Trinkhalm servieren.

Passione

(Création Angelo Ganner, Österreich 1997)

✦ Cocktailglas ✦ Shaker

✦ 1,5 cl Gin
✦ 1,5 cl Bacardi Lemon
✦ 2 cl Peach Liqueur
✦ 1,5 cl Vermouth rosé
✦ 1 Spritzer Limettensaft
✦ 5–6 Eiswürfel

Alle Zutaten im Shaker zusammen mit den Eiswürfeln gut schütteln und durch das Barsieb in das gekühlte Cocktailglas seihen.

Galliano Hot Shot

aromatischer Shot für den Winter

✦ Shotglas ✦ Gästeglas

✦ 1,5 cl Galliano
✦ 1,5 cl heißer Kaffee
✦ leicht geschlagene Sahne

Den Galliano in das Shotglas geben. Den Kaffee vorsichtig über einen Löffel ins Glas laufen lassen. Dann die Sahne über den Drink fließen lassen.

B-52

lieblicher Shot für den Abend

✦ Shotglas ✦ Gästeglas

✦ 1,5 cl Kaffeelikör
✦ 1,5 cl Bailey's Original Irish Cream
✦ 1,5 Curaçao Triple sec

Den Kaffeelikör in das Shotglas geben. Zuerst den Bailey's, anschließend den Curaçao Triple sec vorsichtig über einen Löffel ins Glas fließen lassen. Den Drink anzünden und brennend mit einem Trinkhalm im Extraglas servieren.

Fifth Avenue

süßlicher Shot (After-Dinner-Drink)

✦ Shotglas ✦ Gästeglas

✦ 1,5 cl Crème de Cacao braun
✦ 1,5 cl Apricot Brandy
✦ 1 cl Sahne

Alle Zutaten in der angegebenen Reihenfolge schichtweise über einen Löffel in das Shotglas fließen lassen.

Kamikaze

süß-säuerlicher Shot für jede Gelegenheit

✦ Shotglas ✦ Shaker

✦ 1 cl Wodka
✦ 1 cl Curaçao Triple sec
✦ 1 cl frisch gepresster Limettensaft
✦ 2–3 Eiswürfel

Alle Zutaten im Shaker zusammen mit den Eiswürfeln kurz schütteln und durch das Barsieb in das Shotglas seihen.

Sea Breeze

leicht-herber Longdrink für das ganze Jahr

✦ mittelgroßer Tumbler
✦ Gästeglas

- ✦ 3–4 Eiswürfel
- ✦ 4 cl Wodka
- ✦ 5 cl Cranberry Juice
- ✦ 5 cl Grapefruitsaft

Die Eiswürfel in den Tumbler geben. Die Zutaten darüber gießen und kurz umrühren.

Apasionado

(Création Judith Krüttli, Rosaly's Bar, Zürich 1996) fruchtiger Longdrink für jede Gelegenheit

✦ Longdrinkglas ✦ Shaker

- ✦ 2 cl Wodka Citron
- ✦ 1 cl Curaçao red
- ✦ 3 cl Coco-Passion-Liqueur
- ✦ 1 cl Zitronensaft
- ✦ 13 cl Orangen-Maracuja-Saft
- ✦ 6–8 Eiswürfel

Dekoration:

- ✦ 3 Ananasblätter
- ✦ 1 Kumquat
- ✦ ½ Cocktailkirsche

Alle Zutaten im Shaker mit 3 bis 4 Eiswürfeln schütteln. Durch das Barsieb in das mit 3 bis 4 Eiswürfeln gefüllte Longdrinkglas seihen. Ananasblätter, Kumquat und Kirsche am Sticker über den Glasrand legen. Mit Trinkhalm servieren.

Cape Codder

erfrischender Longdrink für heiße Tage

✦ mittelgroßer Tumbler
✦ Gästeglas

- ✦ 3–4 Eiswürfel
- ✦ 4 cl Wodka
- ✦ 10 cl Cranberry Juice

Außerdem:

- ✦ 1 Limettenspalte

Die Eiswürfel in den Tumbler legen. Den Wodka und den Cranberry Juice darüber gießen. Den Drink mit der Limettenspalte abspritzen, diese ins Glas geben und den Drink umrühren.

Sex on the Beach

lieblicher Longdrink für die Sommerparty

✦ Longdrinkglas ✦ Shaker

- ✦ 6–8 Eiswürfel
- ✦ 2 cl Wodka
- ✦ 2 cl Peach Liqueur
- ✦ 8 cl Cranberry Juice
- ✦ 8 cl Orangensaft

3 bis 4 Eiswürfel in das Longdrinkglas geben. Die übrigen Zutaten im Shaker zusammen mit 3 bis 4 Eiswürfeln gut schütteln und durch das Barsieb ins Glas seihen.

MARANELLO

(Création Peter Roth, Kronenhalle-Bar, Zürich 1998)
würziger Drink (Aperitif)

✦ kleiner Tumbler ✦ Shaker

- ✦ 4 cl Wodka
- ✦ 2 cl Zitronensaft
- ✦ 1 cl Aceto Balsamico
- ✦ 2 TL Zucker
- ✦ 1 frisches Eiweiß
- ✦ 4–6 Eiswürfel

Alle Zutaten im Shaker zusammen mit den Eiswürfeln schütteln und mit dem Eis in den Tumbler gießen.

COSMOPOLITAN

ausgewogener Shortdrink (Aperitif)

✦ kleiner Tumbler ✦ Shaker

- ✦ 3 cl Wodka Citron
- ✦ 1 cl Cointreau
- ✦ 1 cl frisch gepresster Limettensaft
- ✦ 2 cl Cranberry Juice
- ✦ 6–8 Eiswürfel

Alle Zutaten im Shaker zusammen mit 3 bis 4 Eiswürfeln kräftig schütteln. Durch das Barsieb in den mit 3 bis 4 Eiswürfeln gefüllten Tumbler seihen.

FRESH UP

(Création Hildegard Müllner, Kronenhalle-Bar, Zürich 1997)
leicht-bitterer Longdrink (Aperitif)

✦ Longdrinkglas ✦ Gästeglas

- ✦ 4 Eiswürfel
- ✦ 3 cl Gin
- ✦ 1,5 cl Martini-Bitter
- ✦ 1,5 cl Vermouth rosso
- ✦ 14 cl Tonic water
- ✦ 1 Spritzer Bénédictine (Kräuterlikör)

Dekoration:

- ✦ 1 Orangenscheibe
- ✦ 1 Zitronenscheibe

Zuerst die Eiswürfel in das Longdrinkglas legen. Gin, Martini-Bitter und Vermouth darüber gießen, mit Tonic water auffüllen und umrühren. 1 Spritzer Bénédictine über den Drink geben. Die Fruchtscheiben an den Glasrand stecken. Mit einem Trinkhalm servieren.

▶ *Fresh up (o.), Maranello (u.)*

Facts

(Création Peter Roth, Kronenhalle-Bar, Zürich 1998)
fruchtiger Longdrink für jede Gelegenheit

✦ Longdrinkglas ✦ Shaker

✦ 3 cl Gin
✦ 1 cl Peach Liqueur
✦ 1 cl Curaçao red
✦ 1 cl Galliano
✦ 12 cl Orangen-Maracuja-Saft
✦ 6–8 Eiswürfel

Dekoration:

✦ 2 Pfefferminzblätter
✦ 1 Erdbeere

Alle Zutaten im Shaker zusammen mit 3 bis 4 Eiswürfeln schütteln und durch das Barsieb in das Longdrinkglas seihen. 3 bis 4 Eiswürfel dazugeben. Die Pfefferminzblätter und die Erdbeere am langen Sticker ins Glas geben. Mit einem Trinkhalm servieren.

Greyhound

zartbitterer Longdrink für jede Jahreszeit

✦ mittelgroßer Tumbler
✦ Gästeglas

✦ 3–4 Eiswürfel
✦ 4 cl Wodka
✦ 10 cl Grapefruitsaft

Die Eiswürfel in den Tumbler geben. Wodka und Grapefruitsaft darüber gießen und umrühren.

Sierra Madre

(Création Peter Roth, Kronenhalle-Bar, Zürich 1996)
exotischer Longdrink für die Sommerparty

✦ Longdrinkglas ✦ Shaker

✦ 3 cl weißer Rum
✦ 2 cl Curaçao Triple sec
✦ 1 cl Amaretto
✦ 3 cl Ananassaft
✦ 10 cl Maracujasaft
✦ 6–8 Eiswürfel

Dekoration:

✦ 1 Orangenschalenspirale
✦ 1 Cocktailkirsche
✦ 2 Pfefferminzblätter

Alle Zutaten im Shaker mit 3 bis 4 Eiswürfeln schütteln und durch das Barsieb in das mit 3 bis 4 Eiswürfeln gefüllte Longdrinkglas seihen. Die Orangenspirale um die Kirsche wickeln und so eine Rose formen. Zusammen mit den Minzblättern am Sticker über den Glasrand legen. Mit einem Trinkhalm servieren.

Facts (li.), Halfpipe (re.)

Halfpipe

(Création Peter Roth, Kronenhalle-Bar, Zürich 1998) erfrischender Longdrink

✦ Longdrinkglas ✦ Gästeglas

✦ 4–5 Eiswürfel
✦ 4 cl brauner Rum
✦ 1 cl Rose's Lime Juice
✦ 1 Spritzer frisch gepresster Limettensaft
✦ 15 cl Tonic water

Dekoration:

✦ 1 Limettenscheibe
✦ 1 Cocktailkirsche

Die Eiswürfel in das Longdrinkglas geben. Die restlichen Zutaten darüber gießen und umrühren. Die Früchte ins Glas geben.

Nektar

(Création Peter Roth, Kronenhalle-Bar, Zürich 1990) fruchtiger Champagnercocktail für jede Gelegenheit

✦ Champagnerkelch ✦ Shaker

✦ 2 cl Pfirsichlikör
✦ 1 cl Maracujalikör
✦ 5 cl Aprikosennektar
✦ 5–6 Eiswürfel
✦ 7 cl gut gekühlter Champagner

Alle Zutaten außer Champagner im Shaker mit den Eiswürfeln kurz und kräftig schütteln. Durch das Barsieb in den gekühlten Champagnerkelch seihen. Mit Champagner auffüllen und leicht umrühren.

Blue Ocean

(Création Peter Roth, Kronenhalle-Bar, Zürich 1991) ausgzeichneter Champagnercocktail für die schönen Seiten des Alltags

✦ Champagnerkelch
✦ Rührglas

✦ 1 cl Grand Marnier
✦ 1 cl Pfirsichlikör
✦ 7–8 Eiswürfel
✦ 12 cl gut gekühlter Champagner
✦ 2 Spritzer Curaçao blue

Dekoration:

✦ 1 Karambolenscheibe
✦ 1 Brombeere

Den Grand Marnier und den Pfirsichlikör zusammen mit den Eiswürfeln im Rührglas verrühren. Durch das Barsieb in den gekühlten Champagnerkelch seihen. Mit Champagner auffüllen, leicht umrühren und den Curaçao blue darüber geben. Die Karambolenscheiben an den Glasrand stecken und die Brombeere mit einem Sticker an der Fruchtscheibe befestigen.

Mephisto

(Création Susanne Seewer, Kronenhalle-Bar, Zürich 1994) aromatischer Champagnercocktail für jede Jahreszeit

✦ Champagnerkelch
✦ Rührglas

✦ 1,5 cl Himbeerlikör
✦ 1,5 cl Grand Marnier
✦ 2 Spritzer Angostura-Bitter
✦ 7–8 Eiswürfel
✦ 12 cl Champagner

Dekoration:

✦ 4–5 blaue Weintrauben

Alle Zutaten außer Champagner im Rührglas zusammen mit den Eiswürfeln verrühren und durch das Barsieb in den gekühlten Champagnerkelch seihen. Mit Champagner auffüllen und leicht umrühren. Die blauen Weintrauben über den Glasrand legen.

Keep Cool

(Création Oliver Brand, Kronenhalle-Bar, Zürich 1996) erfrischender Longdrink für heiße Tage

✦ Longdrinkglas ✦ Gästeglas

✦ 3–4 EL zerstoßenes Eis
✦ 4 cl Berentzen Appel
✦ 6 cl Cranberry Juice
✦ 5 cl trockener Weißwein

Das Longdrinkglas mit dem zerstoßenen Eis füllen. Die Zutaten darüber gießen und umrühren. Mit einem Trinkhalm servieren.

Frangi

(Création Michèle Galmarini, Barfachschule Kaltenbach, Zürich 1990)
cremiger Shortdrink

✦ Cocktailglas ✦ Shaker

✦ 2 cl Haselnusslikör Frangelico
✦ 2 cl Crème de Cacao braun
✦ 2 cl Sahne
✦ 5–6 Eiswürfel

Alle Zutaten im Shaker zusammen mit den Eiswürfeln kurz und kräftig schütteln. Durch das Barsieb in das gekühlte Cocktailglas seihen.

Kingston

(Création Rüdiger Schmid, Deutschland 1996)
lieblicher Longdrink

✦ Longdrinkglas ✦ Shaker

✦ 3 cl Malibu
✦ 2 cl Apricot Brandy
✦ 2 cl Erdbeersirup
✦ 2 cl Sahne
✦ 8 cl Maracujasaft
✦ 6–8 Eiswürfel

Dekoration:

✦ 1 Physalis (Kapstachelbeere)
✦ 1 Johannisbeerrispe

Alle Zutaten im Shaker zusammen mit 3 bis 4 Eiswürfeln schütteln und durch das Barsieb in das mit 3 bis 4 Eiswürfeln gefüllte Longdrinkglas seihen. Die Physalis an den Glasrand stecken, die Johannisbeeren an der Physalis anhängen.

Blind Date

(Création Karin Beck, Kronenhalle-Bar, Zürich 1998)
fruchtiger Longdrink

✦ Longdrinkglas ✦ Shaker

✦ 3 cl Cachaça
✦ 2 cl Lychee Liqueur
✦ 4 cl Orangensaft
✦ 10 cl Ananassaft
✦ 1 cl Himbeersirup
✦ 6–8 Eiswürfel

Dekoration:

✦ 1 Ananasspalte

Alle Zutaten im Shaker zusammen mit 3 bis 4 Eiswürfeln gut schütteln und durch das Barsieb in das Longdrinkglas seihen. 3 bis 4 Eiswürfel dazugeben. Die Ananasspalte an den Glasrand stecken. Mit einem Trinkhalm servieren.

Diamant

(Création Peter Roth, Kronenhalle-Bar, Zürich 1998)
halbtrockener Weincocktail

✦ Weißweinglas ✦ Gästeglas

✦ 1 cl Holundersirup
✦ 10 cl gut gekühlter, trockener Bio-Weißwein
✦ 5 cl eiskalte Zitronenlimonade

Dekoration:

✦ 1 Zitronenscheibe

Die Zutaten in das gekühlte Weinglas gießen und mit einem Barlöffel umrühren. Die Zitronenscheibe an den Glasrand stecken.

Kleine Mixkunde

Barutensilien

Das Mixen verschiedener Getränkesorten mit Eis zu einem wahrhaft schmackhaften Cocktail bedarf einiger Geräte. Das erfordert zwar eine gewisse „Investitionsbereitschaft“, doch besitzt man die Geräte in der Regel ein ganzes Leben lang. Mit Ausnahme der Gläser natürlich, aber wenn sie mal in Brüche gehen, bringen sie immer Glück.

Symbol für die Bar schlechthin sind zwei Utensilien: Der Shaker und das Cocktailglas, und zu beiden gibt es eine Vielzahl von Varianten und Geräten, die wir Ihnen im Folgenden vorstellen möchten.

Der **Shaker** bezeichnet zu Deutsch nichts weniger als einen Schüttelbecher, in dem mit Eiswürfeln verschiedene Flüssigkeiten – Spirituosen, Sirupe, Liköre, Eigelb, Eiweiß, Sahne etc. – „geschüttelt“ werden. Gebräuchlich in Bars rund um die Welt sind der Boston-Shaker und der so genannte zweiteilige Shaker. Der Boston-Shaker besteht aus einem Edelstahlgefäß, in das man die Zutaten für den Cocktail gibt, und einem Aufsatz aus Glas, in den man in der Regel den gemixten Drink gleich umgießt. Der zweiteilige Shaker besteht komplett aus Edelstahl.

Damit die Drinks ohne Rückstände von Früchten oder Eiswürfeln ins Gästeglas umgegossen werden können, bedient sich der Bartender eines **Barsiebes**. Dieses Sieb, im Englischen auch Strainer genannt, besteht aus einer runden Platte aus rostfreiem Stahl mit einem spiralfederartigen Rand, der genau in den Shaker oder ins Rührglas passt, und einem Griff. Diesen Vorgang nennt man <u>abseihen</u>. Natürlich gibt es auch **Shaker mit integriertem Barsieb**. Ihre Verwendung ist aber weniger zu empfehlen, weil zum einen die Flüssigkeit im Shaker durch eine nur kleine Öffnung langsam ins Glas läuft, und weil sich zum anderen dieser Shaker nur schwerlich reinigen lässt. Es dauert dann immer ziemlich lange, bis der geübte wie ungeübte Barkeeper wieder einen neuen Cocktail mixen kann – und auf seinen Lieblingscocktail soll man eines nicht: warten müssen.

Weil nicht alle Cocktails im Shaker zubereitet werden, besitzt der Barkeeper außerdem ein **Rührglas** mit einem minimalen Fassungsvermögen von ½ l. Damit lassen sich spielend bis zu vier Drinks gleichzeitig rühren. Worauf beim Einkauf eines Rührglases zu achten ist: Die Öffnung sollte oben nicht zu groß sein, damit das Barsieb die Öffnung gut verschließt und nicht unfreiwillig unerwünschte Eiswürfel ins Gästeglas purzeln können. Kleiner Tipp beim Verwenden beider Grundgeräte für die Bar: Bevor die flüssigen Zutaten für den Cocktail eingefüllt werden, nochmals mit dem Strainer überflüssiges Eiswasser (auch wenn es nur wenige Tropfen sind) ausgießen, denn meistens werden zunächst Eiswürfel in den Shaker oder ins Rührglas gegeben. Darum unbedingt darauf achten, dass die Eiswürfel nicht in Eiswasser schwimmen, weil das den Cocktail verwässert.

Übrigens: Rührglas und Shaker sollten nach jedem Cocktail unter klarem Wasser gespült und das Eis weggeschüttet werden – für jeden neuen Cocktail immer frisches Eis verwenden.

Ein **Barlöffel** gehört zwingend zum Rührglas, weil sich damit die Zutaten gut verrühren lassen. Er kann aus Stahl oder Silber sein, sollte aber immer einen langen Stiel haben, damit die Hände nicht mit dem Cocktail in Berührung kommen. Es gibt verschiedene Größen von Barlöffeln. Soll der Barlöffel auch als Messlöffel dienen, muss er die gleiche Menge fassen wie ein Teelöffel, also etwa 5 g oder 0,5 cl Flüssigkeit.

Cocktails sind eine „genaue Wissenschaft“, und deshalb gehört ein **Messglas** oder ein **Messbecher** zwingend in jede Bar. Es gibt kein „ungefähr“ beim Cocktail – sonst müssten die Rezepte nicht alle auf jeden cl genau geschrieben werden. Perfekte Drinks verlangen eine perfekte Abmessung der angegebenen Zutaten. Diese Becher, im Englischen auch Jigger genannt, sind in der Regel aus Edelstahl und haben auf der einen Seite eine Einteilung für 2 cl, auf der anderen für 4 cl. Natürlich würden es auch Messgläser mit cl-Maßeinheit genauso tun, aber der wirkliche Profi verlässt sich nun mal am liebsten auf die Geräte, mit denen er das Abc des Mixens korrekt erlernt hat.

Ein **Mixer mit Messervorsatz** ist schließlich ein ebenso hilfreicher wie unersetzlicher Gehilfe bei der Zubereitung von frozen Drinks wie etwa einem „Frozen Daiquiri“, bei denen Eis mit Spirituosen und Säften zu einem schmackhaften Cocktail gemixt werden. Aber auch für Drinks, bei denen frische Früchte püriert werden müssen, nimmt man ihn. Den **„normalen“ Mixer (ohne Messervorsatz)** verwendet man bei Drinks, deren Zutaten (z.B. Eier und Sahne) sich nur schwer mischen lassen.

Das wichtigste Utensil bleibt zunächst aber das **Eisgefäß** zum Aufbewahren von Eiswürfeln oder geschabtem und zerstoßenem Eis. Beide Eissorten müssen überdies immer getrennt in Gefäßen bereit stehen. Bei Cocktailparties und anderen Veranstaltungen, bei denen mehr als 4 oder 6 Gäste bewirtet werden sollen, benötigt man mehrere Eisgefäße und entsprechend viel Eis; 3 oder 4 Dry Martinis leeren spielend ein Eisgefäß für den Hausgebrauch – man sehe sich vor!

Dekorationen für die verschiedenen Drinks werden in der Regel frisch zubereitet. Dazu benötigen Sie ein **Schneidebrett** und ein **Früchtemesser**. Das Brett sollte wirklich nur zum Schneiden von Früchten dienen. Wer eine Olive oder eine Silberzwiebel für einen Dry Martini kunstvoll

auf einen **Sticker** (ein Spießchen) stecken will, sollte ein anderes Brettchen nehmen. Unerträglich die Vorstellung, ein Mint Julep schmecke nach dem Konservierungswasser von Silberzwiebeln. Auch hier gilt – man sehe sich vor!
Schließlich braucht man eine gute Anzahl an **Trinkhalmen** in der Bar, die vor allem für Longdrinks Verwendung finden. Aber auch für Trenddrinks wie Caipirinha benötigt man Trinkhalme, die dann in der Länge halbiert werden, weil der „Powerdrink" der Jugend im kleinen Tumbler serviert wird. Halbieren Sie die Halme am besten auf dem Früchtebrett.
Wer schließlich seine Cocktails auf **Servietten** serviert, verrät, dass er ein stilvoller Gastgeber und zudem um sein Mobiliar besorgt ist: Frisch servierte Drinks besitzen die angenehme Eigenschaft sofort zu kühlen, und das „Kondenswasser" am Äußeren des Glases tröpfelt bedenkenlos auf die saugfähige Unterlage.
Und was in der Bar natürlich auch nicht fehlen darf, sind **Dosenöffner, Korkenzieher, Flaschenöffner, Sektkühler** und **Zitruspresse**. Alles Dinge, die man meist sowieso schon im Küchenschrank hat.

Gläser

So wie es für jede Stunde des Tages den adäquaten Cocktail gibt, so viele Gläser stehen dem Barkeeper für die unzählig vielen Drinks zur Verfügung. Ganz wichtig: Es kommen nur absolut saubere Gläser in Frage. Die **Cocktailschale** bzw. das **Cocktailglas** zählen zu den Klassikern. Es sind hochstielige, kelchförmige Gläser mit in der Regel dünner Glaswand, die 10 cl (großes Cocktailglas) fassen und sich für klare, gerührte Cocktails, halbtrockene Apéritifs und Digestifs eignen. Je dünnwandiger sie sind, desto besser eignen sie sich zum Vorkühlen im Tiefkühlfach

oder im Kühlschrank, was vor allem im Sommer und wenn viele Gäste auftauchen, von Vorteil sein kann. Zur Grundausstattung einer Bar gehören ferner **Tumbler** in verschiedenen Größen. Eigentlich heißen sie auf Deutsch ganz profan Bechergläser. Man unterscheidet zwischen einem kleinen Tumbler (ca. 16 cl Fassungsvermögen) und einem mittelgroßen (ca. 20 cl). Zu dieser Gläsersorte zählt man auch noch das **Old-fashioned-Glas**, in das man nicht nur den Drink gleichen Namens gießt; es eignet sich für alle Getränke, die „on the rocks" serviert werden, also zum Beispiel Whisky – aber keine Single Malts, bewahre! Dazu verwendet man ein Sherryglas in Tulpenform, um die Aromen dieser Malzwhiskies besser zur Entfaltung zu bringen.
Ob man nun exotische Drinks lieber in einem Longdrinkglas – auch **Highball-Glas** genannt – oder in einem **Ballonglas** serviert, ist pure Geschmackssache. Cocktails auf Champagnerbasis gehören aber zwingend in ein **Champagnerglas** oder in einen **Champagnerkelch**, auch Flûte oder Champagner-Cocktailglas genannt. Tatsache ist ferner, dass sich das Champagner-Cocktailglas wie auch das Ballonglas für Crustas, Drinks mit einem Zucker- oder Salzrand, eignen. Dass Weiß- und Rotweine in die entsprechenden Gläser gehören, versteht sich von selbst. Auch Süd- und Dessertweine sowie Weinbrände fühlen sich in den Gläsern am wohlsten, aus denen sie seit Menschengedenken getrunken werden. Für Bowlen benötigen Sie ein **Bowlengefäß** und **Bowlengläser**; für heiße Getränke **hitzebeständige Gläser**. Shooters werden im so genannten **Shotglas** serviert. Dieser kleine Tumbler fasst ungefähr 5 cl.

Mixen wie ein Profi

Zubereitung im Shaker

Schwer mischbare Zutaten, wie Fruchtsäfte, Sirup, Likör, Milch und Eier, werden im Shaker mit Spirituosen vermischt. Zunächst gibt man Eiswürfel in den Shaker – immer mit einem Löffel oder einer Zange, nie mit den Händen – und seiht erst einmal das Schmelzwasser mit Hilfe eines Barsiebs ab. Inzwischen stellt man, wenn das Cocktailrezept ein vorgekühltes Glas verlangt, dieses kühl, indem man es mit Eiswürfeln füllt (die man natürlich wieder ausgießt, bevor das Glas mit dem Cocktail gefüllt wird). Nun werden alle Zutaten in den Shaker gefüllt und dieser gut verschlossen. Den Shaker in beide Hände nehmen und kurz und sehr kräftig (etwa 10 Sekunden lang) schütteln – der Cocktail soll „geweckt" und nicht in Schlaf gewiegt werden. Drinks mit „schweren" Zutaten, wie Eigelb oder Zucker, dürfen ruhig noch ein wenig länger geschüttelt werden. Danach den Shaker öffnen, das Barsieb ansetzen und den Cocktail rasch ins vorgesehene Glas gießen. Ein perfekt geschüttelter Cocktail sieht zunächst trübe aus, klärt sich dann aber von unten nach oben auf.

Zubereitung im Rührglas

Drinks, die im Rührglas zubereitet werden, verlangen die gleiche Handhabung wie die aus dem Shaker: Eiswürfel ins Glas, kurz schwenken, Eiswasser abseihen, Zutaten nach Rezept eingießen. Danach alles mit dem Barlöffel rasch und kräftig verrühren, indem man eine kreisförmige Handbewegung macht und so die Eiswürfel mit den Zutaten von oben nach unten und umgekehrt durchmischt. Wenn mehr als ein Drink im Rührglas gemixt wird, muss entsprechend mehr Eis verwendet werden.

Zubereitung im Gästeglas

Bei der Zubereitung im Gästeglas gibt man die Eiswürfel genau nach Rezept ins Glas, misst die Zutaten ab und gießt sie dazu. Im Gegensatz zum Rührglas werden Eiswürfel und Zutaten vorsichtig mit einem Barlöffel gerührt.

Zubereitung im Mixer

Eis und Zutaten genau nach Rezept einfüllen, den Deckel auf den Mixer setzen und diesen auf der schnellsten Stufe 10 Sekunden laufen lassen. Dann auf die nächst langsamere Stufe stellen und nochmals 10 Sekunden laufen lassen. Ins Glas gießen.

Abspritzen mit Zitrusschale

Das Aromatisieren mit einer Zitronen- oder Orangenschale verlangt nach sauber gewaschenen Zitrusfrüchten. Man schneidet ein kleines, rundes Stück Schale (ohne Fruchtfleisch) aus, klemmt es über dem Drink zwischen Daumen und Zeigefinger und spritzt die in der Schale enthaltenen ätherischen Öle in den Drink. Oder, was je nach Zubereitung erwünscht sein kann: Man fährt mit der Schale den Glasrand entlang.

Literatur (eine Auswahl)

Barnaby Conrad III: Absinthe, history in a bottle. Chronicle Books, San Francisco, 1988

Barr, Andrew: Drink, an informal social history. Bantam Books, London, 1995

Bohrmann, Peter: FALKEN Mixbuch – 1444 Rezepte mit und ohne Alkohol. FALKEN Verlag, Niedernhausen, 1993

Brenner, Leslie: The art of the cocktail party. The complete guide to sophisticated entertaining including 130 hors d'œuvre, canapé and drink recipes. Penguin Books, 1994

Chayette, Hervé, Weill, Alain: Les Cocktails. Editions Nathan, Paris, 1988

Cipriani, Arrigo: Harry's Bar – Eine venezianische Legende. Stories, Drinks und Rezepte. W. Heyne Verlag, München, 1997

Crockett, Albert Stevens: The old Waldorf Astoria Bar Book. Dodd, Mead and Company, New York, 1934

Goodwin, Donald, W.: Alkohol und Autor. Edition Epoca, Zürich, 1995

Grimes, Williams: Straight up or on the rocks – a cultural history of american drink. Simon & Schuster, New York, 1993

Hagen, Jan G. van: The Bols Book of Cocktails. Toucan Books Limited, London, 1992

Harrington, Paul: Cocktail – The Drinks bible for the 21st Century. Viking (Penguin Group), 1998

Johnson, Harry: New and improved illustrated Bartender's Manual. Eigenverlag, New York, 1888

Literarische Streifzüge durch Kneipen, Cafés und Bars, Anthologie. Ars vivendi Verlag, 1994

Nüesch, Paul: Zu Gast in der Kronenhalle Bar. Hallwag Verlag, Bern, 1981

Roth, Peter: Cocktails aus aller Welt. FALKEN Verlag, Niedernhausen, 1997

Satke, Michael (Hrsg.): Mythos Bar. MS Verlag, Wien, 1992

Schivelbusch, Wolfgang: Das Paradies, der Geschmack und die Vernunft; eine Geschichte der Genussmittel. S. Fischer Verlag, Frankfurt am Main, 1990

Townsend, Jack: The Bartender's Book. The Viking Press, New York, 1951

Trager, James: The Food Chronology. Henry Holt Reference Books, New York, 1995

REZEPTVERZEICHNIS

A

Adonis 73
Affinity 73
Alaska 68
Aleluja 269
Alexander 106
Alexander's Sister 104
Alexandra 104
Alfonso 95
Amaretto Sour 226
A.M.B.A. 231
Amer Georges 160
American Beauty 171
Americano 96
Ananasbowle 293
Angel Face 68
Angel's Kiss 126
Anisette Frappé 130
Apasionado 331
Apotheke 238
Apple Jack Toddy 165
Apricot Cooler 62
Apricot Sour 224
Argentine Julep 171
Austrian Friendship 303
Autumn Leaf 160

B

B-52 330
Bacardi Cocktail 140
Baltimore Egg-Nogg 33
Bamboo 74
Banana Bliss 270
Banana Daiquiri 260
Banana Margarita 258
B and B 171
Batida Mango 300
Batida Papaya 300
Be Careful 203
Bellini 163
Bénédictine Frappé 130
Bentley 72
Bernice 200
Between the Sheets 69
Bijou 39
Black Mary 160
Black Russian 235
Black Velvet 95
Blanche 172
Blind Date 337
Bloody Bull 235
Bloody Mary 108
Blue Bird 167
Blue Hawaiian 166
Blue Lady 236
Blue Lagoon (Longdrink) 232
Blue Lagoon (Shortdrink) 234
Blue Margarita 259
Blue Moon 295
Blue Ocean 336
Bobby Burns 136
Bombay 138
Bora Bora 294
Bourbon Highball 132
Brandy Cobbler 94
Brandy Crusta 64
Brandy Egg-Nogg (kalt) 33
Brandy Egg-Nogg (warm) 34
Brandy Fix 69
Brandy Fizz 26
Brandy Flip 34
Brandy Julep 36
Brandy Sour 30
Bronx 68
Brooklyn 72

Buchs Fizz 130
Bull Shot 234

✦ C ✦

Café Paggi 271
Caipirinha 300
Caipiroska 301
California Sour 31
Campari Orange 172
Campari Shakerato 302
Cape Codder 331
Cardicas 197
Cardinale 168
Caribbean Coffee 228
Carin 198
Carissima 262
Carla 322
Caruso 100
Cassis-Kirsch 139
Cavallino 236
Champagne Cocktail 95
Champagner Flip 36
Champion 228
Charlie Chaplin 136
Chi Chi 166
Churchill 172
Clamato 235
Claret Punch 62
Claridge 100
Clover Club 68
Coco-Banana 263
Coco-La 262
Conca d'Oro 197
Corpse Reviver No. 1 140
Cosmopolitan 332
Courage 294
Creativity 302
Crème de Cassis Frappé 132
Crème de Menthe Frappé 130
Cristal 293
Cuba Libre 167
Cubanito 192
Cuban Manhattan 192

✦ D ✦

Daiquiri 194
Dandy 73
Deauville 69
Debutante 326
Diabolo 139
Diamant 337
Dome 134
Dreierlei 232
Dry Manhattan 65
Dry Martini 37
Dubonnet Cocktail 97
Dubonnet Fizz 29
Duchess 73

✦ E ✦

East India 71
Egg Sour 30
El Diabolo 270
Elisa 267
El Presidente 172
Energy-Cocktail 324
Erdbeerbowle 290
Eva 138

✦ F ✦

Facts 334
Fairy Belle 98
Fallen Angel 98
Festa 294
Festrus 268
Feuerzangenbowle 161
Fifth Avenue 330
Fifty-Fifty 98
First Love 140
Flamingo 192
Florida 133
Florida Sling 60
Florida Special 190

Floridita Frozen Daiquiri 195
Flying Dutchman 139
Flying Kangaroo 263
Flying Scotchman 137
Frangi 337
Freddy Fudpucker 270
French 75 96
French Coffee 227
French Connection 271
French Pousse-Café 126
Fresh up 332
Frisco Sour 30
Frozen Daiquiri 195
Frozen Margarita 258

G

Galliano Hot Shot 330
Garibaldi 172
Gespritzer 158
Gibson 39
Gimlet 103
Gin and French 134
Gin and It 39
Gin Daisy 40
Gin Fizz 26
Gin Rickey 40
Gin Sling 60
Gin Sour 31
Glögg 164
Gloria 266
Glühwein 163
God Father 272
God Mother 271
Golden Cadillac 204
Golden Dream 204
Golden Fizz 28
Golden Tear 326
Grand Marnier Sour 226
Grashopper 140
Green Hope 267
Greta Garbo 191
Greyhound 334

H

Halfpipe 335
Happy Driver 325
Happy Night 295
Harmony 302
Harry's Pick-me-up 95
Harvard 69
Harvard Cooler 62
Harvey Wallbanger 235
Havana Loco 191
Havana Side-Car 192
Havana Special 191
Hawaiian 66
Hawaiian Cooler 167
Hemingway 129
Hemingway Special 190
Highland Cooler 63
Honeymoon 71
Honolulu 66
Horse's Neck 132
Hot-Milk-Punch 165
Hurricane 196

I

IBU-Cocktail 129
Ice-Coffee Amaretto 304
Imperial 101
Ines 295
Irish Coffee 226
Irish Punch 164
Italian Coffee 227
Italien Pousse-Café 126
Izcaraqua 296

J

Jack Rose 71
Joe Collins 200
John Collins 32
Journaliste 101
Juanita 264

✦ K ✦

Kalte Ente 161
Kamikaze 330
Keep Cool 336
King Alfonso 126
Kingston 337
Kir 158
Kir Imperial 264
Kir Royal 264
Knickerbocker 101
Knock Out 168
Kronenhalle Fizz 236
Kronenhalle Spezial 237

✦ L ✦

L'Abassadeur 203
Lady Finger 168
Ladykiller 298
Lady Lyssa 272
Latin Lover 300
Leap Frog 133
Leave it to me 101
Lemon Squash 232
Lena 266
Liberty 71
Lilac Cooler 204
Limettenbowle 291
London Fog 74
Long Island Ice Tea 303
Lumumba 271

✦ M ✦

Magic Star 299
Mai Tai 165
Mallorca 231
Manager-Drink 301
Mandarin Punsch 197
Manhattan 64
Mar del Plata 230
Maranello 332
Margarita 258
Mary Pickford 106
Medium Manhattan 64
Medium Martini 39
Melon 98
Mephisto 336
Messicano 327
Mexican Coffee 228
Mikado 138
Milky Way 329
Million Dollar 66
Mimosa 130
Mint Julep 37
Mojito 190
Mon Petit 301
Monte Carlo Imperial 66
Moonlight 296
Morning Glory Fizz 29
Moscow Mule 167
Mulata 191

✦ N ✦

Napoleone 158
Negroni 97
Nektar 335
New 1920 105
New Orleans Fizz 29
New York 137
Nikolaschka 108
Normandie Coffee 228

✦ O ✦

Ohio 127
Old Fashioned 72
Old Pal 105
Old Trip 97
Olé 299
Olympia 229
Olympic 105
Omnibus 139
Opera 103

Orange Blossom 168
Orange Fizz 28
Orange Punch 165
Orgeat Fizz 133
Oriental 105
Orient Express 294

P

Paddy Cocktail 137
Panaché 161
Paradise 103
Parisian 103
Passat 266
Passione 329
Peach Daiquiri 260
Pedro Collins 32
Perfect Manhattan 64
Perfect Martini 39
Perroquet 170
Perry Spezial 304
Petite Fleur 197
Petrifier 238
Pierino 304
Pierre Collins 33
Pimm's No. 1 238
Piña Colada 263
Pineapple Fizz 28
Pineapple Margarita 258
Pink Gin 97
Pink Lady 100
Pink Palace 166
Pink Rose 170
Pisco Punsch 196
Pisco Sour 224
Planter's Punch 62
Planteur 322
Porsche 264
Porto Flip 34
Port Wine Cobbler 94
Pousse-Café
Van Gogh 127
Prairie Oyster 74
Presidente 190
Prince of Wales 129
Pussy Foot 133

Q

Queen Mary 134

R

Radler 161
Ramcooler 267
Raquel 325
Red Hope 328
Red Velvet 201
Rheingold 296
Roberta 230
Rob Roy 65
Robson 108
Rolls Royce 104
Rose 74
Rossini 163
Royal Cocktail 40
Royal Fizz 28
Royal Temptation 327
Rüdesheimer Kaffee 227
Rum Cooler 63
Rum Egg-Nogg 33
Rum Fizz 26
Rum Highball 132
Rum Manhattan 192
Rum Sour 30
Rum Toddy 37
Rusty Nail 204

S

Salto mortale 301
Salty Dog 234
Samba 302
Sandy 161
Sandy Gaff 160
Sangria 291

Saoco 194
Saronno Sour 226
Saskia 200
Scotch Manhattan 65
Scotch Mist 137
Scotch Toddy 37
Screwdriver 198
Sea Breeze 331
Sex on the Beach 331
Shanghai 106
Sherry Cobbler 94
Sherry Cocktail 108
Sherry Flip 34
Shirley Temple 231
Side-car 106
Sierra Madre 334
Silver Fizz 26
Singapore Sling 60
Snowball 237
Southern Comfort Sour 226
Sportsman 232
Star 72
Stinger 138
Strawberry Daiquiri 260
Strawberry Margarita 259
Suissesse 170
Sunny Dream 268
Sweetheart 328
Sweet Martini 39
Sweet Memories 229
Swimming Pool 262
Swiss Coffee 227

✦ T ✦

Tabu 322
Temptation 324
Tequila Sour 224
Tequila Sunrise 269
Tequini 269
Testa Rossa 293
Tiziano 163
Tomate 170
Tom Boy 160
Tom Collins 32
Tuttosi 231

✦ V ✦

Valencia 171
Vampiro 270
Vienna Girl 203
Violetta 298
Virgin Mary 134
Vodkatini 198

✦ W ✦

Waikiki Beachcomber 166
Waldmeisterbowle 290
Wedding Belle 104
West Indian Punsch 196
Whiskey Sour 29
Whisky Collins 32
Whisky Crusta 63
White Lady 100
White Russian 236
White Spider 272
Wine Cooler 158
Wodka Fizz 198
Wodka Gibson 200
Wodka Gimlet 201
Wodka Sour 224
Wonder Night 203
Wyborowina 272

✦ Y ✦

Yellow Bird 196

✦ Z ✦

Zaza 97
Zombie 195

Danksagung
Die Autoren Peter Roth und Carlo Bernasconi danken Harry Schraemli jr./Gastropress und Hans Surber für die Unterstützung und Förderung des vorliegenden Buches. Ein besonderer Dank gilt Walter Trachsler, Zürich, für seine aufbauende Kritik, sein unbestechliches Lektorat, seine historischen Recherchen und sein profundes Wissen über Historie und Gegenwart der Mixologie.

Im FALKEN Verlag sind zahlreiche Titel zum Thema „Essen und Trinken" erschienen.
Sie erhalten sie überall dort, wo es Bücher gibt.

Sie finden uns im Internet: **www.falken.de**

Dieses Buch wurde auf chlorfrei gebleichtem und säurefreiem Papier gedruckt.

Der Text dieses Buches entspricht den Regeln der neuen deutschen Rechtschreibung.

ISBN 3 8068 7426 3

Umschlaggestaltung: Peter Udo Pinzer
Layout: Petra Minn, Mainz
Lektorat: Sabine Lemb, Flörsheim/Main und BOOKS & MORE, Monika Zilliken, Wiesbaden
Redaktion: Birgit Wenderoth
Bildbeschaffung: Dr. Ruth Leners
Herstellung: Wilfried Sindt
Rezeptfotos: TLC-Foto-Studio GmbH, Velen-Ramsdorf
Weitere Fotos im Innenteil:
AKG, Berlin: S. 25 (Werner Zehme), 77 (AP), 117 (© Mondrian/Holtzman Trust, c/o Beeldrecht, Amsterdam, Holland/VG Bild-Kunst, Bonn 1998), 157 (© The Art Institute of Chicago), 15, 48, 59, 77, 86, 112, 187 u. 207 (ohne Nennung); **Bilderberg,** Hamburg: S. 124 (Milan Horacek); **IFA Bilderteam,** Frankfurt: S. 5, 253 (Diaf.) u. 319 (TPL); **Interfoto,** München: S. 81, 85, 115 u. 307; **Interfoto/Transglobe,** München: S. 51 u. 78 (Karge Decker); **Keystone Pressedienst,** Hamburg: S. 18, 43, 112, 145, 213 u. 241; **Look,** München: S. 242 (Christian Heeb); **Livio Piatti,** Zürich: S. 7; **Peter Roth,** Zürich: S. 221; **Tony Stone,** München: S. 277 (Donald Nausbaum); **Tony Stone/Hulton Getty Images,** München: S. 11, 23, 46, 143, 177, 181 u. 210; **Transglobe,** Hamburg: S. 313 (Dirk Rademaker) u. 316 (Werner Rudhart); **Transglobe Agency/Popperfoto,** Hamburg: S. 91, 184; alle übrigen Fotos: **FALKEN Archiv**
Gestaltung der Kapitelaufmacherseiten: Petra Minn, Mainz

Satz: Raasch & Partner GmbH, Neu-Isenburg
Druck: Westermann Druck Zwickau GmbH

817 2635 4453 62